ガバナンスと評価 **3**

障害者福祉の政策学
―― 評価とマネジメント ――

北川雄也 著

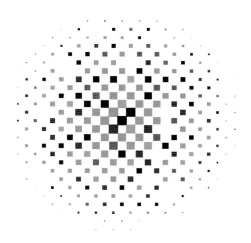

晃洋書房

目　次

【第 1 章】
障害者政策における「評価」の困難 …… 1

- 1．障害者政策の評価　(1)
- 2．政策評価とは何か　(2)
- 3．ニーズとは何か　(4)
- 4．障害者政策におけるニーズの多様性と評価の困難　(5)
- 5．障害者政策の評価に関する先行研究の検討　(10)
- 6．障害者政策の評価を検討する意義　(14)
- 7．障害者政策の評価の現状と展望の検討プロセス　(17)

【第 2 章】
障害者政策の体系とその形成過程 …… 21

- 1．障害者政策の体系の概要　(22)
- 2．障害者政策の歴史　(27)
- 3．政策評価機能の検討に向けた含意　(43)

【第 3 章】
障害者政策における負の政策効果の把握 …… 47

- 1．障害者政策における負の政策効果　(47)
- 2．負の政策効果の把握　(55)
- 3．現行の政策評価システムの検討　(61)
- 4．障害者政策に適する政策評価システムの構築に向けて　(68)

【第4章】
障害者政策における日本の府省の事前評価 …………… 81
- 1．事前評価の機能分析の意図と意義　(81)
- 2．日本の府省における事前評価の概要　(84)
- 3．事前評価におけるアカウンタビリティ確保　(89)
- 4．日本の府省における事前評価の事例分析　(93)
- 5．障害者政策における事前評価の再検討　(103)

【第5章】
障害者政策における日本の府省の事後評価 …………… 107
- 1．事後評価の機能分析の意図と意義　(107)
- 2．目標管理型の政策評価　(111)
- 3．政策効果を把握するための必要条件　(113)
- 4．政策評価の運用実態とその課題　(117)

【第6章】
障害者政策における政策効果把握と行政責任 …………… 141
- 1．行政の責務としての政策効果の把握　(142)
- 2．政策効果の把握の観点からみたアカウンタビリティ　(144)
- 3．政策効果の把握の観点からみたレスポンシビリティ　(149)
- 4．障害者政策の評価における行政の責任確保　(153)

【第7章】
障害者政策の評価における調査活動の補完的機能 ………… 159
- 1．日本の府省における調査活動　(159)
- 2．日本の府省における障害当事者団体への委託調査　(166)

＋3．障害当事者団体による自発的調査　　(177)
　　＋4．障害者政策の評価・調査をめぐる難問　　(181)

【第8章】
障害者政策の評価の展望と課題 ……………………………… 187

あ と が き　　(197)
初 出 一 覧　　(203)
参 考 文 献　　(205)
索　　　引　　(223)

第1章　障害者政策における「評価」の困難

1．障害者政策の評価

　「障害者政策は広範囲で，制度は複雑」である［石川 2014：26］．これは，2012年に発足した，障害者基本計画の策定および監視の役割を担う内閣府の障害者政策委員会の初代委員長で障害当事者でもある石川准が，障害者政策の全体像を理解するうえでの苦労を述べている一言である．本書では，このような構造の複雑性を伴う，障害者福祉のための政策のマネジメントについて，政策評価の観点から明らかにする．政策評価は，作成中あるいは現行の政策に関する情報を生産する活動であり，政策のよりよいマネジメントを実行するためには必要不可欠である．また，障害者政策のマネジメントにおいては，行政が主要な主体である点に間違いはないが，障害当事者や民間企業も関与している．たとえば，障害当事者は，団体の代表として障害者政策委員会に参加し，政府に対して意見を表明している．また，民間企業も，障害者雇用，福祉サービスの提供，障害者に配慮したサービスの提供（合理的配慮）などの側面で障害者政策に関与している．その意味では，評価を実施する際にも，多数の主体が参画する統治形態すなわち「ガバナンス」［風間 2011；2017：82］的状況を考慮する必要がある．以上の点が，本書を貫く視座となっている．

　本書の目的は，困難に直面する日本の府省における障害者政策の評価のあり方の検討にある．障害者政策においては，障害当事者のニーズの多様性への対

応が常に課題となっている［星加 2013：33］．この課題は，政策効果に関する情報を生産する政策評価の活動にもあてはまり，評価を実施するうえでの困難となっていると推察できる．そこで，本書では，府省による政策評価が課題に対応できているかについて現状を分析し，そのうえで課題への対応に向けた今後の展望を考察する．ただし，ニーズの多様性は，障害者政策に限らず多くの政策領域において生じている．本書で障害者政策におけるニーズの多様性に焦点をあてる理由は，その特性にある．本章では，まず，本書における重要概念である政策評価とニーズについて簡単に解説し，障害者政策におけるニーズの多様性の特性について述べたうえで，障害者政策における評価活動の分析の重要性と評価のあり方の検討に関する意義を説明する．そして，本書における検討プロセスを示すために構成を記述する．本書では，政策評価研究の観点から，政策特性に応じた政策評価のあり方の検討の1つのモデルケースとして障害者政策をとりあげ，政策評価研究や評価実践に資する新たな知見の提供をめざしている．

2．政策評価とは何か

まず，障害者政策の評価の議論に入るまえに，政策評価そのものについて述べる．本書でいう政策評価（policy evaluation）とは，障害当事者だけでなく，広く一般市民を含めた対象に対する政策目的の達成に関するアカウンタビリティ[1]（policy accountability/program accountability）を確保するために情報を生産する活動である［山谷 1997：199；2012a：55］．行政組織やNPO団体が日々行う業務の稼働性や生産性に関するアカウンタビリティ（management accountability）確保や，学会活動あるいは専門職団体の活動などを通じた福祉専門職間での技能や活動のピアレビューによるアカウンタビリティ（professional accountability）［山本 2013：55-56］確保は，本書でいう政策評価にはあてはまらない．これらのアカウンタビリティを混同してしまうと，政策評価の内容が，政策効果が不明なま

まの行政活動の報告にとどまったり，福祉専門職のなかでしか共有されていない関心に集中し一般市民や障害当事者の理解を妨げてしまったりする結果を招きかねない．

　また，政策評価は，政策過程全体において実施される活動である．一般的には，評価という活動は，なんらかの行為の結果を総決算する活動というイメージを持たれているかもしれない．しかし，実際には，評価は，政策の立案，プログラム作成から政策評価にいたる政策過程のあらゆる段階で，それぞれのルーティンを統合する役割を有する［山谷 1997：43-45］．それぞれ，政策形成の段階での評価は形成的評価（formative evaluation），政策実施の段階での評価はプロセス評価（process evaluation），政策の事後評価の段階での評価は総括的評価（summative evaluation）とよばれる［Ibid.］．形成的評価は，政策対象者のニーズを調査したうえで，プログラム（施策）を開発する際の政策効果の予測や，試験的にモデル事業を実施して政策効果を把握する活動である［Rossi and Freeman 1993：104］．形成的評価を通じて，政策目的や政策手段のデザインを行い政策の実装化を図る．プロセス評価は，政策実施の現場を観察したうえで，プログラムの実施が不適切であったり意図した効果が発現していなかったりといった実施上の失敗の有無を確認する活動である［Ibid. 188-91；秋吉 2017：167-168］．プロセス評価は，政策実施の経時的なモニタリングの役割を果たしており，とくに実施上の問題を指摘された場合あるいは実施上の問題を発見したい場合には行政や障害当事者団体などによって本格的な実態調査として行われることがある．最後に，総括的評価は，意図しなかった政策効果を含めてあらゆる政策効果を多面的かつ厳密に検証し，政策の総括を行う［南島 2017a：86；橋本 2017：151］．総括的評価は，政策を継続するか，あるいは抜本的に政策デザインを修正するのかを判断するために実施される．本書では，こうした活動すべてを政策評価と捉えて検討を進めていく．

　くわえて，本書では，政策評価活動の一種として調査（research）があると捉え，各府省による制度化された評価活動だけでなく，各府省の実態調査や委託

調査，当事者団体による独自の調査活動を分析していく．すなわち，調査と評価は不可分な活動であると考えて論を進める．元来，1960年代から，海外の政策評価研究においては，評価スキルに長けた専門家が社会科学や社会調査の手法（実験法，統計分析，インタビュー調査など）を応用して行う評価活動を evaluation（evaluative）research（日本では評価研究と訳される）と呼んできた［山谷 1997：36；Rossi and Freeman 1993：5; Shaw 2000：8］．社会福祉の分野においても，福祉プログラムの効果を判断するために必要な活動を指す用語として普及している［Cheetham et al. 1992；Reamer 1998：21-22；Spicker 2006：171］．evaluation research においては，専門家が政策効果を調査し，その結果をもとに政策の価値判断を行う意思決定者に伝えるところまでが主な任務となる［Vedung 2010：266］．このような活動は，後述するように，各府省による制度化された評価活動だけでなく，その他の調査活動でも実施されている．

3．ニーズとは何か

　本書におけるもう1つの重要概念であるニーズ[2]とは，障害当事者にとっての問題と，その問題を解決するための対応策の要望の組み合わせである［Spicker 2006：94］．たとえば，障害当事者が在宅介助サービスを短時間しか受けられておらず生活の質が低下しているという問題と，生活の質の改善のための在宅介助サービスの時間延長の要請との組み合わせがニーズとなる．

　ニーズと一口に言っても，その分類は多様である．たとえば，専門家によって特定される規範的ニーズ（normative needs），他者との格差（ニーズの充足度の差）の認識から生じる比較ニーズ（comparative needs），当事者によって言語化されたニーズ（expressed needs），言語化の有無にかかわらず当事者が感得したニーズ（felt needs）がある［Ibid.］．障害当事者のニーズの多様さを明らかにするために，どのニーズを特定すべきかについては悩ましい問題である．規範的ニーズや比較ニーズは，相対的には客観性が高く，ニーズに対応するための新

たな政策実施にあたっても政治家や一般市民の納得を得やすいかもしれない.他方で,残りの2つの当事者による主観的なニーズに関しては,特定できたとしてもそれぞれのニーズに対応しようとすれば社会の反発を招くかもしれない.また,感得されたニーズに関しては,そもそもニーズが潜在化していて特定できない可能性がある.以後,本書では,これらのニーズを特段区別せずに論じる.ただし,本論の内容を先取りすると,各府省による制度化された評価活動においては客観的に特定可能なニーズの充足度の確認が重視される一方で,障害当事者団体による調査活動においては障害当事者の主観的なニーズの発見が重視される傾向にあるといえる[3].

また,政策評価研究において,評価を実施する前の準備作業として政策対象者のニーズを特定するニーズ調査(ニーズアセスメント)の重要性が指摘されている [Rossi and Freeman 1993:59].ニーズ調査は,政策を実施するうえで対応しなければならない問題の特定や政策対象者の特定のために重要である [Ibid.].どの政策問題に対処するのかを確定しない限りは,政策目的は明らかにならないため,何をもって政策効果の有無を判断するかが分からない.また,政策対象者が分からなければ,評価対象に入れるべき人びとを除外してしまったり,逆に政策と無関係な人びとを誤って評価対象に入れてしまったりする可能性がある [Ibid.:98-99].そのような状況下では,政策評価を適切に実施できないため,ニーズ調査を通じて評価作業のデザインの準備を行う必要がある.そして,ニーズ調査においては,既存の資料,あるいは既存の資料がなければ新たに定量的なアンケート調査や定性的なインタビュー調査といった社会調査を実施してニーズの把握が行われる [Ibid.:64-84].

4. 障害者政策におけるニーズの多様性と評価の困難

障害者政策におけるニーズの多様性の特性は,大きく分けて障害の種別に応じたニーズの多様性と政策領域横断的なニーズの多様性という2つにある.ま

ず，以下では，そのそれぞれの特性について述べる．

　第1に，障害の種別に応じたニーズの多様性である．障害の主な種別として，上下肢の障害，聴覚障害，視覚障害，知的障害，精神障害がある．また，障害の程度も，社会生活を送る上ではほとんど支障がない軽度なものから，他者による介助や入院生活を送る必要がある重度なものまでさまざまである．自明なように，それぞれの障害を有する人のニーズが異なる．たとえば，住宅のバリアフリー化への助成について考えてみる．上下肢の障害を有する人の場合には，段差の解消，手すりの設置，トイレや浴室の改造といったニーズが生じる．聴覚障害を有する人には，振動や光で煙を感知する火災警報器の設置のニーズ，知的障害や精神障害を有する人には，パニック時の飛び出しや転落を防ぐための格子戸やフェンスの設置のニーズが生じる．

　子育て支援政策も，ニーズが多様な政策領域の1つであると指摘されるが［中野 2014］，障害者政策と比較すると比較的ニーズの多様性の幅は狭くなると考えられる．障害者政策におけるニーズの多様性は，政策対象者ごとの生活状況の違いが多様であっても，親や子の身体的属性は比較的収斂しやすい子育て支援政策とは大きな違いがある．子育て支援政策においても親の働き方や育児の方針などに関わるニーズの多様性への対応は大きな課題であるが［Ruijer 2012］，障害者政策の場合には，さらにニーズが多様になり政策構造が複雑になりやすい．

　さらに，現在では，ニーズの多様「化」が進んでいる．障害者政策は，2014年の障害者権利条約の批准を機に，障害者が経験している不利な状態の原因を機能障害に帰属させる医療モデルから，障害者の不利の原因と責任を社会に帰属させる社会モデルへとパラダイムが転換した［岡村 2015：30-32］．この政策転換によって，障害当事者のニーズは，他者である医療従事者によって決定される形態から，障害当事者自身の生活状況や社会生活を営む上で感じた不利をふまえて主観的に自己決定する形態へと変化しつつある．その代表的な例として，障害者権利条約批准に先立って2013年に制定された障害者差別解消法にお[4]

ける合理的配慮の規定がある．障害者差別解消法第七条における合理的配慮の規定では，障害者が社会的障壁の除去を必要としている旨の意思を表明した場合には，障壁除去の負担が過重でない限り，行政機関に対しては障壁除去の対応の義務を，民間企業に対しても障壁除去の努力義務を定めている．また，行政によって認定される障害の種別も増加している．自閉症，アスペルガー症候群，注意欠陥多動性障害，学習障害などから構成される発達障害は，2004年に制定された発達障害者支援法によって新たな障害の種別として認定された．難病に関しても，2013年に障害者自立支援法の改正法として施行された障害者総合支援法で福祉サービスの対象として位置づけられた［小澤 2016a：89］．ただし，いまだ行政によって認定されていない障害の種別もある．たとえば，片目の失明・片耳の失聴，嗅覚障害，味覚障害，トゥレット症候群などの不随意運動障害，強迫性障害，場面緘黙症，ナルコレプシーなどの睡眠障害があげられる．これらの障害もまた，生命の危機に直結することは少ない軽度の障害であれども，生活の質を低下させたり社会生活を営むうえで不便を強いられたりする障害である．このような軽度の障害に関しても社会的な認知が広まれば，行政は新たな障害種別の認定を迫られさらなるニーズの多様化に対応しなければならない可能性がある．

　第2に，政策領域横断的なニーズの多様性である．障害者政策と一口にいっても，そのなかにさまざまな政策領域が包含されており，それぞれの領域において障害当事者の種別や生活状況によって異なる多様なニーズが存在する．その政策領域として，保健・医療，福祉サービス（介護やガイドヘルプなど），所得保障・経済的負担の軽減，教育，雇用，住宅，交通等のバリアフリー，文化・スポーツ，情報環境整備（情報・コミュニケーション保障），権利擁護（差別解消・虐待防止），市民啓発，災害・復興支援があげられる［佐藤 2016a：153］．これらの政策領域は元来から包含されていたわけではない．医療モデルから社会モデルへの政策パラダイムの転換過程に伴って，保健・医療や福祉サービス中心の状態から，徐々に教育，雇用，住宅，交通，文化・スポーツなどの政策領域を

も包含するようになっていった．また，政策領域を横断する場合には，各政策領域を所管する複数の省庁が障害者政策に関与する [*Ibid.*：156]．たとえば，保健・医療，福祉サービス，雇用は厚生労働省が所管する一方で，特別支援教育，文化・スポーツは文部科学省，住宅や交通は国土交通省，人権擁護は法務省，情報環境整備は総務省が所管する．このように多岐にわたる省庁が障害者政策のなかの政策領域を分割して所管する場合，省庁間での「縦割り」が生じる．縦割りが生じると，障害者政策全体の体系の管理が困難となり，それぞれの政策領域で生じるニーズに関する情報を政府全体で集約できない．そこで，障害者政策の政策領域横断性という特性を考慮して，内閣府が，政府全体における重要政策の統括や省庁間の総合調整の役割を担うことになっている．内閣府は，政策領域横断的な視点から障害者政策の方向性を決定する障害者基本計画を策定し，その計画にもとづき各省庁による政策実施を管理している [*Ibid.*：95-96]．

　このような特性は，政策を評価する際に困難を生じさせる．日本の府省の政策評価制度は，2001年の「行政機関が行う政策の評価に関する法律」（以下，「政策評価法」と記す）の制定をもって制度化され，それ以降各府省が所管する政策の自己評価を義務付けている．また，その制度のもとでは，公共事業，ODA（政府開発援助），研究開発，規制，そして租税特別措置については政策実施前の事前評価が義務付けられる一方で，その他のあらゆる政策については政策実施後の事後評価が義務付けられている．したがって，障害者への福祉サービス，雇用促進，特別支援教育をはじめとした障害者政策についても，事前および事後の評価が政策を実施する府省に義務付けられている．しかし，障害者政策に内在するニーズの多様性は，政策の構造を複雑にし，包括的な政策効果の発現パターンの予測や事後的な把握を困難にしている [Head and Alford 2015]．つまり，障害者政策においては，所与の条件として政策評価の機能の低減を念頭に置く必要がある．なお，府省を中心とした評価体制およびそれに類する調査体制（政策評価法の枠外の活動）を概観したものは，図1-1の通りである．本

第1章 障害者政策における「評価」の困難　9

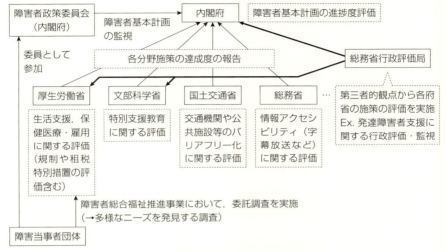

図1-1　障害者政策における評価マップ

注：障害者政策を所管する省庁のうち，主なものを図に記載している．たとえば，経済産業省（補装具を製作する企業への助成等を担当），農林水産省（農福連携を担当），法務省（人権擁護）などは記載していない．
出所：筆者作成．

書では，この評価マップに記載されている各主体の評価あるいは調査活動をそれぞれとりあげる（国土交通省・総務省の評価を除く）．

　政策評価の機能がうまく機能しない場合には，ニーズの不充足状態が放置されるおそれがあり，場合によってはニーズの把握の失敗により障害当事者にとって負の政策効果が生じる可能性がある．たとえば，障害者雇用施策の分野では，身体障害者，知的障害者，精神障害者については障害者雇用促進法によって定められた雇用率が設定されており，事業者に対して雇用の義務付けや雇用率を達成した事業者に対して租税特別措置の適用を行っている．しかし，発達障害者は法定雇用のカテゴリーに入っていない．そのため，知的障害や精神障害の認定を受けておらず，かつ職に就けていない発達障害者のニーズは不充足のままであり，そのような人びとの生活状況は改善されないままとなっている．また，福祉サービス分野では，障害者総合支援法のもとで地域における自立の

推進のために，重度の障害者を対象に施設や病院における生活から在宅福祉による自立生活への移行，すなわち脱施設化政策が進められている［小澤 2016b：60］．しかし，都市地域ではなく過疎地域に居住したいあるいは居住せざるをえない事情を有する障害者にとっては，介護サービスを提供する事業者や生活上の困りごとのカウンセリングを行う相談支援事業者など自立生活に欠かせない受け皿が少ない場合がある．その場合には，施設や病院で生活していたときよりも生活の質が低下するという負の政策効果が発現する懸念がある．

ニーズの不充足や負の政策効果による障害当事者の不満や生活状況の困難を解消するためには，障害者政策に適した政策評価の活動が重要になる．その際，各府省は，できる限りニーズの多様性に対応するために，さまざまな障害者の生活実態を詳細に理解したうえで政策効果を把握し政策評価の機能を高めていく必要がある．とりわけ，障害者基本計画の作成および監視を担う内閣府は，障害者政策を統括する観点から，各分野に共通する横断的視点である自己決定権の尊重，当事者本位の総合的な支援，障害特性に配慮した支援およびアクセシビリティの向上といった目標が実現しているか否かについて評価する必要がある［URL 1：6-8］．

5．障害者政策の評価に関する先行研究の検討

しかし，障害者政策の評価を主題とした研究は，いまだ十分に存在するとはいえない．障害者政策に関する先行研究や政策評価に関する先行研究は数多く存在するが，それらを接続する研究はほとんどなされていないのである．そこで，本書では，それぞれの先行研究の成果を活かしながら，障害者政策に適する政策評価のあり方を検討する．

まず，障害者福祉を含めた福祉政策の分野では，政策学［秋吉 2017：14-17］と同じくマルチディシプリンの学問体系が構築されつつある．行政学（たとえば，武智［2001］，新藤［1996］），社会福祉学（たとえば，佐藤・小澤［2016］，茨木ほか

編[2009])，人権法(たとえば，菊池・中川・川島編[2015]，河野・大熊・北野編[2000])，経済学(たとえば，松井[2011]，中島[2011])などの各分野で研究が蓄積されている．とくに，本書と分析視角が近いと考えられるのが行政学分野の研究である．たとえば，武智秀之の『福祉行政学』は，社会福祉は諸学問のフィールドであるとしたうえで，行政学の観点から民営セクターと行政からなる社会福祉領域のガバナンスの様態を分析している[武智 2001：I, 1]．また，行政と専門家は全知全能ではないとして，当事者団体などの非営利組織や非政府組織が社会の多様なニーズを反映し実現する福祉多元主義を提唱としている[*Ibid.*：24-25]．本書では，その分析視角をもとに，障害者政策に適する政策評価の実現のために，武智がいう福祉多元主義的なガバナンスをどのように活かすかという視座を持って論を進めていく．

　日本の障害者政策に関する先行研究においては，障害者政策の法制度や歴史の分析[菊池・中川・川島編 2015；岡村 2015；佐藤・小澤 2016]や，既存の政策と障害当事者の状況との間の齟齬を明らかにする分析[茨木ほか 2009；佐藤 2015；茨木 2017]が存在する．これらの研究は，障害者政策のしくみや政策はどのような障害当事者のニーズに対応してきたのかを理解する点では意義がある．また，障害当事者は，どのようなニーズの充足を訴えてきたのかを理解する点でも意義がある．これらの研究を統合して分析することで，対応がなされているニーズが増えているなかで，いまだ行政と障害当事者との間でニーズの認識に齟齬が存在している点も明らかにできる．

　しかし，従来の先行研究では，社会福祉学や社会保障法の観点から障害者政策の充実度を検討する研究が多く，しばしば障害当事者の状況改善の成否の検討のみに終始する傾向がある．また，障害学においては，障害者の語りの言語化，ライフストーリー，介助者との相互作用の分析など障害当事者の状況に焦点をあてる研究が多い一方で，障害者政策研究はあまり行われてこなかったとの指摘がある[川島 2013：103；石川 2014：30-31]．障害当事者の状況改善を促すのは行政の役割であるため，障害当事者だけでなく行政の実態を分析しない限

り障害者政策の包括的分析は困難である．そして，障害当事者の状況改善の成否を判断するためのツールとして府省による政策評価活動が存在するため，障害者政策に関する研究において政策評価の議論を導入することは意義があると考えられる．

また，政策評価研究においては，政策効果をより適切に把握するために，業績測定（目標達成度評価）や，実験ならびに準実験などといった科学的な評価手法と，それらを実施するための評価体制の知見の蓄積が進められてきた（たとえば，山谷［2012a］，Rossi and Freeman［1993］，Weiss［1997］）．政策評価研究の知見は，政策効果の把握を通じて政策の正当性のアピールあるいは政策の改善を実現したい行政に対して実務的な貢献をなし，日本の府省の政策評価制度の形成および定着にも大きな影響を与えてきた．

福祉政策の政策評価研究については，米国や英国で発展してきた．米国では，1960年代のケネディ大統領やジョンソン大統領による「偉大な社会」プログラムと「貧困との戦い」プログラムといった社会福祉プログラムの開始を契機として，「プログラム評価」が発展してきた［山谷 1997：39］．プログラム評価は，莫大な政府支出を伴うプログラムを連邦議会がチェックするための実務的な試みであり，プログラムのチェックにあたっては evaluation research の専門家が動員され社会科学の知見を用いたプログラムの有効性や目標達成度の分析が行われた［Rossi and Freeman 1993：10-5；山谷 1997：39］．つまり，プログラム評価においては，政府の実務の観点から政策の有効性を把握するという政治学や行政学の影響を受けた政策評価の要素と，福祉や教育などの専門分野内での科学的知見を収集する evaluation research の要素が結合したのである［Rossi and Freeman 1993：21；山谷 1997：37-38］．日本の福祉政策に関する評価研究においても，プログラム評価をもとにした研究が存在するが，政策評価の要素よりも evaluation research の要素が強い研究が多くなっている．たとえば，大島［2016］は，ソーシャルワーカー自身が支援環境を改善するためのツールとしてプログラム評価の積極的活用を提唱している．また，源［2016］は，利害

関係者間のコミュニケーション促進やエンパワメントのためのツールとしてプログラム評価の手法にもとづく参加型評価の活用を提唱している．他方で，英国では，1960年代から，社会行政（social administration）あるいは社会政策（social policy）というディシプリンのなかで政策分析や政策評価研究が行われてきた［Spicker 2006］．日本の福祉政策研究とは異なり，社会福祉研究が原型であるわけではなく，元来から行政学あるいは政策学として発展してきたのである．とりわけ，社会行政や社会政策の分野では，政策実施に関与する公務員やソーシャルワーカーに対して，被支援者の問題解決のための学際的な政策分析や政策評価の知見を提供することが重視されてきた［Ibid.: iv, 4-6］．

しかし，評価手法に応じた評価体制については検討が進む一方で，ニーズの多様性などの政策特性に応じた評価体制についての検討は手薄となっている．政策対象者のニーズが多様な場合には，府省によるトップダウン的な評価体制による情報集約だけでなく，地方自治体や障害当事者によって生産されるボトムアップ的な評価情報をどのように活用および統合していくかが重要となる．近年の政策評価研究においては，正式な評価活動を行う前に，政策対象者やストリートレベルの政策実務者などのステークホルダーから意見を聞き取ったり，一部の対象者の行動を詳細に観察したりする綿密な準備作業を実施する必要性が指摘されている［Sridharan and Nakaima 2012 ; Berriet-Solliec, Labarthe and Laurent 2014］．しかし，評価手法の開発に関する研究にとどまっており，評価体制に関する実務的な知見は蓄積されていない．くわえて，日本の障害者政策に焦点をあてた政策評価研究は，いまだ存在していない．たとえば，男女共同参画政策［内藤・山谷編 2015］，自殺対策政策［南島 2017b］，中小商店街振興政策［渡辺 2014］，高齢者介護政策［角谷 2016］，法科大学院に関する政策［西出 2016］などにおいては，それらの政策に焦点をあてた政策評価研究あるいは政策評価研究の知見を導入した研究が存在しているにもかかわらず，障害者政策に関してはそのような研究はほとんど存在していないのである．ただし，精神障害者が利用する地域活動支援センターの参加型評価に関する研究［藤島 2016］や，

海外においても知的障害者や精神障害者へのコミュニティケア施策に関する定性的評価や当事者参加型の評価に関する研究［Racino 1999：Robinson, Fisher and Strike 2014］がある．また，障害者政策の評価を主題として，評価の実施手順をガイドラインとして示す研究も存在する［Claes et al. 2017］．しかし，これらの研究は，障害当事者によるエンパワメント評価の機能について検討する研究や評価の方法論に関する研究にとどまっており，行政による政策評価の機能を検討する研究ではない．そこで，本書では，障害者政策に関する研究と政策評価研究の知見を接続して，障害当事者のニーズの多様性という課題に直面する日本の府省による政策評価の現状と今後の展望を示す．

6．障害者政策の評価を検討する意義

本書の意義は，ニーズの多様性への対応という，これまでの政策評価研究で十分に取り組まれてこなかった課題に焦点をあてている点にある．日本の府省の障害者政策においては，政策実施の過程のなかでニーズの把握やニーズへの対応がその都度行われている．その契機として障害当事者と接触する機会が多い地方自治体の先進的な取り組みや障害当事者による社会運動があった．そのようなボトムアップ的な伝統のもとでは，府省によるトップダウン的な政策評価は馴染んでこなかった側面があり，政策評価の役割への期待は高くない．障害者政策において政策評価の機能を高めるためには，従来の政策評価研究で手薄となっているトップダウン的視点とボトムアップ的視点の統合のあり方の検討が必要となる．したがって，本書を通じて，障害者政策における政策評価の役割を，行政および障害当事者をはじめとした行政以外の主体の観点から定位し直すことで，より体系的な形でのニーズの多様性への対応のあり方の展望を示すことが可能となる．また，対人サービスの要素が強く領域横断的であるといった類似の性質を有する子育て支援政策，高齢者政策，男女共同参画政策，自殺対策政策などといった政策領域においても，本書により生み出される知見

は応用できる余地がある．さらに，あらゆる政策領域において，人びとのニーズや価値観は少なからず多様であるため，従来のトップダウン的視点からの評価だけでなくボトムアップ的な視点からの評価のあり方を検討する本書の知見は役立つ可能性がある[7]．

　くわえて，政策評価機能の向上が政策改善につながるのであれば，障害当事者の暮らし向きが良くなり行政との円滑なコミュニケーションを促進するという点で社会的意義もある．障害当事者は，障害の種別や政策領域ごとに異なるニーズを有している．さらに，障害の種別および程度，そして政策領域は同一条件であったとしても，経済状況，家庭環境，地域特性，周囲の人びととの交友関係などの程度の違いに応じて，各々の障害当事者の有するニーズの性質は細分化されると推察できる．従来では，とりわけ行政実務においては，細分化されたニーズを網羅的に把握して，それに対応するのは困難であるとみなされてきた．しかし，このような細分化された多様なニーズを可能な限り把握できる政策評価システムの実現可能性の余地を明らかにできれば，ニーズの不充足によって生活の質が低下している障害当事者に対して，政策改善に向けた行政との新しいコミュニケーション回路の見通しを提供できる可能性がある．

　本書において想定する読者ターゲットについても言及しておく．本書は，総務，人事，会計など組織の内部管理を担う官房系統組織に属し［伊藤・出雲・手塚 2016：110］政策評価の業務に従事している人びとを主な読者ターゲットとして想定している．府省や自治体における官房系統組織は，政策の現場を担当する原課（たとえば，厚生労働省の障害保健福祉部の障害福祉課や職業安定局の障害者雇用対策課）が行う政策評価の作業をトップダウンの観点から統括管理する役割を担っている［山谷 2017：18］．本書は，このような各府省や自治体において政策評価の制度運用を担う人びとが，政策特性に応じた評価システムの構築の必要性を認識するきっかけとなるように執筆している．また，日本の府省や自治体の人事システムは，ノンキャリアあるいは一部の技術職や専門職を除いては，2〜3年周期で部署を異動するジェネラリストを育成するシステムとなってい

る[伊藤・出雲・手塚 2016：127]．それゆえ，定期的に担当する政策領域が変わるため，政策立案の決定権を握る職員は各政策領域の政策特性の違いを理解し評価システムを変更しようと志すまえに部署を異動することとなる．本書では，ジェネラリスト型の公務員が，政策の現場のボトムアップからの情報を重視する評価システムの構築に関心を持つこともねらいとしている．つまり，障害者政策の評価システムの検討を通じて，官房系統組織の公務員やジェネラリスト型の公務員に対して，政策特性の違いに対応した評価の重要性を伝えることを第一のねらいとしているのである．なお，公務員以外にも，本書を通じて，障害者福祉の研究者，障害者福祉の実務従事者，障害当事者にとって，「政策評価」というツールの現在の有用性と今後の発展可能性について考える一助となればよいと考える．

　なお，本書では，日本の府省における政策評価活動に焦点をあてる．行政による政策評価活動としては，都道府県や市町村といった地方自治体の行政評価制度も存在するが，中央政府の評価と異なり義務付けがなされておらず，障害者政策に関する評価活動が統一的に実施されているわけではない．また，数多ある地方自治体の行政評価に関する網羅的分析は，困難が伴う．さらに，もっとも重要な点は，障害者政策の基本構造や施策を決定するのは中央政府であり，地方自治体は施策や障害者総合支援法などによって義務付けられている事業のメニューに沿って事業を実施する役割を担っている点にある．たしかに，地方自治体は障害当事者のニーズを直接反映して事業を実施する点では大きな役割を果たすが，その事業の大枠を決めるのは中央政府の府省である．つまり，障害者政策の内容の決定に際しては中央政府が大きな役割を果たしており，障害当事者の特定のニーズへの対応が正式に政策課題として取り扱われるためには中央政府の評価活動を通じたニーズ認定が不可欠である．以上の理由から，本書では，障害者政策の評価活動分析の端緒として，日本の府省による障害者政策の評価活動の機能に焦点をあてる．

7. 障害者政策の評価の現状と展望の検討プロセス

　最後に，本書の構成を記述する．
　その前に，本書の読み方について触れておきたい．行政における障害者政策の評価の現状に関心がある方は，第3章から第5章を中心に読んでいただきたい．第2章は，障害者政策の概要を書いている章であるため，障害者政策に関する知識を既に有している方は読み飛ばしていただいても支障はない．他方で，第6章と第7章は，障害者政策の評価の今後のあり方を示すための章であり，行政による評価だけでなく，障害当事者団体による調査活動にまで視野を広げている．障害者政策の評価のあり方を再検討したいと考えている方は，第6章と第7章もお読みいただけると幸いである．ただし，第6章は，行政学の観点から障害者政策の評価機能の強化の必要性を示す章であり，障害者政策の評価の機能強化のための方策を提示しているわけではない．そのため，障害者政策の評価の方法に関心がある方は，第6章を読み飛ばしていただいても支障はない．
　第2章では，障害者政策の評価についての議論に入る前に，障害者政策の体系と歴史を記述する．障害者政策の体系の紹介を通じて，評価対象となる施策の概要を明らかにする．また，障害者政策の歴史の概観により，障害当事者が有するニーズへの対応が漸進的であれ一定程度進んできた過程を明らかにする．その際，医療モデルから社会モデルへの政策転換に向けてどのように法制度が変化していったのか，障害の種別の認定範囲はどのように広がっていたのか，そして行政と障害当事者との関係はどのように変化していたのかといった点に着目して記述を進める．
　第3章では，障害者政策におけるニーズの多様性への対応という課題に対応するための評価のあり方を理論的に検討する．この章では，行政がニーズの把握に失敗した結果，とりわけ障害者の生活状況に悪影響を与える，行政が意図

しない負の政策効果に焦点をあて，その把握方法に関して既存の政策評価研究の知見や意図しない結果に関する研究の知見を活かして検討する．そのうえで，行政が意図しない負の政策効果を把握できる余地について理論的に検討する．その際，NPO団体などの行政以外の評価主体が，行政の評価活動の機能を補完しうるかどうか，この可能性についても検討する．

　第4章では，日本の府省において制度化されている政策評価活動のうち，政策形成段階で行われる事前評価の機能について，障害者政策の施策の評価事例の分析を通じて明らかにする．この章では，規制の事前評価と租税特別措置等に係る事前評価の事例をとりあげ，事前評価において障害当事者の多様なニーズの把握の機能が十分であるか否かを検討する．

　第5章では，日本の府省において制度化されている政策評価活動のうち，政策実施後に行われる事後評価の機能について障害者政策の施策の評価事例の分析を通じて明らかにする．この章では，実績評価方式による評価と総合評価方式による評価の事例をとりあげる．また，各府省による評価とは別に，政策評価制度全体の管理を所管する総務省による第三者的な観点からの評価活動である行政評価・監視の評価事例と，障害者基本計画の監視の役割を担う障害者政策委員会の活動もとりあげる．事後評価の事例分析を通じて，事後評価において障害当事者の多様なニーズの把握の機能が十分であるか否かを検討する．

　第6章では，行政責任論の知見を用いて，行政が障害当事者の多様なニーズを把握する必要性について論じる．行政責任論においては，政策の正当性を一般市民に説明する外在的責任としてのアカウンタビリティと，政策対象者の生活改善を実現する内在的責任としてのレスポンシビリティという2つの責任の存在が論じられてきた．それぞれの責任概念の観点から，行政のあるべき姿を考察し，障害当事者の多様なニーズへの対応が推奨される局面を明らかにする．そのうえで，府省の政策評価活動において多様なニーズへの対応を志向する場合には，府省内の政策評価のしくみの変革や評価活動における障害当事者団体をはじめとした行政以外の主体との連携が重要である点を指摘する．

第7章では，現行の日本の府省における政策評価制度の枠外にある調査活動をとりあげ，ニーズの把握の機能を明らかにする．具体的には，各府省が各自で実施している障害者政策に関する調査活動をとりあげ，障害当事者が有する多様なニーズを把握できているか否かを検討する．また，第3章で理論的に検討した行政以外の主体によるニーズの把握の調査の機能についても事例分析を通じて検討する．行政以外の主体による調査活動として，厚生労働省の障害者総合福祉推進事業のような府省から委託されて実施する調査と，助成団体からの支援や調査団体の自費によって実施する自発的な調査をとりあげ，それぞれのニーズ把握機能について検討する．

　第8章では，本書の検討結果のまとめと今後の研究課題を示す．結論としては，日本の府省においては，障害者政策に適した政策評価はほとんど実施されていないため，評価に際して政策評価制度の枠外にある府省独自の調査活動，障害当事者団体への委託調査，障害当事者団体による自発的調査の成果を補完的に活用することが重要であると論じる．また，研究課題として，障害者政策の評価や調査の成果と障害者政策の形成プロセスとの関係の明示，障害者政策に関する社会規範の研究，障害者政策の評価システムの国際比較，障害者政策において主要な役割を担う内閣府の研究の4点をあげる．

　注
　1）　アカウンタビリティとは，行政やNPO団体が，政治家や市民に対して納得できる説明を行う責務である．
　2）　特定の単一のものを指す場合には「ニード」と表現されるが，本書では「ニーズ」という表現で統一する．
　3）　さらに付言すると，障害当事者団体の調査活動の結果をきっかけとして，新たに発見された主観的なニーズの有無を専門家が広範囲の対象に対して調査した結果，より多くの障害当事者が同様のニーズを有していることが明らかになれば，そのニーズはより客観的なものとなる．
　4）　具体的には，2種類の状態を「差別」と規定している．第1に，正当な理由なく，障害のある人を不利に扱うことである．たとえば，空席がある飲食店を訪れた車椅子

使用者に対して入店を拒否したり，聴覚障害を理由に「安全確保ができない」として スポーツクラブへの入会を拒否したりする行為は差別に該当する．第2に，合理的配 慮をしないことである［川島・星加 2016：2］．たとえば，入口に段差がある飲食店に 入ろうとした車椅子使用者が，従業員にスロープを出すよう求めたが無視され手伝い を拒否されるケース，聴覚障害のある人が筆談によるコミュニケーションを要請した が従業員に拒否されるケース，そして視覚障害のある大学受験者が点字付きの試験問 題の作成要請を行うが大学当局に拒否されるケースも差別に該当する．

5）　社会行政と社会政策の概念の違いは，社会政策が政策目的や目標の選択の問題や目 的や目標の形成過程といった政策形成過程を扱うのに対して，社会行政は社会福祉サー ビスを提供する組織のあり方の検討といった政策実施過程を扱う点にあるとの指摘 がある［Titmuss 1974：邦訳 54-55］．しかし，現実の政策過程においては政策形成 と政策実施は相互に重複し合うため，現在では社会行政も含めて「社会政策」と一括 りに表現される［Spicker 2006：4］．

6）　社会学（たとえば，社会問題の分析・社会調査），経済学（たとえば，費用便益分 析・貧困の解決），政治学（たとえば，政策決定過程の分析），心理学（たとえば，相 談援助の手法），哲学（たとえば，公平・平等の基準），法学（たとえば，人権法・行 政裁量の行使）などのマルチディシプリンの知見を用いて政策分析や政策評価を行う ことが重視された．

7）　ただし，政策対象となるクライアントが不定である場合には，ニーズを特定できな いため本書の知見の適用はかなり限定的になるかもしれない．たとえば，環境政策や 交通安全政策は，対人サービスの要素が低く，市民や事業者に対して規制を課したり 補助・助成を行って環境保全や交通安全のインセンティブを付与する要素が強い政策 領域である．つまり，市民や事業者との協力を前提としている政策領域であり，政策 対象者に対する一方的な支援が行われる政策領域ではないため支援ニーズが存在する わけではない．また，政策対象者は，障害者政策とは異なり，国民全体となるため，政策に関するなんらかのニーズが存在するとしてもその同定は困難となる．

8）　とりわけ，政府の重要政策の増加に伴い，重要政策の企画立案や省庁間の総合調整 を担う内閣府の所管政策のバリエーションも増えている［原田 2016：44-45］．内閣府 の所管する政策として，経済財政政策，科学技術政策，防災政策，男女共同参画政策， 沖縄政策，青少年育成政策，食品安全政策，消費者政策，少子化対策，高齢化対策， 障害者政策などがある［*Ibid*.：47］．それゆえ，他省庁の職員と比べて，内閣府の職員 は，部署を異動すれば，これまで担当していた政策とは大きく性質が異なる政策領域 の特性を学習する必要に迫られる．

第2章　障害者政策の体系とその形成過程

　本章では，まず，障害者政策の評価の議論に入る前に，評価の対象となる障害者政策の体系の概要を説明し，障害者政策の評価を検討する際の背景知識の理解を進める．また，評価対象の理解を深めるためには，現行の政策内容のみならず，現在に至るまでの過去の政策体系の形成過程や，行政と障害当事者との関係の変遷を理解する必要がある．現行の政策は，過去の政策の修正の繰り返しの産物であるため，過去の状況に強く影響を受けているのである［Peters 2015：48］．そこで，第二次世界大戦以前から現在に至るまでの障害者政策の歴史を振り返り，その変化と変化せずに残存している点を考察する．たしかに，障害者は，社会から排除される存在から，社会への参加が当然視される存在へと変化しつつある．また，障害者政策の理念モデルも，医療モデルから社会モデルへと徐々に転換し，障害の認定範囲も広がっていった．それに伴い，行政が対応すべき障害当事者のニーズも増加し，それらのニーズの充足度を調べる政策評価の作業も複雑化している．しかし，実態として，障害者の社会的排除の問題は残存しているし［北野 2009］，医療モデルにもとづく杓子定規的な障害認定［山本・茨木 2009］やニーズ認定［茨木・尾上 2009］がいまだ続いていると懸念する指摘もある．その状況のなかで，日本の府省による政策評価は，障害者政策の過去の理念や基準すなわち医療モデルに沿っているのであろうか，それとも未来に向けた理念や基準すなわち社会モデルに沿っているのであろうか．この点を確かめる準備作業として，まず，評価対象となる政策の現状と過去の経緯を説明する．

1. 障害者政策の体系の概要

　障害者政策は，人口比の観点からみるとその対象となる障害者の数が少なく，予算も少ない［山本・茨木 2009：259-60］．内閣府が発行している『平成29年版障害者白書』によると，身体障害者約392万2000人，知的障害者約74万1000人，精神障害者約392万4000人，障害者の総数はおよそ858万7000人となっている［内閣府 2017：217］．重複の障害を有する人もいるため，単純な合計にはならないものの，国民のおよそ6.7％がなんらかの障害を有していることになる［Ibid.］．この政府統計の数値に依拠するならば，人口比の観点からみて障害者の数は少ないといえるかもしれない．ただし，今後，障害者，家族そして社会全体の障害への理解が深まり障害者手帳の所持者が増えれば，国民のうち15％程度は障害者となるとの指摘もある［佐藤 2016b：41］．また，障害者福祉の予算規模は，先進諸国のなかで最低レベルであり，社会保障（高齢者介護，医療，子育て支援・児童養護，失業者対策，生活困窮者支援など）のなかでもっとも予算が抑制されている［柴田 2016：9］．その理由として，権利主張に際して言語能力や身体能力にハンディキャップを有している点，そして同様にハンディキャップを有している高齢者や子どもよりも人数が圧倒的に少ない点が指摘されている［Ibid.］．しかし，対象となる人口や割り当てられる予算が少ないなかで，行政は，障害当事者の多様なニーズに対応するために，複数の府省にまたがる政策体系を形作っている．

　なぜ，行政は，人口や予算が少ない障害者政策に取り組まなければならないのであろうか．その理由は，国の最高法規であり国民の権利を保障する日本国憲法の規定の存在にある．憲法においては，障害者政策に関連する規定として，基本的人権の尊重（憲法第十三条），法の下の平等（憲法第十四条第一項），生存権（憲法第二十五条），教育を受ける権利（憲法第二十六条第一項），居住・移転の自由（憲法第二十二条第一項），参政権保障（憲法第十五条第一項）などがある［尾形 2015］．

以上の権利保障の憲法規定を根拠として，これまで福祉サービス，障害年金などによる所得保障，雇用促進，バリアフリー推進，特別支援教育，人権擁護などの分野の施策が実施されてきたのである．

また，2014年には，日本政府は障害者の権利に関する条約（以下，「障害者権利条約」と記す）に批准した．障害者権利条約は，障害法のなかではじめて拘束力のある条約として2006年の第61回国連総会で採択された．本条約の特徴は，障害者の権利を明確化し，障害の社会モデルにもとづいて合理的配慮などの権利保障を実効的にした点にある［岡村 2015：30］．また，条約および規定の実行のために，国内モニタリングを行う中心機関を各国政府内に設置することと，国際的なモニタリングを行う中心機関の設置の規定を設けた点も革新的であった［小澤 2016b：48-49］．この障害者権利条約を日本の法律として置き換えたものが障害者基本法である．条約は，憲法第九十八条の規定によると，憲法よりも下位にある法規範であるが，通常の法律よりも上位にある規範である．それゆえ，条約に批准した以上は，今後より一層，行政は障害当事者の視点に立った政策の企画立案および実施を行う必要がある．このような上位の法規範が存在しているがゆえに，行政は，障害者政策を実施し，より効果的な政策の企画立案を行う責務を負っている．

障害者政策の体系の基盤は，障害者基本法第十一条第一項にもとづく障害者基本計画によって形成されている．現在運用されている第3次障害者基本計画［URL 1］においては，障害者基本法第一条に規定されている，人びとが障害の有無にかかわらず等しく基本的人権を享受する「共生社会の実現」という基本理念のもとで，複数の府省が実施する分野別施策を設定している．すなわち，障害者基本計画は，障害者の活動を制限し社会への参加を制約している社会的障壁を除去するため，地域社会での共生や差別の禁止を推進する政府全体の取り組みを規定しているのである．また，各府省が分野別施策を実施するにあたって求められる横断的視点を規定している．この横断的視点は抽象的な基本理念をやや具体化したものであり，障害者の自己決定の尊重および意思決定の支

援，当事者本位の総合的な支援，そして障害特性などに配慮した支援，アクセシビリティの向上といった観点があげられている [*Ibid.*：6-8]．このように，現在の障害者政策の体系においては，基本理念や各分野に共通する横断的視点といった政策目的を規定する箇所において，障害当事者の多様なニーズへの対応が重視されている状態である．

　障害者政策における分野別施策，すなわち障害者政策のなかに包含されている政策領域は10項目ある．生活支援，保健・医療，教育・文化芸術活動・スポーツ等，雇用・就業および経済的自立の支援，生活環境，情報アクセシビリティ，安全・安心，差別の解消および権利擁護の推進，行政サービス等における配慮，国際協力の10項目である．それぞれの分野別施策の細目をまとめると，以下の通りである．

　　1．生活支援
　　（1）相談支援体制の構築　（2）在宅サービス等の充実
　　（3）障害児支援の充実　（4）サービスの質の向上等
　　（5）人材の育成・確保
　　（6）福祉用具の研究開発及び身体障害者補助犬の育成等
　　（7）障害福祉サービス等の段階的な検討
　　2．保健・医療
　　（1）保健・医療の充実等　（2）精神保健・医療の提供等
　　（3）研究開発の推進　（4）人材の育成・確保
　　（5）難病に関する施策の推進　（6）障害の原因となる疾病等の予防・治療
　　3．教育・文化芸術活動・スポーツ等
　　（1）インクルーシブ教育システムの構築　（2）教育環境の整備
　　（3）高等教育における支援の推進　（4）文化芸術活動，スポーツ等の振興
　　4．雇用・就業および経済的自立の支援
　　（1）障害者雇用の促進　（2）総合的な就労支援

(3) 障害特性に応じた就労支援及び多様な就業の機会の確保
　(4) 福祉的就労の底上げ　(5) 経済的自立の支援
5．生活環境
　(1) 住宅の確保　(2) 公共交通機関のバリアフリー化の推進等
　(3) 公共的施設等のバリアフリー化の推進　(4) 障害者に配慮したまちづくりの総合的な推進
6．情報アクセシビリティ
　(1) 情報通信における情報アクセシビリティの向上
　(2) 情報提供の充実等
　(3) 意思疎通支援の充実　(4) 行政情報のバリアフリー化
7．安全・安心
　(1) 防災対策の推進　(2) 東日本大震災からの復興
　(3) 防犯対策の推進　(4) 消費者トラブルの防止及び被害からの救済
8．差別の解消および権利擁護の推進
　(1) 障害を理由とする差別の解消の推進　(2) 権利擁護の推進
9．行政サービス等における配慮
　(1) 行政機関等における配慮及び障害者理解の促進等
　(2) 選挙等における配慮等
　(3) 司法手続等における配慮等　(4) 国家資格に関する配慮等
10．国際協力
　(1) 国際的な取組への参加　(2) 政府開発援助を通じた国際協力の推進等
　(3) 国際的な情報発信等　(4) 障害者等の国際交流の推進

　また，これらの分野別施策などについて，各府省庁の所管に分けると，以下の表2-1のようになる．この表をみてわかるように，障害者政策の運用体制は，内閣府が障害者政策全体の企画立案を行い，障害者政策に関連する各省庁が障害者基本計画にある分野別施策を実施する体制となっている．

表 2-1　府省庁別にみた障害者施策

	分　野	関係法令等
内閣府	障害者基本計画の策定，啓発広報（障害者週間の集い等）など	障害者基本法 障害者差別解消法
警察庁	信号機への視覚障害者用付加装置等の設置，駐車禁止規制除外措置，自動車運転適性相談等	交通安全施設等整備事業に関する緊急措置法，道路交通法など
法務省	特設人権相談所の開設など	
外務省	障害者リハビリテーション関係分野に対する技術協力	国際協力事業団法
財務省	所得税・相続税の障害者控除 身体障害者用物品の消費税非課税など	所得税法，消費税法，相続税法，租税特別措置法，関税定率法など
文部科学省	特別支援教育など	学校教育法，特別支援学校就学奨励法，学校保健法，発達障害者支援法など
厚生労働省	障害の予防，早期発見・治療 各種の福祉措置，生活保障，医療費補助，雇用対策，職業訓練，労働者災害補償など	母子保健法，障害者自立支援法，児童福祉法，身体障害者福祉法，知的障害者福祉法，精神保健福祉法，特別児童扶養手当法，生活保護法，国民年金法，厚生年金保険法，障害者雇用促進法，職業安定法，職業能力開発促進法など
農林水産省	障害者に配慮した農村漁村の生活環境整備など	
経済産業省	福祉関係機器の開発，機器の標準化など	福祉用具研究開発普及促進法など
総務省	点字郵便物等の郵便料金減免，NHK放送受信料の減免，視覚障害者の利用に配慮したATM等の設置，福祉用電話機器の提供，税制上の配慮（地方税）など	郵便法，放送法，電気通信事業法，通信・放送身体障害者利用推進法，地方税法など
国土交通省	交通機関・公共的建築物の改善，公共交通間の旅客運賃割引，障害者向け公営住宅の供給，公団公庫住宅にかかる優遇措置，有料道路の通行料金割引など	バリアフリー新法，公営住宅法，住宅・都市整備公団内規，住宅金融公庫法など

出所：佐藤［2016a：157-158］．

　以上から，現在の障害者政策の体系は，府省間の分業体制のもとで，障害当事者の多様なニーズに対応できるような多種の施策メニューを備えているといえる．

2. 障害者政策の歴史

　ここまで障害者政策の体系について述べてきたが，現在の政策体系が形成されるに至るまで，日本の障害者政策はどのような経路をたどってきたのであろうか．そもそも，第二次世界大戦前や戦後しばらくの間は，障害者政策の体系は貧弱であり，障害者を家庭や施設に隔離すなわち社会参加させないような政策が実施されていた．それでは，なぜ，障害当事者の多様なニーズに対応しうる現在の相対的に充実した政策体系が整備されたのであろうか．その問いに答えるために，以下では，排除と隔離の時代，保護と更生の時代，自立支援と参加の時代，そして共生と包摂の時代という戦前から現在に至るまでの4つの時代区分［中川・新田 2015］に分けて，障害者政策が社会モデルに依拠する障害者権利条約の批准に至るまで大きく進展してきた過程を概観する．そのうえで，現在の障害者政策の体系においても取り残されている問題すなわち社会モデルへの対応ができていない部分について考察する．

（1）排除と隔離の時代（第二次世界大戦前まで）
　戦前には，障害者政策は存在しなかった．ただし，障害によって生活に支障がある人に対しては，恤救規則や救護法といった救貧制度によって金品が支給されていた．しかし，いずれにしても，貧困対策の一環として政策が実施されていたため，貧困対策と障害者福祉を分離できず，適用対象となる障害者は限定された［小澤 2016a：74-75］．他方で，傷痍軍人に対しては手厚い福祉サービスが提供され，職業補導所や療養所等の施設の設置，医療，年金，就職，職業更生のさまざまな面にわたる傷病兵に対する救済策が講じられた［岡村 2015：35］．
　また，精神障害者に対する施策は，障害者を一般の社会生活から排除し，特定の施設や家庭内に隔離しようとする考え方が強く表れていた［中川・新田

2015：32-33]．第二次世界大戦前は，精神障害者に対する法律としては，精神病者監護法（1900年制定）と精神病院法（1919年制定）が存在したが，これらは家族の患者保護責任を強く求めるものであり，その責任がやむを得ず果たされない場合には施設や病院に精神障害者を隔離するものであった．すなわち，治安行政として医療や公衆衛生に関わる施策が実施されていたのであり，戦後しばらくの間もこの傾向が続いた．

（2）保護と更生の時代（第二次世界大戦後から1970年代まで）

戦後になると，1949年の身体障害者福祉法制定を皮切りに，障害者政策の体系整備の萌芽が生まれはじめる．すなわち，貧困対策から障害者福祉対策が切り離されたのである［小澤 2016b：49］．その要因として，1946年に社会権や生存権を保障する日本国憲法が公布されたことがあげられる．このことは，戦前の傷痍軍人に対してのみ提供されていた国家保障が広く国民一般に対しても成立し，一般障害者への福祉施策は国家による公的責任によってなされるという原則を示した点で重要である．しかし，1970年代までは，障害者の保護が重視され，障害者の社会参加についてはあまり議論されなかった．たしかに，傷痍軍人をはじめとして職業能力の回復が期待される障害者に対しては，社会参加機能を復元させる医療的な更生施策が実施された．他方で，職業的更生の可能性が乏しいと判断された重度障害者については，更生施策の対象外であり，もっぱら家庭や施設で保護する方針がとられたのである［中川・新田 2015：33］．

戦後から1960年代に入るまでにかけては，身体障害者福祉法のほかにも，さまざまな法整備が行われた．知的障害児・者に関しては，1947年制定の児童福祉法および1960年制定の精神薄弱者福祉法（現在の知的障害者福祉法）を根拠として，福祉サービスが提供された．他方で，精神障害者に関しては，1950年に精神衛生法が制定されたが，精神病院における入院治療に関する法律制定であり福祉サービスが提供されるわけではなかった．そのほかに，教育分野では，1954年に盲学校，聾学校及び養護学校への就学奨励に関する法律が制定された．

経済的支援の分野では，1959年制定の国民年金法の規定において障害年金が創出された．雇用分野では，1960年に身体障害者雇用促進法（現在の障害者雇用促進法）が制定された．

1960年代に入ると，重度の知的障害と身体障害が重複する重症心身障害児・者の親を中心として施設設置の要求が高まり，施設化政策が推進された［小澤 2016a：84-85］．重度障害者の家庭内での保護は家庭にとって過大な負担であるとの社会的認識がメディア等を通じて普及したのである．こうして，重度障害者にとっての最後のセーフティネットは，家庭に代わって施設が担うことになった［Ibid.：87］．また，障害者手帳の所持者に対して，税制上の特別措置（税の減免）や公共料金割引等の施策が開始した［岡村 2015：37］．

しかし，1960年代後半になると，施設に入所する重度障害者による抗議運動が始まる．1969年に東京都立府中療育センターで起きた抗議運動は，脳性マヒ者等の重度障害者によるはじめての公的介助保障運動であった．この運動では，入所者たちが外出・外泊の制限，入浴回数の制限など過剰な生活管理や不当な人権侵害に抗議し，施設から退所してホームヘルパーの介助のもとでの自立生活の実現を要求した［杉本 2008：87］．この運動をうけて，東京都の美濃部亮吉知事は，介護人派遣事業の導入を決定した［尾上 2009a：64-65］．この制度は，障害者自らが募集し育成した介護者を登録するという，自薦登録の仕組みに大きな特徴がある．障害者1人ひとりのニーズに柔軟に対応した介護を確保できる制度が創設された点で意義があった．この制度は，1986年に大阪市，1988年に札幌市で導入されるなど他の都市部自治体にも波及したものの，「一日4時間以上の介護を要する障害者は施設へ」との考えを示す文書が1975年に旧厚生省（現在の厚生労働省）から出されるなど，中央政府レベルでは重度障害者は施設収容が望ましいとする方針は続いていた．

1970年代に入ると，さらに抗議運動が活発化する．1970年に，横浜市で障害をもつ二児の母親が将来を悲観して，下の女の子（2歳・脳性マヒ）をエプロンの紐で絞め殺した事件が発生した．このとき，社会は親の側に同情し，メディ

アは施設収容を推奨するキャンペーンを行った．また，親からなる団体は減刑嘆願運動を行った．この動きに対して反抗し，優生保護への抵抗を示す健全者幻想運動を起こしたのが，脳性まひ者からなる団体で障害当事者団体の先駆けとなる「青い芝の会」（1957年に東京で結成）であった［岡村 2015：31］．青い芝の会は，ほかにも，路線バスへの車椅子での乗車の強行などの運動を行った川崎バス闘争などを通して，社会に大きなインパクトを与え，施設収容ではなく親からも施設からも自立した生活を求める障害当事者の存在を知らしめた．また，1976年には，青い芝の会の運動に刺激された全国の障害者運動が組織化され，全国障害者解放運動連絡会議が結成され，1979年に完全実施を迎える養護学校義務化に反対し，普通学級での教育を求める「統合教育」運動が行われた［杉野 2011a：251］．

　他方で，行政の運用体制の観点からみて，1970年の心身障害者対策基本法の制定は重要な進歩であった．心身障害者対策基本法は，現在の障害者基本法のもととなる法律であり，政府全体で障害者政策に取り組む必要性を規定したはじめての法律であった．それまでの障害者政策は，関係省庁ごと，法律ごとに行われていたため，その総合的強化，運営の一貫性が要請されるようになったのである［岡村 2015：37］．

　また，1976年には，身体障害者雇用促進法が改正され，法定雇用率制度が義務化され，身体障害者の法定雇用率を満たしていない事業者に対しては納付金を徴収する制度が創設された．さらに，難病分野では，1972年に旧厚生省が難病対策要綱を創設し，難病研究の推進，医療機関の整備，医療費自己負担の軽減などの施策の実施の方向性を規定した［小澤 2016a：87-89］．制度創設当初は，ベーチェット病，全身性エリテマトーデス，スモン，再生不良性貧血の4種類が対象であったが，対象疾病は徐々に増加し，2009年には56疾病となった．ただし，難病分野の施策は，医療分野が中心であり，在宅福祉サービスなどの障害福祉サービスの開始は1995年からとなり大幅に遅れた．

（3）自立支援と参加の時代（1980年代から障害者自立支援法制定まで）

　1980年代からの障害者政策においては，これまでの障害者を保護する方針から，自立生活や社会参加を促す方針への転換の兆候がみられた．その契機となったのは，1976年の第31回国連総会で決議された，1981年からの国際障害者年キャンペーンである．国際障害者年のスローガンは完全参加と平等であり，このキャンペーンによって，障害者を1人の普通の市民として地域社会で受け入れるノーマライゼーションの思想が欧米から日本へと輸入された［岡村 2015：38］．

　また，障害当事者団体においても，米国から自立生活運動の思想や自立生活センターの運営方法が輸入され，本格的に自立生活の実践を行う体制づくりがなされた［杉野 2011a：251］．そして，障害当事者団体からは，自身の生活スタイルを自身で決定する自己決定権の尊重や，在宅福祉サービスの充実化すなわち脱施設化政策の推進を要求する声が高まった［中西・上野 2003］．

　その状況のなかで，障害当事者団体と行政との間で対話が行われる画期的機会もあった．1980年代に入るまでは，旧厚生省と障害当事者団体との間で対話関係は構築されず双方が一方的な主張を行うのみであったが，1980年に，当時の厚生省更生課長であった板山賢治が，旧厚生省と青い芝の会との共同の私的研究会として脳性マヒ者等全身性障害者問題研究会を立ち上げた［高阪 2015］．本研究会は，1982年まで所得保障および障害程度等級を主な検討対象として話し合いがもたれた．研究会で作成された最終報告書は，1985年の国民年金法改正時に創設された，障害者の自立生活を支える水準までに給付水準を上げる障害基礎年金制度に大きな影響を与えた．しかし，この研究会は，1人の厚生官僚の尽力により一時的に実現したものであり，行政における当事者参画が制度化したわけではない．障害者政策における当事者参画の制度化は，2009年に障がい者制度改革推進会議が発足するまで実現せず長い時間を要した．

　くわえて，行政の運用体制を検討するうえで重要なのは，国際障害者年の決議をうけて，日本政府が，1981年に障害者対策に関する長期計画を策定し，旧

総理府（現在の内閣府）に国際障害者年推進本部を設置した点である［岡村 2015：37］．この長期計画では，啓発広報活動，保健医療，教育・育成，雇用・就業，福祉・生活環境の各分野について方針が示されており，現行の障害者基本計画の原型となっている．さらに，この長期計画の策定は，旧厚生省中心の体制から旧総理府中心の体制への移行を示している．つまり，障害者政策の所管府省の範囲を拡大したうえで，府省間の総合調整の役割を旧総理府が担う体制が確立したのである．この点においても，1980年代は，現在の障害者政策における政策領域横断的ないしは府省横断的な運用体制の原型を形成した時期であることを示している．

　ほかにも，1980年代は，精神障害者の分野では，1987年に精神衛生法が精神保健法へと改正され，身体障害者や知的障害者と比べるとかなり遅れて，精神障害者に対しても福祉サービスが提供されることとなった．精神衛生法が改正された原因は，国際障害者年とは別であり，精神病院に入院していた2名の患者が看護人による虐待で死亡した宇都宮病院事件にあった．宇都宮病院事件は，戦後の精神障害者対策の恥部としてマスコミや国際社会にとりあげられた．宇都宮病院事件を契機として，措置入院（都道府県知事等の命令による入院）や同意入院（家族・親族などの同意による入院）といった本人の自由意思によらない入院が大半を占める状況や，精神科特例（医療法の特例で，一般病床より低い看護基準で病院経営が認められていた）による人件費を抑えた医療の推進，営利目的の精神病院経営といった弊害が明るみとなった［小澤 2016b：54］．また，同年に，身体障害者雇用促進法は障害者雇用促進法へと改正され，身体障害者だけでなく知的障害者も法律の対象となった．

　1990年代に入ると，障害者政策において3つの変化が生じた．

　第1に，1990年に身体障害者福祉法が改正され，「障害者の自立」という文言がはじめて明記された．本法律では，自立生活を営むための在宅介護サービスの拡充が謳われていた．しかし，茨木尚子によると，「実際には障害者の在宅介護制度は，行政の職権による派遣決定を前提とし，実施に関しては自治体

による要綱等に委ねられた結果，すでにある自治体独自の制度と組み合わせて24時間365日の介護保障を必要に応じて提供する体制をとる自治体から，国が示した週18時間を上限とする自治体，さらにそれすらも保障しない自治体まで，その格差はさらに大きなものとなっていった」[茨木 2017：763]．

　第2に，1993年に障害者基本法が制定された．障害者基本法では，身体障害，知的障害にくわえて精神障害がはじめて法的に位置づけられた．これに伴い，1995年に精神保健法は精神保健福祉法へと改正され，地域での自立生活を推進する脱施設化政策が開始された［平岡 2011：176-177］．なお，付帯決議では，難病患者も身体障害者として位置づけられた．

　また，障害者基本法においては，政府に対して，障害者基本計画（第一次基本計画については障害者プランあるいはノーマライゼーション7カ年計画とよばれる）策定と，毎年の国会に対する障害者のために講じた施策の概況に関する報告書（障害者白書）提出が新たに義務付けられた．障害者白書は，政府が出すものであり，障害者政策は全省庁が行うものであることが明確となった［岡村 2015：39］．

　とりわけ，1995年に策定された障害者プラン（ノーマライゼーション7カ年計画）は，施策目標として数値が用いられた点で画期的であった．しかし，数値目標といっても，旧厚生省分野が中心で，それ以外では旧運輸省や建設省（現在の国土交通省）のバリアフリー施策に関連するものが多少示された程度にすぎなかった．また，障害者プランの策定にあたって，障害者のニーズ調査があったわけではなく，各事業で獲得できる見込みの予算を積み上げたものが「数値」として掲げられていたのであった［尾上 2009a：70］．さらに，ノーマライゼーションという名称を用いながら，在宅サービス以上に入所施設増設目標値が掲げられており，将来の障害者政策の方向性を見据えた計画とはいいがたいとの批判もあった［茨木 2009：94］．

　さらに，障害者基本法では，都道府県や市町村の障害者基本計画策定の努力義務を定め（2004年の障害者基本法改正により完全義務化），自治体の責任で必要な施設や人材を整備していくという行政責任を明確にした［小澤 2016a：94-96］．

第3に，バリアフリー分野や情報通信分野の法制度の充実化が図られた．1994年に高齢者，身体障害者等が円滑に利用できる特定建築物の建築の促進に関する法律，1995年に身体障害者の利便の増進に資する通信・放送身体障害者利用円滑化事業の推進に関する法律，2000年に高齢者，身体障害者等の公共交通機関を利用した移動の円滑化の促進に関する法律，2002年に身体障害者補助犬法が制定された．

　2000年代に入ると，2003年に，障害福祉サービス提供の決定形態を行政による措置から利用者と事業者との契約へと変更する支援費制度が導入された［平岡 2011：181］．支援費制度導入の背景には，先行して1997年にサービス提供の決定形態を措置から契約へと変更した介護保険制度の影響があった．支援費制度では，支給決定とサービス提供のプロセスを切り離すことで行政の裁量の範囲が狭められた．支給決定自体はあくまで市町村の行政処分という点では措置とは変わらないが，少なくとも「派遣できるヘルパーがいない」との理由で，サービス利用を拒否することはできなくなった．また，支援費制度導入にあたって，ノーマライゼーション理念や「利用者本位」，「施設から在宅へ」といったことが強調されていたことも大きなメッセージとなった．そして，居宅介護支援の類型に移動介護や日常生活支援が設けられ，障害者の使い勝手の良いサービスを自治体で要綱をつくらなくても実施できるようになった［尾上 2009b：131］．

　たしかに，支援費制度は，利用者に受給権を付与するものではなく，サービスの量的拡大の目標が明確にされていたわけではなかった．しかし，「利用者本位のサービス」に向けての改革という制度改革の考え方が広く浸透したことによる利用意識の高まりや，利用手続きの透明化などの結果として，在宅介護サービス等の利用申請者が急速に増加した．その結果，需要の増加に対応する財源確保のしくみが組み込まれていなかったため，需要の増加に対応する供給量の確保に困難が生じた［平岡 2011：181］．この困難に対処するために，2004年に厚生労働省は「今後の障害保健福祉施策について（改革のグランドデザイン

案)」と題する改革構想を提示し［Ibid.：183］，2005年には財源確保のために障害者のサービス利用費負担の原則を応能負担から一律1割の応益負担へと変更するなどの改革構想を具体化した障害者自立支援法が制定されることとなる［中川・新田 2015：38］．

　そのほかに，2000年代では，2004年に発達障害者支援法が制定され，発達障害者も障害者政策の対象に加えられ，医療支援，特別支援教育，就労支援などの施策が発達障害者に対して実施されるようになった．また，教育分野では，2006年に，盲・聾・養護学校の制度を，複数の障害種別を教育の対象とすることができる学校制度である「特別支援学校」に転換する学校教育法改正や，障害者各人のニーズに応じた適切な指導及び必要な支援を行う国や自治体の責務を明確化した教育基本法改正が行われた．そして，現在では，2013年の学校教育法施行令改正に伴い，障害者本人や保護者のニーズを最大限尊重して，普通学校と特別支援学校との間の就学選択の自由度を広げるインクルーシブ教育の推進が進められている．

（4）共生と包摂の時代（障害者自立支援法制定以後）
　2005年に制定された障害者自立支援法は，サービス体系の再編や就労支援および地域生活支援の強化などといった点で画期的な点があったものの，サービスの応益負担化に伴う負担増による生活状況の悪化を懸念する障害当事者から強い反発を受けた［平岡 2011：188］．くわえて，2007年の障害者権利条約への署名に伴い，障害を生じさせる社会的障壁を排除すべきとする社会モデルに依拠する法制の整備が必要となった．このような，障害者自立支援法の制定とそれへの反発や障害者権利条約への批准の動きは，障害者政策を「自立支援と参加促進」の方向性から社会の一員としての「共生と包摂」［中川・新田 2015：38］の方向性へとより深化させることにつながった．つまり，障害者の自立生活には，行政や介護事業者・医療従事者などによる障害者個人の能力の支援だけでなく，民間事業者や一般市民を含めた社会の側の理解や支援が必要であると認

識されたのである．

　障害者自立支援法の制定に伴い，6つの面で変化が生じた［平岡 2011：185-186；佐藤 2016a：162］．

　第1に，支援費制度では対象に含まれなかった精神障害者も対象にくわえ，障害の種別を越えた一元的なサービス提供のしくみを確立した．

　第2に，市町村による一元的なサービス提供体制が確立され，サービスは，全国一律に提供される「自立支援給付」（義務的予算措置）[2]と，地域の実情や予算に応じて実施される「地域生活支援事業」（裁量的予算措置）[3]に分けられた．また，そのサービス体系の基盤整備のために，自治体に障害福祉計画の策定を義務付けた．

　第3に，在宅または一般企業での就労を希望する障害者に個別支援計画にもとづいて支援する就労移行支援事業のカテゴリーを新たに導入するなどして，就労支援機能の抜本的強化が図られた．

　第4に，障害者自らも制度を支える一員となって，その費用を皆で支え合うという観点から，食費等の実費負担やサービスの利用量に応じた「公平な負担」すなわち応益負担を障害者に求めた．応益負担導入の最大の目的は，障害者のサービス利用を抑制し，国庫負担を減らすことにあった［杉本 2008：244］．

　第5に，サービス利用決定のしくみの透明化や明確化が行われた．全国一律に6段階の障害程度区分を導入し，サービスを利用するすべての障害者に対して106項目の調査項目を設定し，その一次判定と市町村審査会の二次判定により障害程度区分の認定を行い，支給するサービスの種類や利用量を決定するとした．[4]

　第6に，国の費用負担の義務化による国の財政責任の明確化がなされた．

　しかし，とりわけ，サービスの応益負担化に関しては，障害当事者の側から強い反発を招いた［中川・新田 2015：38］．複数のサービスや長時間の在宅介護サービスを利用する重度障害者にとっては，サービスの利用量が多くなりその分負担が大きくなる．また，そのような重度障害者の所得水準は低いことが多

く，サービス利用料の1割負担は生活の困窮化につながる．そのため，障害当事者団体は，障害者自立支援法の成立前から抗議運動を活発化させ，成立後にも1万5000人を集めた集会や国会へのデモ行進などを行った［杉本 2008：244］．そして，障害当事者の抗議運動は，応益負担は法の下の平等，生存権，幸福追求権を侵害するとして憲法違反であるという2008年の障害者自立支援法違憲訴訟にまで発展したのである［長瀬 2011：139］．この障害者自立支援法違憲訴訟は，2008年から2009年にかけて福岡，広島，岡山，神戸，京都，大阪，和歌山，奈良，滋賀，名古屋，東京，さいたま，福岡，旭川の全国14の地方裁判所に71人の障害者・家族が提訴した訴訟である．原告の弁護団は170人にものぼった［佐藤 2015：60］．ここまで，障害当事者の抗議運動が活発化したのは，大きな制度改変を，障害者の生活実態や利用当事者の意見をほとんど聴き入れることなく，厚生労働省内部の机上プランにもとづいて拙速に議論を進めたためであった［杉本 2008：245］．

　この障害者自立支援法への反発の動きとは別ではあるが，ほぼ同時並行的に障害者権利条約批准の外圧が強まった．日本政府は2007年に障害者権利条約に署名したが，2008年には批准国が20を超え条約発効となった［佐藤 2016c：233］．そのため，日本においても早期の批准が国際社会から求められるようになった．そこで，政府は大きな国内法の改革なしに条約に批准しようとし，民主党への政権交代前の2009年の通常国会で承認を得るための公定訳を用意した．しかし，国内法の見直しなしの批准は認められないとする日本障害フォーラムなどの障害当事者団体の強い抗議をうけて断念した［佐藤 2015：3］．

　そのような状況のなか，2009年9月に自由民主党から民主党へと政権が交代し，障害者自立支援法の修正や障害者権利条約批准のための「障がい者制度改革」が行われ［佐藤 2016a：177-79］，障害者政策は社会の一員としての「共生と包摂」の方向へと大きく転換を遂げる．自由民主党よりも，よりいっそう社会福祉政策を重視する色彩が強い民主党は，政権交代を成し遂げた2009年の衆議院選挙にあたって，マニフェスト［URL 2］において「『障害者自立支援法』

は廃止し，『制度の谷間』がなく，サービスの利用者負担を応能負担とする障がい者総合福祉法（仮称）を制定する」「わが国の障がい者施策を総合的かつ集中的に改革し，『国連障害者権利条約』の批准に必要な国内法の整備を行うために，内閣に『障がい者制度改革推進本部』を設置する」と約束していた．くわえて，民主党政権は，障害者自立支援法違憲訴訟に関して和解の方針を示し，原告の障害当事者や家族との「合意文書」を結んだ．合意文書とは，「障害者自立支援法違憲訴訟原告団・弁護団と国（厚生労働省）との基本合意文書」（2010年1月7日）のことで，国は，障害者自立支援法を廃止し新法を遅くとも2013年8月までに実施する旨や，障害者の意見を十分ふまえず自立支援法を制定し障害者の人間としての尊厳を深く傷つけたことを心から反省する旨などが記されている［佐藤 2016a：178］．

2009年12月には，さっそく障がい者制度改革推進本部が発足し，翌年1月から障がい者制度改革推進会議が開始された．障がい者制度改革推進会議は，2012年7月に障害者政策委員会に発展改組される前までに，のべ38回の会議を実施している．また，その子会議である総合福祉部会では，障害者権利条約批准のための具体的な法整備案をまとめた骨格提言を2011年8月に公表している．

障がい者制度改革推進会議の特徴は，当事者参画による政策形成の実質化にある．障がい者制度改革推進会議は，厚生労働省と内閣府の共同事務局体制であったが，その事務局に障害当事者が参加して会議スタイルの設計などに関与していた［長瀬 2011：137］．また，会議の委員は障害当事者やその親が半数を占めていた．たとえば，子会議であり骨格提言を作成した総合福祉部会の委員の内訳は，障害当事者・家族団体代表29人，事業者14人，学識経験者9人，自治体首長3人であった［佐藤 2016a：178］．参加している障害当事者の障害種別も多様であり，肢体不自由・視覚障害・聴覚障害者・盲ろう，精神障害，知的障害，難病を有する者が参加している．親の団体の参加者を含めると，重度心身障害，高次脳機能障害，発達障害を有する者の親も参加していた［佐藤 2015：8］．この委員構成は，障害者権利条約の精神である「私たち抜きに私た

ちのことを決めないで！」(Nothing About Us Without Us) を体現した構成であった［尾上 2014：11］．また，障がい者制度改革推進会議の事実上の前身組織として中央障害者施策推進協議会が存在していたが，実質的な議論は行われていなかった．中央障害者施策推進協議会は，2004年の障害者基本法改正をうけて，2005年に設置されており，障害当事者も多く参加していた．しかし，2009年12月までの4年間の間に6回開催されたにすぎない．いわば，「年に1〜2回」という開催頻度であり，形式的な意味合いが強い［長瀬 2011：138］．この頻度では政策形成に寄与する審議会として適切に機能しているとはいいがたい．中央障害者施策推進協議会と比べると，会議の開催回数の観点からみると，障がい者制度改革推進会議の方が当事者参画による政策形成が実質化しているといえる．なお，実際に障害者政策の政策形成においてこれまで大きな役割を果たしてきたのは，厚生労働省の社会保障審議会障害福祉部会である［茨木 2014：20］．しかし，この審議会は，政府・官僚の主導性の強い審議会すなわち従来型の審議会であり，当事者参画型の審議会とはいいがたい［佐藤 2016a：178］．構成員の過半数は障害当事者で占められてはおらず，障がい者制度改革で実現した会議での当事者参画の原則は踏襲されていない．

　そのほかにも，障がい者制度改革推進会議では，従来の審議会とは異なり，参加する障害当事者の委員の情報保障が重視されていた．この試みは，のちに制定される障害者差別解消法の規定にある「合理的配慮」の実践であったとも指摘されている［石川 2014：27］．具体的には，手話通訳，要約筆記，盲ろう者通訳，身体障害者の介助者，点字版資料のほか，知的障害者が参加しやすいように，意思疎通支援者の同席参加，会議資料のルビ付き版，難しい用語の説明を求める「イエローカード」の用意，会議の内容と流れについての直前個別レクチャー等がなされた［佐藤 2016a：178-179］．このように，会議における情報保障環境の整備も，当事者参画による政策形成の実質化に役立つのである．

　また，障がい者制度改革推進会議を発展改組した組織である内閣府の障害者政策委員会は，現在でも障害当事者やその家族の委員が多く参加する審議機関

として機能している［佐藤 2015：8］．障害者政策委員会は，障害者基本法改正に伴って新設された第三十二条から第三十五条の規定に沿って，障害者権利条約のモニタリング機関として運用される．委員構成に関しては，多様な障害者の意見を反映できる構成にするよう配慮する義務を課している［*Ibid.*：15］．障害者政策委員会の特徴は，障害当事者の参加のもとでの障害者基本計画の調査審議および監視のしくみの創設にある［*Ibid.*］．そして，必要な場合には総理大臣や各大臣に対し勧告を行う権限も有している．この特徴は，中央障害者施策推進協議会や障がい者制度改革推進会議の時代にはなかったものであり，計画の立案に際する調査審議機能や計画の進捗の監視機能が有効であれば障害者政策の政策形成機能や評価機能の強化につながると考えられる．

　障がい者制度改革推進会議による成果物のなかでとりわけ重要なのは，総合福祉部会の骨格提言である．骨格提言には，6つのポイントがある［佐藤 2016a：179］．

　第1に，障害のない市民との平等と公平である．これは，障がい者制度改革の推進力となった障害者権利条約の精神そのものであり，障害者を社会の一員として認め共生していくための環境，たとえば居住環境，教育環境，雇用環境，意思疎通環境などを整備する障害者政策の新しい理念を提言しているのである．

　第2に，制度の谷間や空白の解消である．たとえば，障害者手帳非所持者に対しても，障害福祉サービスを提供することがあげられる．現状においては，障害年金の受給可否，自立支援給付可否，障害者手帳の発行などは，生活ニー[5]ドにもとづくものではなく，医学的基準によって判断されている［杉野 2011a：255］．つまり，障害者福祉制度は，身体，知的，精神という医学的な障害種別ごとに分立した制度構造となっている［*Ibid.*：238］．そのため，とりわけ，障害者手帳を持たない慢性病や難病などの内部障害，発達障害，軽度の身体障害の領域において，障害者福祉制度と当事者が主観的に感じる障害の「範囲」との間に不整合が生じている［*Ibid.*：240-241］．また，通勤や通学の介助が，福祉制度にも雇用制度にも教育制度にも用意されていないという「制度の谷間」を

なくすこともあげられる［佐藤 2015：75］．

　第3に，地域間格差や障害種別間格差の是正である．現状では，とくに地方自治体の裁量的予算措置である地域生活支援事業において自治体間のサービス格差が残っている．その格差を是正するためにどの地域でも共通して必要とされる支援は国や都道府県の「負担事業」とし，さらに長時間介護の市町村負担部分を軽減するなどを提言している［Ibid.］．また，発達障害者の雇用保障は，障害種別間格差の是正における課題の一例である．

　第4に，社会的入院や長期施設入所の解消である．精神障害者に関しては，身体障害者や知的障害者と比べて，社会的入院や長期施設入所の割合がいまだに高くなっている．その問題を解消するために，精神障害者を地域で受け入れるための基盤を整備したうえでの地域移行プログラムの実行を提言している［Ibid.］．

　第5に，本人のニーズに合った支援サービスの提供である．障害程度区分（現行の障害者総合支援法では障害支援区分）という「客観的指標」を用いた第三者判定にもとづく支給決定から，個別ニーズの調査やサービス受給者たる障害当事者との協議調整システムにもとづく支給決定［茨木・尾上 2009：290-291］への転換を提言している．

　第6に，安定した予算の確保である．現在は，OECD（経済協力開発機構）諸国のなかでも最低レベルの障害者福祉予算となっている．この状態を是正するためにも，OECD諸国の平均並みの予算の確保と，障害者福祉の財源確保についての国民理解の必要性を指摘している．

　以上の骨格提言のエッセンスを表にしたものが表2－2の3列目である．この骨格提言にもとづいて国内法の整備が行われ，障害者権利条約への批准の手続が進められると考えられていた．2011年に，障害者基本法が改正され，社会モデルにもとづく理念規定すなわち共生社会の実現や社会的障壁の解消といった規定が新設された．2012年には，障害者自立支援法が改正され，名称が障害者総合支援法[6]に改称された．なお，「障害者総合支援法」と名称を改めた理由

は,「自立」が「自助」,「自己責任・家族責任」と理解される事態への懸念が「障がい者制度改革推進会議総合福祉部会」でたびたび表明されたためである［佐藤 2016a：171］．2013年には，障害者差別解消法が制定され，行政機関や民間事業者に義務付けられる合理的配慮の手続が新設された．それに伴い，障害者雇用促進法も改正された．また，地域移行のさらなる推進のために，2013年に精神保健福祉法が改正された．くわえて，2011年に障害者虐待防止法が制定された．そうした手続を経て，ある程度政策は社会モデルの方向へと転換され，実際に，2014年に日本政府は障害者権利条約に批准した［岡村 2015：30-32］．
しかし，厚生労働省は，国民の理解や財政事情といった観点から骨格提言に記された抜本的改革の方向性に反対し，とりわけ障害者総合支援法の改正は障害者自立支援法の部分的改正にとどまり社会モデルの徹底には至らなかった．障害者政策の現状は，表2-2の2列目に記載されている状態にとどまっており，障害当事者にとっての負の遺産すなわち医療モデルや保護・更生的施策，貧弱な財源，狭小な障害認定の範囲などといった問題が残っている．つまり，社会モデルが実装化されるまでには，いまだ課題を積み残している状態である．

表2-2 障害者総合支援法と「骨格提言」

	障害者自立支援法 障害者総合支援法	総合福祉部会の骨格提言 障害者総合福祉法
めざす社会観	自己責任型社会	全員参加型社会
障害者観	保護の対象	平等な市民，権利の主体
第1の目的	財政コントロール	地域生活・社会参加
支援の重点	自立のための訓練	支えるサービス
支援の性格	画一的支援	個別ニーズ尊重支援
福祉制度論	中央集権型	専門職（市町村）尊重型
対象	手帳所持者＋難病の一部	すべての障害者
支援利用の権利	なし	あり
国・自治体義務	努力義務	法的義務
利用者負担	応益・応能 家族単位	原則無償 本人単位の応能
支援体系	財政事情による	目的・機能による

出所：佐藤［2015：147］．

3. 政策評価機能の検討に向けた含意

本章の最後に，政策評価の機能を判断する評価軸を明らかにするために，障害者政策の政策体系およびその形成過程の考察から得られた含意について述べる．

第1に，福祉サービスを受ける対象となる障害の種別が徐々に増えていった点である．戦後当初は，身体障害者や知的障害者のみに福祉サービスが提供されていたが，1980年代後半から2000年代にかけて，精神障害者，難病患者，そして発達障害者にまでサービス提供の範囲は広がっている．この点では，政策評価を実施する際にも，障害種別の違いによって政策効果が異なるといった事情の考慮が求められる．

第2に，障害者政策のパラダイムが社会モデルへと転換した点である．戦後当初の障害者政策のパラダイムは，医療モデルにもとづく保護と更生のパラダイムであったが，1980年代以降障害者の自立生活や社会参加を促進するパラダイムへと転換していった．そして，現在では，障害者単独の努力だけでなく，社会の理解のもとで障害者が共生そして包摂されるパラダイムへとさらなる深化を遂げている．このパラダイム転換は，国連の障害者権利条約への批准に伴う法整備が大きな影響を与えており，障害は当事者が感じる社会的障壁を取り除くことによって解消されるという社会モデルへの依拠を意味している．たしかに，国民の理解の乏しさや財源の問題から，いまだ社会モデルへの対応が不十分で個別ニーズへの対応ができていない問題は残存している．しかし，今後は，共生社会を実現するために社会的障壁を解消するという政策理念が存在する以上，第三者の医学的基準ではなく，障害当事者が感得する生活ニーズに沿った基準に依拠した施策の実施や修正が必要である．この基準は，評価を実施するうえでも必要な視点である．また，この社会モデルへの転換に伴って，保健・医療分野や生活支援分野の施策の充実だけでなく，雇用，教育，情報通信

環境，防災・防犯などの面での社会的障壁の解消に向けた，より包括的な施策の充実が求められている．評価の実施に際しても，それぞれの分野別施策に関して網羅的な評価体制の整備が重要となる．

　第3に，障害当事者の参画の実質化が進んだ点である．戦後当初は，障害者は保護の対象であったため，施設や家庭に隔離されており政策に対する不満を表出する場が存在しなかった．1970年代に入ると，施設への収容や家庭での隔離を推奨する政策に抗議し自立生活を望む重度障害者たちによる社会運動が活発化した．また，1980年代には，脳性マヒ者等全身性障害者問題研究会といった障害当事者と行政との対話の場が一時的に設けられた．その後は，社会運動は継続的に実施されていくものの，障害当事者と行政との間の対話の機会はなく，一方的な不満の表出が繰り広げられるのみであった．2000年代に入ると，障害者基本法改正をうけて，障害当事者が参画して障害者基本計画に対する意見を諮問する中央障害者施策推進協議会が設置されたものの，意見表明の機会は少なく，障害当事者の参画の実質化にはほど遠い状況であった．しかし，2009年の政権交代を境に，障がい者制度改革推進会議が設置され，一気に政策形成過程における障害当事者の参画の実質化が進んだ．そして，その後継組織である障害者政策委員会においては，障害者基本計画の調査審議および監視機能が付与され，さらに障害当事者の参画の実質化が進む余地がある．政策評価の観点からみれば，障害者政策委員会に障害者基本計画の監視機能が付与されている点が重要である．従来の政策評価制度においては，各府省が，所管する障害者政策の分野別施策の評価を行ってきた．しかし，既存の各府省による政策評価にくわえて，障害者政策委員会が計画の監視機能を有することにより，障害者基本計画全体の分野横断的な視点から，障害者政策全体を評価する「別枠の政策評価」が可能となった．また，各府省による自己評価と異なり，障害当事者がその評価活動に参画できるようになった点も重要である．

　以上から，障害者政策の評価にあたっては，多様な障害種別の障害当事者の意見の反映やニーズの把握，そして障害者政策の社会モデル化への対応が重要

となるのは明らかである．すなわち，医学的基準のような杓子定規を用いて政策効果を測定する評価モデルではなく，障害当事者の多様なニーズに対応した柔軟性のある評価モデルが必要なのである．次章以降では，本章で述べた障害者政策の体系やその形成過程の議論を念頭において，障害者政策の評価の理想像について検討したうえで，日本の府省およびその他の行政以外の主体による評価活動やそれに類する調査活動の実態を分析する．

注
1) のちに，「障害者対策推進本部」へと改組した．さらに，2001年の中央省庁再編を機に，「障害者施策推進本部」に改称した．
2) 「介護給付」「訓練等給付」「自立支援医療」「補装具」「高額障害福祉サービス費」「サービス利用計画作成費」の6種類．自立支援法改正に伴い，2012年から「地域移行支援・地域定着支援」が新たなサービスメニューに加わる．
3) 必須事業として，相談支援事業，コミュニケーション支援事業，日常生活用具給付事業，移動支援事業，地域活動支援センターがある．たとえば，移動支援に関しては，通勤，営業活動等の経済活動にかかる外出，通年かつ長期にわたる外出および社会通念上適当でない外出は認めないことが原則となっているが，一部の自治体は移動支援利用を認めている［茨木 2017：776］．
4) 支援費制度においては，福祉サービスを受けるにあたり，市町村が利用者の意向等を聞き取り，その調査結果をもとに行政の裁量によりサービスやその支給量を決定するシステムとなっていた［茨木 2017：764］．
5) この文章においてのみ，引用している杉野昭博の表現にもとづいて，生活ニーズではなく「生活ニード」と記している．
6) 「制度の谷間」を埋めるべく，障害の範囲に難病等を加え，介護給付等の自立支援給付の支給決定の際の「障害程度区分」を，障害の多様な特性その他の心身の状態に応じて必要とされる標準的な支援の度合いを総合的に示す「障害支援区分」に改めた．また，重度訪問介護の対象拡大，共同生活介護（ケアホーム）の共同生活援助（グループホーム）への一元化，地域移行支援の対象拡大，地域生活支援事業の追加を行い，サービス基盤の計画的整備のため，市町村及び都道府県の障害福祉計画に関し，その内容を追加したほか，国の基本指針及び障害福祉計画に関する定期的な検証と見直しを法定化した．くわえて，市町村が障害福祉計画を作成するにあたって障害者等のニーズ把握等を行うことを努力義務化し，自立支援協議会の名称について，地域の実情

に応じて定められるよう弾力化するとともに，障害当事者や家族の参画を明確化した［岡村 2015：48］．

第3章　障害者政策における負の政策効果の把握

　本章では，障害当事者のニーズの多様性から生じる負の政策効果に焦点をあてて，負の政策効果を把握するための方策を検討する．ニーズの多様性は，既存の施策が障害当事者に良い影響を与えなかったり，むしろ悪い影響すなわち生活状況の悪化を及ぼしたりする．とりわけ，後者の負の効果に関しては，道徳的にも問題があるであろう．そのため，障害者政策の評価にあたっては，ニーズの多様性への対応が重要である．そして，十分に対応がなされた評価活動によって，負の政策効果を是正する政策修正が可能となるのである．

　以降の本論では，負の政策効果の概念や障害者政策における負の政策効果，そしてニーズの多様性との関係について確認したうえで，障害者政策における負の政策効果の把握方法について検討する．なお，本章では，負の政策効果の把握に焦点をあてるが，この把握方法の検討はニーズの多様性によって生じる政策の無効果（null effect）状態の把握にも適用可能である［Vedung 1997：54］．次章以降では，負の政策効果や無効果如何にかかわらず，ニーズの多様性への対応に焦点をあててさまざまな評価活動や調査活動の機能を分析する．

1. 障害者政策における負の政策効果

　本章の目的は，負の政策効果（negative policy effects/outcomes）[1][2]を把握するためにはどのような方策が有効であるかを理論的に検討することである．その際，負の政策効果が政策対象者の生活状況ないしは生命を脅かしうるほど大きな影

響を与える．障害者政策を理論枠組みの適用対象にあてはめて議論を進める．議論を進める手順としては，まず，負の政策効果の大半を占める意図しない政策効果の概念と発現要因を整理する．そのうえで，意図しない政策効果の発現要因を考慮しながら，障害者政策に適する政策評価システムのあり方について検討する．

　負の政策効果は行政が意図する負の政策効果と意図しない政策効果に分類できるが[3)]，本章では行政が意図しない負の政策効果に焦点を当てる．なぜなら，行政は，社会改善を使命とする組織であるため，負の政策効果を意図するとは考えにくいためである．くわえて，行政以外の第三者的観点からは意図する負の政策効果の特定が困難である点も理由の1つである．意図する負の政策効果の存在を行政自らが明らかにすれば，社会改善に資すべき行政の役割に相反するという批判を浴びかねない．そのため，仮に，行政が負の政策効果の発現を意図していたとしても，政府の公式文書等における当該政策効果の事後的検証の記載部分には，その効果は「意図しない負の政策効果」と記載される可能性が高い．つまり，行政以外の第三者は，政府の公式文書等から負の政策効果に関する行政の意図の有無を推察できないのである[4)]．以上から，行政による公式見解に依拠するアプローチをとる場合には，意図しない政策効果が負の政策効果の大半を占めると考えられる．

　意図しない政策効果とは，政策作成を担う行政が設定した政策目標に記載されていない政策効果である．すなわち，行政が望んでいない政策効果を意味する．本章では，より具体的に，政策目標のうち施策や事業単位の達成目標に記載されていない政策効果と定義する．その理由は，政策全体を基礎づける各政策領域における基本法（障害者政策の場合は，障害者基本法）の条文にある政策目標は抽象的である一方で，基本法の抽象的理念を実現するための施策や事業の目標は具体的であるためである．施策や事業単位の達成目標に着目すれば，より明確な政策意図を特定でき，その意図に沿わない政策効果の特定も容易になるのである．

第3章 障害者政策における負の政策効果の把握　49

表3-1　政策効果の分類

	意図する	意図しない
予期する		A
予期しない		B

出所：de Zwart [2015：287].

　意図しない政策効果には，行政の予期の有無に応じて2つの発現パターンがある（表3-1参照）．

　第1の発現パターン（表3-1におけるA）は，行政がその政策効果の所在については予期しつつも，その政策効果の発現が政策対象者に及ぼす負の影響の程度を予測できなかったパターンである［de Zwart 2015：287］．つまり，負の副次効果[5]が意図する政策効果を上回る状態を意味する．なお，本章では，政策対象者（本章では，障害当事者）が被る意図しない政策効果に焦点を当てる．直接的な政策対象ではない一般市民が被る意図しない政策効果についてはとりあげない．

　第2の発現パターン（表3-1におけるB）は，行政が事前にその政策効果の所在を予期していなかったために，政策を実施した後に政策対象者に政策の負の影響が伝わる発現パターンである．この発現パターンでは，政策を実施した直後だけでなく政策実施の開始から長期間を経た時点で発現する場合もある［Salamon 1979］．

　しかし，政策作成者は，政策を実施する前にあらゆる政策効果の種類や程度を予測できない．ある政策効果をもたらす要因や政策効果の影響を受ける対象は，無数に存在する．くわえて，自然災害や経済成長の鈍化などの実施期間中の外部環境の変化は，政策効果に変化を生じさせる．それゆえ，政策効果は常に不確実であるため，すべての政策効果の予測は根本的に不可能である．このように，意図しない政策効果の発現の事前防止は不可能である．

　行政が政策効果の予測に失敗し，意図しない「負の」政策効果が発現した場合には問題がある．意図しない負の政策効果の発現は，政策対象者の状況を改

善するために実施した政策が，政策対象者の状況を悪化させてしまうことを意味する．意図しない負の政策効果は，政策対象者の状況を悪化させる点で道徳的な問題がある［Jabeen 2016：145］．さらに，状況の悪化に伴い，政策作成者に対する政策対象者の不満が増幅する．不満が増幅すると，政策の作成や実施を担当する行政組織は，円滑に政策を実施できなくなる可能性がある．つまり，行政や政治システムに対する信頼性低下によって，行政と政策対象者との間で円滑なコミュニケーションが成立しなくなる可能性がある．

　たとえば，障害者政策においては，現在では幾分修正がなされているが，社会から排除され孤立的な生活を送らざるを得ず生活の質が低下するという障害当事者にとっての負の政策効果が問題となっていた［楠 2009：47］．とりわけ，保守主義レジーム（家族主義レジーム）［Esping-Andersen 1990］的な福祉政策を実施してきた日本においては，1990年代に入るまで「日本型福祉社会論」の理念の下で，障害者を家庭内あるいは家庭での保護が不可能な場合には施設内に隔離する政策が採用されていた［尾上 2009a：65］．この当時の行政は，社会の中で残存する優生主義的観念や差別感情の強さを考慮したうえで，更生困難な重度障害者に対しては措置制度にもとづく給付によって家庭内あるいは施設内で保護した方がよいという意図を持っていた［Ibid.：61］．しかし，障害当事者にとっては，社会参加や自立を阻害する点で負の政策効果をもたらす政策であった．そのため，障害当事者たちは，1970年代から，行政に対して不満や反発を示すために障害者解放運動をはじめとした社会運動を活発化させた．その結果，地方自治体を中心に，脱施設化や地域での自立生活を志向する取り組みが結実されていった［Ibid.：63］．1990年代に入ると，社会全体の規範構造も，女性政策や高齢者介護政策をはじめとして脱家族主義的な考え方への転換が進んだ［西岡 2012：26；横山 2002］．障害者政策においては，それに加えて，1981年から「完全参加と平等」をスローガンとする国際連合の国際障害者年キャンペーンが実施され，その基盤となるノーマライゼーションの理念が行政やマスコミを通じて国民に浸透していった［小澤 2016a：92］．こうした状況の中で，府省レ

ベルでも政策修正の対応が迫られた．1990年の福祉八法の改正時に身体障害者福祉法と精神薄弱者福祉法（現在は知的障害者福祉法）も改正され，ホームヘルプサービスをはじめとした地域での自立生活を支援する在宅福祉サービスが法定化された［尾上 2009a：66］．さらに，2010年代には障害者権利条約の批准に伴い，障害者基本法をはじめとして障害者に関する法律の大規模な改正が行われ，障害者は保護の客体ではなく権利の主体としてみなされるようになった［佐藤 2016c：233］．つまり，行政は，障害当事者の運動や社会規範の変化の影響を受けて，障害者政策の意図を変容させて，意図しない負の政策効果が生じないように政策を修正したのである．

　政策効果の事前予測による意図しない負の政策効果の発現の予防に限界があるならば，政策を実施した後に意図しない負の政策効果を把握し政策修正を施すことが考えられうる．政策実施後であれば，政策作成者は，政策対象者に対する現実の政策効果やその政策効果が発現した要因に関する情報を収集できるためである．それらの情報を収集した結果，意図しない負の政策効果の所在が明らかになった場合には，適切に政策を修正できる．

　しかし，政策実施前の段階と政策実施後の段階の双方において，意図しない政策効果を把握する機能や方策を明らかにする先行研究が不足している．政策評価研究においては，行政が意図する政策効果の把握の機能や方策に関して多くの知見が蓄積されてきた．その知見は，政策決定や政策改善に使用するための情報提供ツール［山谷 2012a：12］としての政策評価の機能向上にある程度貢献してきた．それとは対照的に，意図しない政策効果を把握する機能を高める評価手法の研究は，不足している．また，意図しない政策効果の発現に関する事例研究は数多く存在するが（たとえば，Roots［2004］，Ruijer［2012］，Perri［2014］），事後的な発見にとどまっておりそれを把握する方策については考察されていない．

　したがって，意図しない政策効果を把握できる方策を検討する必要がある．本章では，まず，意図しない政策効果の概念と発現要因について整理する．そ

のうえで，行政が実施主体である現行の政策評価システムが意図しない政策効果の発現要因に対応できるか否かを検討する．しかし，行政にとっては，政治家や一般市民に対するアカウンタビリティ確保の観点からみても，意図する政策効果の有無の把握が優先すべき課題となる[6]．そのため，意図しない政策効果の把握に費やす資源が手薄になるとも想定される．そこで，本章では，行政以外の主体による政策に関する調査活動が意図しない政策効果の発現要因に対応できるかについても検討し，その機能を高めるための政策評価システムのあり方を考察する．なお，本章では，日本の府省の政策評価システムを念頭において論を進める[7]．

次に，理論枠組みの適用対象として障害者政策を選定した理由について説明する．負の政策効果は，障害者政策に限らず，あらゆる政策領域において発現しうる．しかし，本章で障害者政策の評価に焦点を当てるのは，その負の政策効果が対象者の生命や生活の質に大きな影響を与えるにもかかわらず，負の政策効果の種類や程度のバリエーションが広くなりやすいためである．また，負の政策効果を被る対象者はそれぞれ範囲が限定されるため，一度その範囲を特定できれば，他の政策領域と比べ負の政策効果の把握可能性が高い．

第1の理由は，障害者政策は，その正否が日本国憲法によって保障される基本的人権や生存権に直結する点にある．障害者福祉サービスの支給，障害者の雇用促進および職場環境の整備，障害者差別の排除などといった施策や事業は，障害者の基本的人権や生存権を保障するために実施されている．それゆえ，これらの施策や事業において，意図しない負の政策効果が発現した場合には，道徳的問題だけでなく法的問題が生じる．したがって，障害者政策は，意図しない負の政策効果を未然あるいは早期に把握する必要性が高い政策領域である．

第2の理由は，障害者政策は，政策対象者のニーズが多様であるため政策効果の種類や程度のバリエーションが増え，行政にとって意図しない負の政策効果が生じやすい点にある．まず，医学的観点から見て，障害そのものが多種であり上下肢障害，知的障害，精神障害，内部障害などの機能障害があげられる．

これらの機能障害を重複して有する者もおり，その障害の程度および種類や重複パターンに応じてニーズが異なる．さらに，障害当事者各々をとりまく家庭環境，経済状況，居住地域の環境などの社会的条件に応じてニーズはさらに多様となる．また，障害者政策は，ニーズの多様「化」が進んでいる．障害観は，医学的観点からみた機能障害というイメージから，社会的条件つまり社会構造が生む障害というイメージに変わりつつある［佐藤 2016b：17］．後者の障害観に依拠する場合には，障害者個人の問題だけでなく，社会における問題を解決していく必要がある．くわえて，発達障害者や難病患者といった，これまで「谷間の障害者」［Ibid.：34］として扱われていた者も，時が進むにつれて正式な政策対象者として認識されつつある．このようにニーズが多様な状況においては，障害当事者各々が被る政策効果の種類や程度も多様になりやすいため，負の政策効果も生じやすいと考えられる．社会経済状況の変化や障害観および障害の定義の変化によっても，政策効果の程度や種類のバリエーションは動態的に変化しうる．

　第3の理由は，障害者政策は，政策領域横断的な性質を有し，領域ごとあるいは領域をまたぐ多様なニーズが存在するため，行政にとって意図しない負の政策効果が発現しやすい点にある．障害者政策には，医療，福祉サービス，雇用，教育，住居等のバリアフリー，差別解消などといった幅広い政策領域の施策が含まれる［URL 1］．これらの施策ごとに多様なニーズが存在するのはもちろんのこと，領域をまたいだニーズも存在する．たとえば，精神科病院等に長期入院している精神障害者を退院させて，地域の中での生活を営ませる地域移行［URL 3］は，精神障害者当人に関する医療・福祉サービス・雇用の保障だけでなく，その障害者を地域で受け入れる住民に対する教育や差別解消のための啓発が重要となる．もし，教育や啓発が十分に行われない場合には，精神障害者当人の自立に関するニーズは退院によって一旦充足されても，地域生活や職業生活において不当な扱いを受ければ病状が再び悪化し再入院となり，地域移行が実現しないという悪循環に陥る．このような意図しない政策効果は，医

療・福祉サービス・雇用といった地域移行に関する施策を所管する厚生労働省と，教育を所管する文部科学省や障害者に関する広報啓発を所管する内閣府との連携が機能しない限り対処が困難である．このように，障害者政策においては政策領域横断性という特性があり，施策ごとに多様なニーズが生じるだけでなく，異なる府省間で連携して対処しなければならないニーズが生じるため，意図しない負の政策効果が発現しやすい．

　第4の理由は，障害者政策は，負の政策効果の把握可能性が相対的に高い点にある．障害者政策の場合には，具体的なニーズが表明されやすく，ニーズを表明する対象を特定しやすい．それゆえ，ニーズの集約可能性が高い．たとえば，機能障害別に対象集団が明確に分かれているため，その対象集団ごとにニーズ調査を行えばニーズに関する情報を集約しやすい．負の政策効果に関する情報も，対象集団ごとの発現の性質の違いに着目できれば集約しやすい．他方で，具体的なニーズが表明されにくく，ニーズを表明する対象を特定できないため，ニーズの集約可能性が低い政策領域も存在する．たとえば，交通安全政策，環境政策，防衛政策などといった政策領域は，対象集団が一般国民全体となり細分化できないため，具体的なニーズの特定が困難となる．以上のように，ニーズの集約可能性が高い障害者政策は，負の政策効果の把握がしやすい政策領域の1つである．

　本章の意義は，以下の2点である．

　第1に，政策評価の議論において負の政策効果の把握の議論を導入する点にある．日本の府省による事後評価においては，意図する正の政策効果のみを把握しようとする目標管理型の政策評価の全府省導入［URL 4］，つまり標準化が進んでいる．標準化が進んだ背景には，評価作業の簡便さや政治家や一般市民に対するアカウンタビリティ確保の容易さがあげられる．しかし，この政策評価システムでは，意図しない負の政策効果を被る政策対象者の状況を確認できないという問題点がある．本章において，この問題点の解決に寄与する政策評価システムを提示できれば，政策対象者の生活状況の改善だけでなく政策の質

向上による行政の信頼向上に貢献できる．

　第2に，障害者政策という個別の政策領域に適した政策評価システムを検討する点である．従来の政策評価研究においては，政策領域横断的で汎用的な政策評価システムの検討に重点が置かれてきた．その一例が，前述の目標管理型の政策評価である．他方で，政策特性に応じた政策評価システムの検討はなされてこなかった．他の政策領域と異なり，政策対象者のニーズの多様性によって意図しない負の政策効果が発現しやすいという特性を持つ障害者政策に適する政策評価システムの検討は，政策評価システムの部分最適化へと志向を変更する端緒となると考えられる．

2．負の政策効果の把握

(1) 意図しない政策効果の概念と先行研究

　まず，本章では，意図しない政策効果を，行政が追求する目的に含まれない効果と定義する．より具体的には，行政が設定した政策目標のうち，施策目標や事業単位の目標に記載されていない政策効果と定義する．本章では，意図しない負の政策効果についてとりあげる．

　意図しない負の政策効果は，前述の表3-1で示したように，予期しているが意図していない政策効果と，予期していないかつ意図していない政策効果に分類できる［de Zwart 2015：287］．

　前者は，行政が政策を形成する際にあえて明示しない負の政策効果である．つまり，行政はその負の政策効果の所在を認識しているが，意図する正の政策効果の方が効果量を上回ると判断する政策効果である．このような負の政策効果は，所在を明示すると政策の正当性を損なう可能性がある．それゆえ，政府の公式文書等においてその効果は明示されない傾向にある．しかし，負の政策効果の影響の予測が過少であった場合には，行政による意図しない政策効果の把握の適切性に疑問が呈され，政策対象者からの非難を回避するため政策修正

をせざるをえない．たとえば，2005年の障害者自立支援法（現在の障害者総合支援法）の施行にあたっては，障害者のスティグマの解消や財政的事情のために福祉サービスの応益負担化（原則1割負担）がなされた．しかし，低所得の障害者や複数の福祉サービスを利用する重度障害者が強く反発し，障害者自立支援法違憲訴訟へと発展した［佐藤 2015：60］．その後，2009年の民主党への政権交代後に，障害者福祉施策を所管する厚生労働省は，応益負担から応能負担へと政策修正を余儀なくされた．

　後者は，行政が事前に予測できなかった負の政策効果である．つまり，政策実施の開始から一定期間後にその発現を認識できる負の政策効果である．後者の効果も負の程度が大きい場合には，政策対象者からの非難を回避するため政策修正をせざるをえない．たとえば，発達障害に関して認知されていなかった頃の教育政策においては，発達障害を有する人は，身体障害者や知的障害者などと異なり，特別な支援を受けずに教育を受けていた．しかし，社会の変化に伴い発達障害の存在が認知されるようになってから，通常の教育では，発達障害を有する児童の発達や学生の学業に悪影響が生じ，不登校や大学中退といった事態を招くことが明らかとなった．それを受けて，教育政策を所管する文部科学省は，2005年の発達障害者支援法の施行により，発達障害者に対しての個別教育支援計画の推進等の新たな施策を導入した．

　政策研究における意図しない政策効果や予期しない政策効果の概念は，Ruijer によると，Robert K. Merton が提唱した「予期しない結果」(unanticipated consequence) という概念に由来する［Ruijer 2012：312］．この概念が提唱された背景には，鳥瞰的な視点から社会の予測，統制，そして計画することに限界があるという知見があった［Merton 1936：903-904］．その知見とは，社会計画を行う行為者が特定の目的を追求しようとしても，社会における個々人の行動の集積が目的と異なる状態を生み出しうるという知見であった．政策作成の観点に置き換えると，事前に政策効果のパターンを正確に予測しようとしても政策対象者間の複雑な相互作用に影響を受ける政策実施の段階で不確実性に直

面するということである.なお,Frank de Zwart によると,Merton はのちの論考で,社会の機能を社会計画に示される顕在的機能 (manifest function) と社会計画に示されない潜在的機能 (latent function) に分類し,潜在的機能を「意図しない結果」(unintended consequence) と呼んだ[8]. その際,「予期しない結果」と「意図しない結果」は同義の概念として定義した [de Zwart 2015：288-289；Merton 1968：117].

　また,政策研究において,意図しない政策効果は,政策実施研究や政策の成功あるいは失敗に関する研究でとりあげられてきた.政策実施研究においては,当初の政策意図が時間の経過や空間の違いによって実現するか否かについての議論がなされてきた(たとえば,Pressman and Wildavsky [1973], Hill and Hupe [2014], 真山 [1994]).また,上記のトップダウンアプローチと対比されるボトムアップアプローチにおいては,政策意図とは関係なく現場の政策実施者(ストリートレベルの官僚)と政策対象者との相互作用の分析によって政策効果を捉えようとしてきた [村上 2003：149；Lipsky 2010].他方で,政策の成功あるいは失敗に関する研究においては,政策の成功あるいは失敗をもたらす要因の1つとして意図しない政策効果の発現をとりあげてきた(たとえば,Hall [1982], Bovens and 't Hart [1996], McConnell [2010]).しかし,いずれの研究アプローチにおいても,特定の事例に即した意図しない政策効果の発現メカニズムの解明にとどまっており,意図しない政策効果を把握する方法について体系的な指針を提供していない.さらに,本来,政策効果の把握を主題として扱う政策評価研究においては,意図しない政策効果の存在について指摘があったとしても,意図しない政策効果の分析に焦点をあてた研究は少ない[9].

(2) 意図しない政策効果の発現要因

　意図しない政策効果の発現要因については,Merton が提示した「予期しない結果」の発現要因の分類が先行研究としてあげられる.Merton は,「予期しない結果」の発現要因を4つに分類した [Merton 1936：900-903].その発現

要因は，知識の不足，推論の失敗，利益および関心の即時性，そして価値観および意図に反する予測の4つである．前者の2つは，行為者である行政の認知能力の限界（政策効果の予測能力の限界）や前例踏襲をはじめとした認知バイアスに着目した発現要因である．他方で，後者の2つは，行為の影響を受ける政策対象者の行動に着目した発現要因である．

しかし，これらの発現要因は，行為者である行政の意図を分析の出発点としたうえで行政と政策対象者との間の相互関係に着目する本章の分析枠組みには適さない．Mertonによる予期しない結果の発現要因の分類は，社会を計画する行為者の問題と社会を構成する各個人の問題が別個に扱われているのである．Mertonは，あくまで社会学的な分析の素材として「予期しない結果」の概念を活用しようとしていたと考えられる．

また，行政と政策対象者との相互関係において，行政が政策対象者のある種の合理的行動，たとえば制度の抜け穴の悪用を予測できず意図しない負の政策効果が発現することもあるが，その発現要因についてはとりあげない．たとえば，新たな消費を喚起するという目的で，国が地方自治体に交付金を拠出し自治体が販売するプレミアム商品券事業では，行政の意図に反して，消費者が車検費用，パチンコ店での支払い，司法書士などへの報酬，葬儀代，家賃，光熱費，交通機関の定期券購入などのために商品券を使用する不適切な事例が報告されている［URL 5：10-21］．この事例では，商品券の使途を限定しないという制度の抜け穴が意図しない政策効果を生じさせている．また，ほかの事例では，ふるさと納税による税額控除を悪用し見かけ上の世帯年収を減少させて，本来は受給要件を満たすほど所得水準が低くないにもかかわらず国や地方自治体の私立高校就学支援金の支給を受けたり受給額を増やそうとしたりする世帯の存在も指摘されている[10][11]．しかし，この発現要因の事例では，行政にとっては意図を実現できないという点で大きな損害を被る一方で，政策対象となる一般市民にとってはむしろ利益につながっている．この点では，行政が実施する施策によって政策対象者が損害を被ってきた歴史を有する障害者政策とは状況が異な

るのである.

　そこで，本章では，障害者政策における行政と政策対象者との関係性に着目して，新たに政策対象者のニーズの把握[12]の失敗という意図しない政策効果の発現要因を提示する．政策対象者のニーズの把握の失敗とは，行政が政策対象者の有する特定の種類のニーズやそのニーズの程度を把握できなかった状態である．本章でいうニーズとは，政策対象者が想起する「望ましい将来の状態」［足立 2005：79］すなわち解決すべき社会的課題を表し，政策が望ましい将来の状態の達成に寄与しているか否か，あるいは逆に阻害しているか否かが政策対象者にとっての政策効果の判断規準（criteria）となる［Langbein 2012：7］．意図しない負の政策効果は，行政が政策対象者のニーズの把握に失敗し，そのニーズの充足を政策が阻害したときに生じるのである．

　ニーズの把握の失敗は，具体的には3種類に分類できる．いずれの失敗も放置した場合には，行政にとって道徳的な問題が生じたり，行政の信頼性低下につながったりする．それゆえ，以下の3種類それぞれの失敗の程度が大きければ大きいほど，行政は把握できていなかったニーズに対応する必要がある．

　第1に，対応すべきニーズを有する政策対象者の範囲の予測の失敗である．たとえば，教育政策の実施において，発達障害を有する人の存在を考慮していない場合，それらの人びとのニーズの把握には失敗する．特定の政策の実施によって，発達障害を有する人が学校に通学できないといった意図しない負の政策効果が生じた場合には，行政にとって道徳的な問題や法的な問題が生じうる．

　第2に，行政が対応していないニーズを有する政策対象者の数の予測の失敗である．ニーズを有する対象者数を過少に予測したためそのニーズに対応しなかった場合の失敗である．特定のニーズを有する対象者の数が増えれば増えるほど，その対象集団の政治的・社会的影響力が大きくなるため，行政は当初の意図に反する政策修正を余儀なくされる．

　第3に，政策実施によって，政策対象者の特定のニーズの充足度が低下するといった不利益の予測の失敗である．これは，意図しない負の政策効果の程度

を行政が過少に予測していたという失敗である．政策実施によって特定のニーズの充足度が実施前よりも大きく低下した場合には，政策対象者の生活状況が悪化する可能性がある．前項で述べた障害者自立支援法における福祉サービスの応益負担化の失敗は，この類型にあてはまる．

ニーズの把握の失敗は，Mertonが提示した予期しない結果の発現要因である行政の知識の不足や推論の失敗によって生じる．以下では，行政の認知能力の限界から生じる知識の不足と，行政の認知バイアスによって生じる推論の失敗の観点に分けてニーズの把握の失敗が生じやすい場面について述べる．

知識の不足によるニーズの把握の失敗は，以下の状態のときに生じやすい．第1に，各政策対象者のニーズが多様なときである．ニーズが多様であればあるほど，行政がニーズを把握するときの作業量が増えるためである．第2に，自然災害や経済恐慌などの外部環境の劇的な変化によって政策対象者の生活状況が劇的に悪化したときである．自然災害や経済恐慌は突発的に起こるため，政策対象者の経済状況等の悪化による新たなニーズの発生は予測できない場合がある．

推論の失敗によるニーズの把握の失敗は，以下の状態のときに生じやすい．第1に，行政が意図した政策効果のみに関心を有するときである．つまり，行政が政策目標に関連するニーズのみの充足を重視する一方で，政策目標に沿わないニーズを考慮しない状態である．第2に，行政が前例踏襲的な政策効果の予測を行っているときである．この状態は，行政が，発達障害についての認知の広まりなどの漸進的な社会変化に伴って生じた政策対象者の新たなニーズを考慮していない状態に該当する．あるいは，政策対象者の範囲を拡大して既存の政策を再実施する際に，従来の政策対象者と新規に拡大された範囲の政策対象者との間のニーズの相違を考慮していない状態に該当する．

以上のように，ニーズの把握の失敗によって生じる意図しない政策効果の発現は，政策実施前の政策形成の段階あるいは政策実施後の段階に由来する．政策形成段階におけるニーズの把握の失敗は，行政による推論の失敗やニーズの

多様性に関する行政の知識の不足によって生じる．他方で，政策実施後の段階におけるニーズの把握の失敗は，外部環境の劇的な変化をはじめとした根本的な不確実性に関する行政の知識の不足によって生じる．

　このような意図しない政策効果の発現要因が生じる時期を考慮すると，行政は，意図しない政策効果を把握するためには事前の段階だけでなく事後の段階においても評価を実施する必要がある．推論の失敗や知識の不足を防げず意図しない政策効果が政策実施の期間中に生じた場合も，意図しない負の政策効果の程度が大きい場合には政策を修正する対応をしなければならない．意図しない負の政策効果による政策対象者の生活状況の悪化を早期に抑制するためには，行政が事後的に評価を実施して意図しない負の政策効果の所在やその影響の程度の把握が必須となる．

3．現行の政策評価システムの検討

　本節では，現行の政策評価システムにおいて，意図しない政策効果の把握が適切になされうるかについて検討する．本章でいう現行の政策評価システムは，日本の府省の政策評価システムを前提としている．その政策評価システムにおいては，政策を作成する行政組織が自ら事前評価と事後評価を実施する[13]．本章では，意図しない政策効果の把握の観点から，事前評価と事後評価の機能を検討してから，行政が運用する現行の政策評価システムと意図しない政策効果の把握との関係について論ずる．

　なお，本章では，現行の政策評価システムに依拠して政策形成段階の事前評価と政策評価段階の事後評価とを区別して論を進めるが，実態としてこの２つが区別されるわけではない点に留意する必要がある．すなわち，本章では，まず，政策実施研究におけるトップダウンアプローチの観点から政策評価システムの検討を進めるが，実態はボトムアップアプローチに近いということである．障害者政策をはじめとした福祉分野では，地方自治体等で活動するストリート

レベルの官僚が政策実施において大きな役割を果たす［Lipsky 2010］．日常的に行われる政策対象者との相互作用において，ストリートレベルの官僚は，裁量を用いて情報収集，ニーズ対応そして政策修正を行っている．つまり，政策を運用する現場では，政策実施過程においても政策形成が行われるのが実態であり［伊藤 2015：212-213］，インフォーマルな形で事前評価と事後評価が区別されずに実施されている．

　まず，事前評価においては，費用便益分析あるいは費用効果分析という評価手法を用いて政策効果を把握する．費用便益分析は，ある政策を実施した場合の政策対象者にとっての便益と費用を貨幣価値として評価し，便益と費用の大小を比較して，その結果を意思決定に役立てようとする手法である．また，便益の貨幣価値化が困難な場合には，便益の代わりにアウトカム指標を用いて費用効果分析を行う［長峯 2014：110］．このような分析手法が事前評価において用いられる理由は，予算に制約があるなかで，政策実施においてできる限り効率的な資源配分が求められる点にある．なお，日本の府省においては，規制の事前評価［URL 6］，租税特別措置等に係る政策評価［URL 7］，公共事業評価，研究開発事業評価，政府開発援助の事前評価［URL 8］において費用便益分析あるいは費用効果分析の手法が活用されている．

　しかし，事前評価の機能は，意図しない政策効果の把握の観点からみて限界がある．ここで便益を正の政策効果，費用を負の政策効果と解釈するならば，費用便益分析あるいは費用効果分析においては，意図する政策効果だけでなく，事前に予期できる範囲における意図しない負の政策効果（表3-1におけるAの領域）を把握できる余地がある．しかし，根本的な不確実性の問題から，事前評価の段階で予期できない政策効果（表3-1におけるBの領域）も存在するのである［Jabeen 2016：145］．

　他方で，事後評価においては，業績測定（performance measurement）あるいはプログラム評価の一手法であるインパクト評価という評価手法を用いて政策効果を把握する．日本の府省においては，目標管理型の政策評価において業績

第3章　障害者政策における負の政策効果の把握　63

測定［原田 2016：156］，総合評価方式においてインパクト評価［山谷 2006：8］が活用されている．以下では，それぞれの手法の機能について検討する．

　業績測定とは，事前に設定した政策目標の達成度についての継続的なモニタリングである［田辺 2014：2］．業績測定は，政策目標に関する指標値の変化を単純に観察する手法であるため，行政の評価担当者にとって簡便である．また，評価書を閲覧する政治家や一般市民にとっても評価結果がわかりやすく，行政によるアカウンタビリティ確保が容易である．それゆえに，行政実務においては主流の評価手法となっており［Vedung 2010：273］，日本の府省においては目標管理型の政策評価を一律適用するシステムが定着しつつある［URL 4］．

　しかし，業績測定は，意図しない政策効果の把握の観点からみると不適切な評価手法である．業績測定は，政策目標の達成度を測定する評価手法であるため，意図する政策効果の把握しかできない．つまり，予期しているかいないかにかかわらず，意図しない政策効果の把握を行わない評価手法なのである［Vedung 1997：45-46］．この点において，業績測定は，「視野狭窄」(tunnel vision) 的な思考を併せ持った評価手法である［de Zwart 2015：287；van Thiel and Leeuw 2002］．以上から，業績測定のみに依拠する政策評価システムにおいては，意図しない政策効果を把握できない．

　業績測定の対となる評価手法としてゴールフリー型評価が存在するが，意図しない政策効果を把握できる余地があるにもかかわらず評価に関する行政実務において普及が進んでいない．ゴールフリー型評価は，政策目標の存在を考慮の外に置いたうえで，政策対象者のニーズに合致した政策効果が発現したか否かを確認する評価手法である．この評価手法は，政策実施研究のボトムアップアプローチやストリートレベルにおける官僚の役割と親和性がある．また，政策目標にもとづいた政策評価と対比して，ニーズにもとづいた政策評価ともよばれる［Scriven 1991：180］．この評価手法においては，政策対象者へのニーズ調査を通じて，政策意図や予期との関係の有無を考慮せずにあらゆる政策効果を把握する．その結果として，意図しないかつ予期しない政策効果の所在を発

見できる余地がある．しかし，ゴールフリー型評価は，評価における行政実務において普及してこなかった[16]．その理由は，評価実務に対応した具体的な方法論が確立されていない点[17][Jabeen 2016：146]やニーズ調査にあたって評価費用が高い点[Vedung 1997：62]にある．

　もう1つの事後評価の評価手法であるインパクト評価は，厳格な調査手法を用いて政策効果を把握する手法である．インパクト評価は，業績測定の長所にあるような簡便さを犠牲にする代わりに[18]，外部要因の効果を排除して政策の純効果を把握できるという精密さに長所を有する．具体的には，実験アプローチ，擬似実験アプローチあるいは統計解析などといった科学的な調査手法を用いて外部要因を統制し，政策効果を把握する［田辺 2014：4］．評価研究においては，インパクト評価を用いた政策効果の把握が，評価実務の標準的アプローチとして捉えられている［山谷 2012a：12］．ただし，日本の府省においては，評価の実施に必要な組織資源や金銭が莫大となるため，総合評価方式による評価の実施件数が著しく少ない［田中 2013：41］．

　インパクト評価は，意図しない政策効果の把握の余地がある評価手法である．たしかに，インパクト評価は，プログラム評価の一手法であり，評価手法を活用する際の問題関心は，意図する政策効果が発現しているか否かを正確に把握する点にある［Rossi and Freeman 1993：37］．その問題関心に依拠する限りは，意図しない政策効果を把握できない．しかし，行政が特定の意図しない政策効果の発現の兆候を認識できる場合には，意図しない政策効果の所在を確認するためにインパクト評価を実施することも可能である．すなわち，意図しない政策効果を予期できる場合には，インパクト評価を実施できる．他方で，予期できない場合には，インパクト評価はその効果の把握に貢献できない［Jabeen 2016：147］．以上から，インパクト評価は，活用者の問題関心が特定の意図しない政策効果の所在の確認にあるのであれば，意図しない政策効果を把握できる余地がある．

　以上，評価研究において検討されてきた評価手法の意図しない政策効果の把

表3-2 各評価手法の意図しない政策効果の把握の機能

	意図しないけれども予期する政策効果	意図しないかつ予期しない政策効果
費用便益/費用効果分析	○	×
業績測定	×	×
インパクト評価	○	×
ゴールフリー型評価	○	○

出所:筆者作成.

握に関する機能の理論的検討の結果をまとめると,表3-2のとおりである.

次に,現行の政策評価システムと意図しない政策効果の把握との関係について,2点指摘する.

第1に,現行の政策評価システムでは,政策を作成する行政組織自らが政策評価を実施するため,とりわけ事後評価において評価対象が意図する政策効果のみに限定されやすいと考えられる.行政組織自らが政策評価を実施する場合には,自らの意図通りに政策が機能しているかどうかを確認する動機づけが強く働く.つまり,意図する政策効果の把握に重点を置く動機づけが働く.また,政治家や一般市民へのアカウンタビリティ確保を志向するのであれば,行政は政策目標の達成度の明示を優先する必要がある.その証拠として,日本の府省においては,前述したように目標管理型の政策評価の標準化が進んでいる.

第2に,現行の政策評価システムでは,行政が意図しない政策効果の把握のために多くの組織資源や金銭を費やすことが困難である.行政組織は,政策評価のみに組織資源を集中させるわけではない.行政組織は,新規の政策作成,それに伴う法案作成,予算要求および予算執行に関わる組織管理といった多様な業務と並行して政策評価に取り組んでいく必要がある.また,費用便益分析,インパクト評価あるいはゴールフリー型評価をはじめとして質の高い評価を実施しようとすればするほど,多くの人員や金銭が必要となる.したがって,政策評価に割り当てる組織資源や金銭の余裕が乏しい行政組織にとっては,質の低い費用便益分析あるいは費用効果分析や簡便な評価手法である業績測定を実

施せざるをえない．とくに，事前評価の評価手法である費用便益分析あるいは費用効果分析に関しては，効果の予測法，効果の評価基準の選択法や相互換算法，代替案間の比較法や便益や費用の情報収集について高度な技術が要求されており，行政にとって過重な負担となってきたと指摘されてきた[19]［西尾 1976：3；山谷 2012a：224-245］．その証拠の例として，各府省の政策評価の点検活動を行う総務省は，規制の事前評価と租税特別措置等に係る事前評価に関して，以下の指摘を行っている．規制の事前評価において，費用や便益の値の定量化がなされていないとの指摘や規制以外の代替案との比較衡量が不十分との指摘がある［URL 13：1］．租税特別措置等に係る事前評価においても，効果や達成目標の実現状況の説明が不十分との指摘や税の減免によって生ずる将来の減収額すなわち費用の予測が不十分との指摘がある［URL 14：5］．以上のような状況下では，行政は，意図しない政策効果を把握できない．

　なお，現行の政策評価システムにおいては，第三者的観点から，総務省の行政評価局調査（旧行政監察局の行政監察の流れを汲む）や会計検査院の有効性検査において各府省が所管する政策を評価しているが，業績測定やインパクト評価の手法を用いた意図する政策効果の把握にとどまる可能性が高い［URL 15；東 2015］．これらの調査や検査は，社会的反響の大きな問題に対して，行政上の問題として改善すべきかを判断するために実施されうる［増島 1981：212-16］．この点においては，ゴールフリー型評価を実施する余地があると判断できる．しかし，実際にゴールフリー型評価を実施できる可能性は低い．その理由としては，総務省に関しては内閣の一員である点，会計検査院に関しては検査結果の立法府への報告義務を有するため政策実施が立法意思を遵守しているかどうかの確認を重視する点にある．また，白智立は，行政監察や会計検査はその対象となる行政組織との協力調整を前提としている点を指摘したうえで，行政監察ないしは会計検査プロセスの障害について，以下のように述べる．「調査結果が関係行政機関に尊重されれば，発見された問題について速やかな解決を果たすのに有利であるかもしれないが，他方，あまりに協力の保持を強調するな

らば，かえって調査対象機関の言いなりとなり，これが実質的な問題点の発見の障害となって，相手側の認める事情しか監察しえない事情を生む恐れがある」［白 2001：102-103］．

以上，現行の政策評価システムについての検討の結果，行政単独では，意図しない政策効果の把握は困難であることが明らかである．事前評価においては，費用便益分析あるいは費用効果分析の質が低く，意図しない政策効果の分析にまで組織資源や金銭を割り当てることは困難である．また，事後評価においては，意図しない政策効果の把握ができない業績測定の主流化が行政実務において進んでいる．つまり，現行の政策評価システムにおいては，事前評価・事後評価ともに，意図する正の政策効果の立証による政策の正当化に重点が置かれているため，正負双方の政策効果をバランスよく把握することに関心がない．

そこで，意図しない政策効果を把握するために費用効果分析，インパクト評価およびゴールフリー型評価を実施するためには，行政が行政以外の主体による調査活動の成果を活用する必要があると考えられる．現行の政策評価システムは，行政によって認定されたニーズの充足の有無を確認する，いわば「審査型」のニーズ評価である．しかし，この評価システムでは，行政によって認定されていないニーズを有する政策対象者への関心が向けられず，そのような政策対象者が被る負の政策効果を把握できない．そこで，負の政策効果を把握するためには，「審査型」から行政が認定すべきニーズを特定する「発見型」のニーズ評価へと転換する必要がある．その転換にあたっては，行政だけでなく，認定すべきニーズに関する情報を提供する行政以外の主体によるニーズ調査の活動が前提となる．

行政以外の主体であれば，意図した政策効果を把握する動機づけに左右されない．むしろ，調査主体が政策対象者の立場に近似すればするほど，政策対象者の実際のニーズに対応した意図しない政策効果を把握する動機づけが働くと考えられる．次節では，この想定をふまえたうえで，行政以外の主体による調査活動が意図しない政策効果の把握に貢献しうるか否かについて考察を深める．

4. 障害者政策に適する政策評価システムの構築に向けて

(1) 行政以外の主体による調査活動の機能

本項では，行政以外の主体による調査活動によって，意図しない政策効果を把握できるかについて検討する．本章でいう行政以外の調査主体とは，シンクタンク（民間シンクタンクやコンサルティング会社），学術団体（学会や大学付属の研究機関），（福祉）オンブズマン[20]，政策対象者が参加する NPO 団体[21]を念頭に置いている．また，本章で評価活動と調査活動とを区別する理由は，評価活動が行政による意思決定に直接活用できる政策効果情報を生産する活動であるのと対照的に，調査活動は政策問題の実態に関する情報を生産する活動である点にある．つまり，政策に関する調査活動は，行政以外の調査主体が特定の政策問題に関して分析を行い，そこで得られた情報をもとに行政に対して問題解決を促す情報を生産する活動として捉える［Majchrzak and Markus 2014：2］．

行政以外の主体による調査活動には，現行の評価活動と比較したとき，以下の2つの特徴がある．

第1の特徴は，調査活動の主眼が政策問題の実態把握と問題解決にあるために，政策目的すなわち政策意図の正否についても検討可能な点である．現行の評価活動と比較して，行政以外の主体による調査活動は，政策目的が達成されたか否かの評価に限らず，解決すべき政策問題の設定すなわち政策対象者のニーズの特定の正否も含めた政策目的自体の評価も対象とする［Etzioni 1971：9］．すなわち，ゴールフリー型評価の実施も可能であり，政策目的や政策意図と合致しない政策対象者のニーズがもたらす意図しない政策効果の把握が可能となる．対照的に，現行の評価活動は，所与の政策目的の達成に資するツールとして機能する［山谷 2012a：16］．つまり，政策目的を達成するための施策や事業の正否に焦点を当てる．しかし，現行の評価活動においては，政策目的や政策意図は所与として扱われるためそれ自体の正否は問われないのである．

第2の特徴は,政策効果を把握するための手法が多様であり,意図しない政策効果の把握に適した手法も存在する点である.Peter J. Haas と J. Fred Springer によると,調査活動における政策効果を把握するための手法として,問題探索型調査(ゴールフリー型評価),現状記述型調査(プログラム評価におけるプロセス評価),因果関係特定型調査(インパクト評価),将来予測型調査(シナリオ分析)および政策選択型調査(費用便益分析)の五種類があるという [Haas and Springer 1998:27-54]. このうち,問題探索型調査は,政策対象者へのインタビュー調査,サーベイ調査,参与観察などを通じて政策対象者のニーズを把握し,解決すべき政策問題を特定する手法である.問題探索型調査を通じて,事前評価あるいは事後評価の段階で行政の政策意図に沿わないニーズを発見できれば,意図しない政策効果の把握に貢献する可能性がある.対照的に,現行の政策評価活動においては,費用便益分析,インパクト評価および業績測定といった3つの評価手法が定式化されている.したがって,現行の政策評価活動の手法は,行政以外の主体による調査活動と比較すると多様性がない.多様性がない理由は,現行の政策評価活動においては意図する政策効果の把握に特化した評価手法のみが活用されているためである.

　次に,行政以外の主体による調査活動の形態について述べる.以下では,委託調査と自発的調査の2つの形態をとりあげる.

　第1に,委託調査は,行政が行政以外の主体に対して政策効果に関する情報提供を依頼する調査である.委託調査は,行政単独では組織資源の制約から政策効果の把握の作業が困難な場合に実施される[22].実施にあたっては,行政が調査の実施主体に対して,調査目的や依頼したい調査内容(たとえば,調査対象や調査手法)を詳細に記した調査依頼書(request for proposals)を提示したうえで,依頼に応じた実施主体に委託調査のための資金を提供する [Ibid.:76-78]. 調査の実施主体は,日本の府省においては,調査手法に関する専門知識を有するシンクタンクやコンサルティング会社である場合が多い [原田 2012:305][23]. また,委託調査は,アカウンタビリティ確保を志向する評価活動と異なり,行政

が自発的に政策効果を把握し，その情報を政策改善に役立てようとする調査である．つまり，行政が民意に自発的に応答する責任であるレスポンシビリティ［西尾 1990：316］を確保するための調査である．

　しかし，委託調査では，意図しない政策効果の把握が困難である可能性が高い．委託調査においては，行政が調査の実施主体に対して調査内容の指示を行うため，調査結果には行政の意向が働きやすい．前述したように，行政は意図する政策効果の有無の確認に関心を有する．それゆえ，委託調査を実施する場合には，民間シンクタンクやコンサルティング会社が質の高い費用便益分析（費用効果分析）やインパクト評価を実施し，意図する政策効果の有無を明らかにする場合が多いと考えられる．ただし，行政が問題探索型調査を調査の実施主体に委託する場合には，ニーズ調査を通じて意図しない政策効果を把握できる可能性がある．以上のように，委託調査は，専門性が高く行政のレスポンシビリティ確保には有効である一方で，調査の実施主体にとっての自由裁量の程度が小さいため意図しない政策効果の把握は困難である可能性が高い．

　第2に，自発的調査は，行政が関与せず，調査の実施主体自らの問題意識に沿って政策効果を把握する調査である．自発的調査は，行政が調査内容に介入しないため，実施主体が調査目的や調査内容を自由に決定できる．また，自発的調査の実施主体は，主に委託調査を担う民間シンクタンクやコンサルティング会社と異なり，自らの経験から特定の政策に対して問題意識を有する主体が担う．そのため，自発的調査は，政策対象者から構成されるNPO団体（障害当事者団体）などが実施主体となりうる．その場合には，政策対象者が特定の政策実施によるニーズの充足度の低下を主張するために，自発的調査を通じて政策意図に沿わないニーズの存在が意図しない政策効果を発現させていることを立証できる．つまり，自発的調査において，政策対象者が実施主体となるあるいは政策対象者が調査チームに入っていれば，意図しない政策効果を把握できる余地がある．

　行政以外の主体による調査活動の特徴や形態についての議論をふまえると，

意図しない政策効果の把握に特化した調査活動としては，調査の実施主体が問題探索型調査を自発的に実施する活動が最も望ましいと考えられる．ここで，意図しない政策効果を把握するための問題探索型調査において重要となるのは，事例研究などの定性的調査を通じて，政策が政策意図と異なる効果をもたらしている因果メカニズムを明らかにすることである［Jabeen 2016：145；Pawson 2006：24-25；前田 2013：469］[24]．この手法は，目標管理型の政策評価やインパクト評価といった数値を用いる手法では明らかにできない，インプットとアウトプットあるいはアウトカムとの間にある「ブラックボックス」の中身を明らかにする手法である［Strassheim 2017：512］．因果メカニズムの解明の際には，生活実態や居住する地域特性などを含めた政策対象者の文脈を詳細に調査したうえで，文脈の影響を受けた政策対象者が政策意図と異なるニーズを有し，政策意図と実際の政策対象者のニーズとの相違が負の政策効果をもたらしている状態を示す必要がある．

　また，問題探索型調査の方法論の具体化にあたっては，マーケティング論の知見の活用も有用である．楠木建は，製品のマーケティングには，製品が売れる要因に関する科学的知識である know-why 型知識や製品の売り方に関する実践知である know-how 型知識だけでなく，製品の既存のユーザーあるいは潜在的ユーザーのニーズに関する知識である know-what 型知識が必要であると論じている［楠木 2001：56-57］．know-what 型知識は，具体的には，ユーザーが求める製品が何であるのか，どのユーザーがどのような価値を求めて製品を使用するのかに関する知識である．これらの知識は，製品の根幹を決める製品コンセプトに関する知識であり，政策に置きかえると政策目的に関する知識である．このような知識を得るためには，ユーザーからのフィードバックが重要である．双方向的なコミュニケーションを通じて，製品の作成者は，製品コンセプトの問題点や改善点を発見し，必要に応じて製品コンセプトを変更する．つまり，know-what 型知識は，因果関係の立証をめざす know-why 型知識や製品コンセプトの実践をめざす know-how 型知識のように特定の目的を所与

とせず，新しい目的を創造する知識である．このような知識創出のあり方は，これまで述べてきた障害者政策の評価の理想像にも共通する．しかし，日本の政策評価における知識創出は，TQM（Total Quality Management）やトヨタのカイゼンシステムの流れをくむ PDCA（Plan Do Check Action）サイクルという経営学における品質管理のための知識創出手法つまり know-how 型知識の創出手法に偏重している［URL 4：4；大西・福元 2016：8, 22-5；山谷 2016：1］．そのため，評価の実施によって，目的の達成に向けた施策や事業の中身の地道な修正は可能であっても，目的を変更するほどの革新的な知識の産出は困難である．なお，know-what 型知識を創出する試みと共通する視座として，政策分析や政策評価の研究においても，分析者（あるいは評価者）とそのユーザー（政策担当者や障害当事者をはじめとしたステークホルダー）との間の双方向的な知識創出あるいは学習プロセスの重要性が指摘されている［松田 2016：36；Berriet-Solliec, Labarthe and Laurent 2014：207-209］．

このような双方向的な知識創出のための調査方法として，近年のマーケティング論では行動観察（参与観察）によって製品の問題点を発見する試みが行われている［松波 2013］．従来の政策研究では，双方向的な知識創出のために，ワークショップやフォーカスグループディスカッションをはじめとした参加型評価（参加型政策分析）の手法が重視されてきた［源編 2016］．しかし，ワークショップやフォーカスグループディスカッションといった手法は，指定された時間の枠内で表出されたニーズしか捉えられない．また，参加者が意識的に表出したニーズしか捉えられない．他方で，行動観察という手法は，調査者が調査対象者（本章では障害当事者）の生活する現場に足を運び，対象者の行動やその背景にある生活状況に関する情報をつぶさに観察する方法論であり，障害当事者やその家族が認識していなかった潜在的なニーズまでも発見できる点に強みがある［松波 2013：76；82］．ただし，調査対象者の日常的な行動をつぶさに観察したうえでニーズの分析を行うため，調査に長い時間を要し人件費も高くなるという費用面での難点がある．しかし，この調査手法は，委託調査であれ自

発的調査であれ，ニーズの把握の機能が高いという点において，障害者政策に関する調査にも有用であろうと考えられる．

　本項の最後に，意図しない負の政策効果に関するNPO団体による調査活動の成功例をあげる．本章では，特定非営利活動法人政策21（以下，「政策21」と記す）によって実施された平成28年度岩手県民協働型評価業務「精神障がい者の地域移行支援の取組」についての調査［URL 17］を紹介する．政策21は，政策評価制度の導入および運用支援だけでなく外部評価の実施や中間支援を行う，政策評価を専門としたNPO団体である［岩渕 2008：85］．政策21は，岩手県民協働型評価事業の評価企画案の公募に応じて評価テーマを提示し，岩手県と委託契約を結び当該調査を実施した．また，岩手県民協働型評価とは，内部評価とは異なる視点で，NPO等がより県民の実感に近い視点で県施策の評価および政策提言を行うものである［URL 18］．

　本調査は，厚生労働省が地方自治体に対して推進している，施設や精神科病院に入所（入院）している障害者の地域移行に関して，これまでの岩手県の取組の成果や課題・県への要望を，現場で地域移行支援に携わる実務者を対象とした実態調査を通じて明らかにしている［URL 17：3］．調査手法は，県の担当課（障がい保健福祉課）・医療機関（4カ所）・支援事業者（4カ所）を対象とした聞き取り調査，市町村（35市町村）を対象としたアンケート調査，そして地域移行実務者（4人）とのワークショップといった手法が採用された．とりわけ，医療機関や支援事業者を対象とした聞き取り調査や実務者ワークショップでは，県に対する要望も聞いており［Ibid.：2］，問題探索型調査に近い形態となっている．このように，問題探索的で双方向的な知識創出を企図した政策分析に適した手法となっている．

　この調査を実施した結果，主に市町村に対するアンケート調査を通じて，地域移行支援に関するいくつかの意図しない負の政策効果が明らかとなった［Ibid.：9］．

　第1に，退所（退院）したとしても，頼れる家族・親族がいないため，地域

での生活が困難で病状が悪化しやすい点である．とくに，岩手県のように過疎化が進む地域では，家族機能が衰退しており，家族が精神障害者を支援することが困難となっている．また，聞き取り調査やワークショップを通じて，家族や親族がいて帰宅が実現したとしても，逆に気を使ってしまい本人の病状が悪化するケースが報告されている［*Ibid.* : 28 ; 39］．

第2に，家族に頼らず自宅で生活する場合にも，病院や施設での生活に慣れているため，当人は強い不安を抱き病状が悪化しやすい点である[25]．たとえば，家事を一から覚える必要があるため本人の負担が大きい点，金銭管理や服薬管理への不安，対人関係への不安といった問題点が指摘されている．なお，このような問題を解決するために，自宅への移行をスムーズに行うための24時間サポート体制の整備が提言されている［*Ibid.* : 49］．

第3に，退所（退院）後に居住するグループホームの施設不足やグループホーム入居者の滞留によって［*Ibid.* : 37］，退院後の受け皿が不足し，新たな地域移行や社会復帰が困難になっている点である．この問題は，実施体制の未整備にあるのはもちろんのこと，就労支援事業所との連携不足や地域社会の無理解によって，グループホームからも退居する完全な社会復帰が困難になっていることを示唆している［*Ibid.* : 50］．

ただし，本章でとりあげた成功例には，これまでの本章の議論をふまえると，いくつかの問題点があることにも留意する必要があるであろう．第1に，調査主体が障害当事者から構成されている団体ではない点である．第2に，障害当事者に対して聞き取り調査や行動観察を実施していない点である．第3に，自発的調査というよりも委託調査に近い形態の調査である点である．第4に，あくまで岩手県のみという一部の地域に限定された調査となっている点である．しかし，この調査は，調査団体が評価手法に関する専門性を活かして，地域移行支援施策の実施プロセスについて現場から丹念に情報を収集し，問題探索型調査を適切に実施できている．

(2) 新たな政策評価システムの構築に向けての課題

　本項では，意図しない政策効果を把握するために，行政が行政以外の主体による調査活動の成果を活用する新たな政策評価システムの構築のあり方について考察する．現行の政策評価システムにおいては，行政以外の主体による自発的な調査活動の成果が活用されていないがゆえに，意図しない政策効果の把握が困難となっていると考えられる．そこで，まず，活用の障壁となっていると考えられる行政以外の主体による自発的な調査活動の問題点について検討する．そのうえで，問題点を解決するための課題について，行政以外の主体の課題と行政の課題をそれぞれ示す．

　自発的調査には，行政がその成果を活用するのを妨げるいくつかの問題点がある．

　第1の問題点は，調査の実施主体による政策効果の調査手法の専門性が低い点である．意図しない政策効果を把握するための自発的調査は，政策対象者から構成されるNPO団体が実施主体として想定される．たしかに，政策対象者は，特定の政策領域に関する専門性は高い．しかし，政策効果の調査に関する技術，たとえば費用便益分析やインパクト評価の技術に関する専門性は，民間シンクタンクやコンサルティング会社に比べると低い可能性が高い．そのため，意図しない政策効果の存在を実証する技術に欠ける．この点において，行政は，民間シンクタンクやコンサルティング会社の委託調査の成果の活用に親しんでいるため，政策対象者による自発的調査の成果の活用を忌避する可能性がある．

　第2の問題点は，自発的調査は政策アドボカシーであるという批判を免れない点である．NPO団体による自発的な政策評価の形態として政策提唱型評価（advocacy evaluation）という概念がある［山谷 2002：91］．その概念を自発的調査にも適用するならば，自発的調査は，自らの生活状況を改善するための政策を作成するよう行政に要請するための活動でもある．そのため，政策対象者による自発的調査は，政策対象者自身の主観性が反映されているとの批判がなされる可能性がある．また，調査によって生産された意図しない政策効果に関する

情報が，恣意的なエビデンス（cherry-picking evidence）[Head 2016：476] にもとづいているとの批判がなされる可能性がある．とくに，意図しない負の政策効果を被る政策対象者の数や政策対象者の集団の政治的影響力が小さい場合には，行政は，自発的調査の主観性を考慮して，自発的調査の成果を活用しない可能性がある．

　第3の問題点は，自発的調査の場合，調査に必要な組織資源や資金が不足しやすい点である．とくに，政策対象者から構成されるNPO団体の場合，民間シンクタンクやコンサルティング会社と比べると，小規模な組織である可能性がある．組織に属する人員が少ない場合には，ニーズ調査や意図しない政策効果の存在を裏づけるためのより大規模なアンケート調査の実施が困難となる．また，NPO団体に対する寄付金などの資金源の額が少なければ，調査を行うために必要な資金調達も困難となる．

　最後に，自発的調査の問題点を解決するための課題について，行政以外の主体と行政それぞれの観点から考察する．

　まず，行政以外の主体，とりわけ政策対象者から構成されるNPO団体においては，社会科学的な調査手法に関する専門性を高める必要がある．社会科学的な調査手法を利用して調査を実施できれば，政策アドボカシー活動において免れない主観性の軽減につながり，行政に対してより説得力ある情報提供が可能となる．ここでいう社会科学的な調査手法とは，前節でとりあげた費用便益分析（費用効果分析）やインパクト評価をさす．また，組織資源の制約上，社会科学的な調査手法を利用できない場合は，社会科学的な調査手法に関する知見を持つシンクタンクや学術団体と調査チームを組織する方策が有効である[26]．

　他方で，行政は，意図しない政策効果の把握の機能を高めるために，とくに政策対象者から構成されるNPO団体（NPO団体とシンクタンクあるいは学術団体から構成される調査チームを含む）がより多くの調査資金を調達できるしくみを構築する必要がある．その際，行政からの一定の独立性を担保するためには，NPO団体が一般市民や企業などから資金を調達できるしくみを構築する必要

がある．この資金調達のしくみの1つとして，近年では，社会的インパクト投資が提唱されてきた［Epstain and Yuthas 2014］．社会的インパクト投資は，助成財団・企業・個人投資家などがNPO団体に対して資金を投資し，その見返りとしてNPO団体は実施する事業による社会的リターンや事業の成功報酬を事業への投資者に提供するしくみである［Ibid.：Ch. 2］．また，日本の府省においても，社会的インパクト投資と投資のリターンを明らかにするための社会的インパクト評価のしくみの構築の検討が始まっている［URL 19］．社会的インパクト評価においては，NPO団体の事業による社会的インパクトについて，NPO団体が業績測定だけでなくインパクト評価や費用便益分析（費用効果分析）を用いて評価することを求めている［牟田 2015；長峯 2015］．このような社会的インパクト投資や社会的インパクト評価のしくみが浸透すれば，NPO団体は自発的調査に必要な資金を調達できる可能性がある．また，社会的インパクト評価の実践を通じて，意図しない政策効果を把握するための調査手法を扱う技術の洗練につながる可能性がある．

注
1） 'effect'あるいは'outcome'といった単語は，政策実施後の対象の様態を総称するものであるため，対象の状況変化のベクトルの正負を問わずに用いられる［Scriven 1991：250］．
2） 本章では，日本の府省の政策評価制度を規定する行政機関が行う政策の評価に関する法律第三条における表記に依拠して，政策効果の把握という表現を用いる．しかし，「把握」の英語表記は，'seize'ではなく'analyse'となる．その理由は，諸外国においては，政策効果は「分析」するものとして捉えられるためである［Dunn 2008：10-13］．ただし，米国における「分析（analyze）」は，費用便益分析のみを意味する場合がある［Schick 1971］．
3） 意図しない政策効果は，正の政策効果と負の政策効果に分類できる．しかし，意図しない正の政策効果は政策対象者の生活状況を悪化させないため，把握する必要性は負の政策効果と比較して乏しいと考えられる．それゆえ，本章では，意図しない正の政策効果についてはとりあげない．
4） 当時の行政の政策担当者へのインタビュー調査を行えば，行政が意図する負の政策

効果を特定できる余地があるかもしれない．しかし，本章では，政府の公式資料から行政の政策意図を特定する手法を前提とするため，インタビュー調査等による行政が意図する負の政策効果の特定についてはとりあげない．
5) 本章でいう副次効果とは，特定の政策領域内で生じる逆機能（dysfunction）を意味する．
6) 西尾勝は，アカウンタビリティは代表性の遵守による正統性すなわち行政の立法意思への忠実性の確認によって確保されると述べている［西尾 1990：316］．
7) 府省レベルの障害者政策を分析対象とする理由は，日本の府省，とりわけ内閣府が障害者政策の計画（障害者基本計画）の策定を行っており，行政の意図を形成しているからである．なお，地方自治体レベルにおける障害者政策は，障害者基本計画に依拠，すなわち日本の府省の意図に沿って実施されている．
8) なお，Merton 自身は，負の潜在的機能だけでなく正の潜在的機能の発見も，社会学的分析の本分であると主張している点に注意したい［de Zwart 2015：289；Merton 1968：118-119］．Merton は，ホピ族の雨ごいの儀式を例に出して，雨を降らせるという顕在的機能の分析をもって雨ごいに効果がないと断ずるのではなく，儀式を通して民族の連帯意識を高めるという正の潜在的機能を発見することが社会学的分析であると述べている．つまり，理論の検証を重視する自然科学的な分析だけでなく，民俗学的なアプローチから現場を丹念に分析し新たな理論を発見することも重要であると論じているのである．
9) 意図しない政策効果の分析を主題としてとりあげている研究として，たとえば，Sherrill［1984］，Morell［2005］，Jabeen［2016］がある．しかし，これらの研究は，理論的な論点整理にとどまっており，意図しない政策効果を把握するための方法論の確立には至っていない．
10) 国や地方自治体は年収を直接把握できないため，市町村の課税証明書に記された，前年の所得に応じた住民税の課税額「所得割額」をもとに世帯年収を推定する．その推定年収を目安に補助額を決めている．所得割額は，ふるさと納税や住宅ローン減税による控除額を差し引いた後の金額で，控除額が増えれば所得割額が減り，見かけ上の年収が減る．
11) 「学費補助，多めに支給例 ふるさと納税で見かけの年収減 大阪府が対策へ」『朝日新聞』東京本社版，2017年5月11日朝刊，33面．
12) ニーズの把握という表現は，障害者福祉の専門書を執筆する小澤温の表現に依拠している［小澤 2016c：120］．
13) 田辺国昭は，この政策評価システムを「強制された自己評価」とよんでいる［田辺 2006：91］．日本の府省による政策評価の実施は，「行政機関が行う政策の評価に関する法律」の規定によって義務付けられている．

14) プログラム評価とは，今後の意思決定のために政策，プログラムあるいはプロジェクトの有効性を判断する実証的な社会科学の研究手法を応用した評価手法である［Langbein 2012：3］．プログラム評価は，3つの手法から構成されている［Maddison and Denniss 2013：162-64］．その3つの手法とは，プロセス評価，インパクト評価および経済学的評価である．まず，プロセス評価とは，政策の意図に沿って政策が実施されているか否かを把握する手法である．次に，インパクト評価とは，政策と現実の政策効果との間の因果関係を解明する手法である．最後に，経済学的評価とは，費用便益分析や費用効果分析といった経済学的手法を用いて政策対象者にとっての便益と費用を計算する手法である．
15) 多様なニーズを把握しようとすればするほど，意図しない政策効果の正確な把握が可能となる．同様の文脈で，佐野亘は，政策評価も含めた規範的政策分析に期待される役割として「議論の幅を広げること」をあげている［佐野 2013：72］．すなわち，政策分析を行う際に，できる限り包括的あるいは網羅的にニーズを反映しニーズの「見落とし」を防ぐことで，政策問題の状況を適切に把握しやすくなると論じている．
16) 例外として，内閣府男女共同参画局が実施していた男女共同参画影響調査（以下，「影響調査」と記す）がある［URL 9］．影響調査は，男女共同参画社会の形成にかかわる各省庁の政策を対象に実施される．これは，社会や家庭における男女の状況やニーズの違いによって，政策を作成する各省庁が意図していた政策効果と異なる効果が生じているか否かを把握するものである．実施された影響調査に関する報告書は，現在までのところ以下の3つが公表されている．2007年3月に作成された「多様な選択を可能にする能力開発・生涯学習施策に関する監視・影響調査報告書」［URL 10］，2008年6月に作成された「高齢者の自立した生活に対する支援に関する監視・影響調査報告書」［URL 11］および2009年11月に作成された「新たな経済社会の潮流の中で生活困難を抱える男女に関する監視・影響調査報告書」である［URL 12］．
17) たとえば，評価規準がないため，どの程度のニーズを抽出すべきかについては，評価担当者の裁量による判断となる．
18) 他方で，業績測定には，指標の実績値の変動の要因を説明できないという短所がある．すなわち，その変動が政策によるものか，あるいは外部要因によるものかを特定できない［Hatry 1999：5-6］．
19) この指摘は，1960年代の米国において連邦全省庁に導入された費用便益分析を活用した予算編成システムであるPPBS（Planning, Programming, and Budgeting System）の失敗の経験にもとづいてなされている．
20) 政策対象者個人の苦情や権利を救済するために，個人の代わりに行政に対して異議申し立てを行う役割が期待される．その異議申し立てを行う際に，オンブズマンは，意図しない政策効果に関する調査を実施する．とくに，オンブズマンは，早い段階で

の個人の異議申し立ての一般化を行うことで，行政に対して政策変更を促し，負の政策効果の影響をできる限り小さい程度にとどめる能力を有する［今川 2011］．

21) 個別疾病の患者会，家族会，日本障害者協議会や DPI 日本会議などの当事者団体があげられる．

22) なお，評価活動と別個の活動として，行政が自発的に調査を行う場合もある．たとえば，障害者政策では，厚生労働省が「生活のしづらさなどに関する調査」［URL 16］において障害者の生活実態やニーズについてアンケート調査を行っている．

23) なお，障害者政策においては，厚生労働省が障害当事者から構成される一般財団法人全日本ろうあ連盟に「意思疎通支援実態調査事業」を委託した事例がある［佐藤 2015：151］．この調査では，障害者総合支援法の意思疎通支援事業の対象となっていないものの実際に意思疎通の支援を必要とする障害者について，その現状と支援ニーズを把握するための事例調査を行っている．

24) 沼上幹は，経営学における意図しない結果の研究においては，定量的研究による法則定立アプローチよりも，個別事例研究にもとづいた因果メカニズム解明アプローチの方が望ましいと述べている［沼上 2000：136-137］．

25) なお，このような負の政策効果を防止する方策として，2018年に施行される改正障害者総合支援法において「自立生活援助」という新たな福祉サービス（自立支援給付）が導入されることとなった［坂本 2017：116-67］．自立生活援助では，定期的に利用者の居宅を訪問し，必要な助言や医療機関などとの連絡調整を行う．具体的に想定される支援の内容は，以下の4点の確認である．① 食事，洗濯，掃除などに課題はないか，② 公共料金や家賃に滞納はないか，③ 体調に変化はないか，通院しているか，④ 地域住民との関係は良好かといった点を確認する．また，定期的な訪問だけでなく，利用者からの相談や要請があった際は，訪問，電話，メールなどによる随時の対応も行うとしている．

26) ただし，日本のシンクタンクに関しては，量的には整っている一方，質的には未熟であるとの指摘がなされている．たとえば，営利目的のために存在するシンクタンクは，委託研究中心でオリジナリティのある研究が困難であるという．また，公益法人などの非営利目的のために存在するシンクタンクも，中央府省との結び付きが強く，いわゆる天下り先となっており，研究の独立性の担保が困難であるという［飯塚・堤 2015：107］．

27) 事業の成功を判断する資金仲介者（ファンド，ベンチャーキャピタル，助成財団，金融機関）によって投資者に支払われる報酬である［URL 19：5］．

第4章 障害者政策における日本の府省の事前評価

　本章からは，日本の府省において，障害者政策の評価活動がどのように行われているのかを分析していく．本章では，規制の事前評価や租税特別措置等に係る事前評価といった制度化された事前評価の活動に焦点をあてる．事前評価においては，これから実施する政策の正当性を示すため，すなわち市民に対する行政のアカウンタビリティの確保を図るために，質の高い費用便益分析あるいは費用効果分析が求められている．本章でも，まずアカウンタビリティ確保の観点に着目して分析を進める．その際，既存の研究では日本の府省全体において政策領域横断的に事前評価が機能していない可能性が指摘されているため，障害者政策の事前評価の分析だけでなく，政策対象者のニーズが比較的収斂しやすい公共交通政策の事前評価の分析も行う．そのうえで，本章の最終節では，障害者政策における既存の事前評価のしくみの限界を指摘する．

1．事前評価の機能分析の意図と意義

　本章では，日本の府省において実施されている政策評価が市民に対するアカウンタビリティ確保に貢献しているか否かを考察する．日本の府省の政策評価は，評価時点の観点からみて事前評価と事後評価に区分できる．本章では，前者の事前評価の機能を確認し，事前評価によって市民の納得が得られるよう政策作成の妥当性を正当化できているかを考察する．
　日本の府省の政策評価制度は運用開始から十数年がたち，制度の追加や改変

が行われながら各府省において政策評価のプロセスの定着が進んでいる．一般政策は，制度設立時の2001年から事後評価の義務付けがなされている．他方で，規制や租税特別措置といった施策は，事後評価だけでなく事前評価も義務付けられている[1]．規制の事前評価は，規制が市民の権利や自由を制限したり何らかの行為を強制したりする作用を持つため，2007年以降義務付けがなされている．また，租税特別措置等に係る事前評価[2]は，特定事業者に対する税の減免措置が税負担の公平原則に反し他の事業者に不利益を生じさせる可能性があるため，2010年以降義務付けがなされている．

また，政策評価制度の運用開始当初から，市民に対するアカウンタビリティ（説明責任）[3]の確保が目的として謳われてきた．行政のアカウンタビリティとは，市民に対して行政行為を正当化する責任である［Bovens 2005：184］．つまり，評価は，行政責任論の観点からみると，市民によって外在的に課された責任であるアカウンタビリティを確保する行為を意味する．事前評価においては，とりわけアカウンタビリティの確保が重視されてきた．なぜなら，市民に対して法律や政令の政策決定の妥当性を示す必要があるためである．

しかし，現状において，各府省で事前評価のプロセスの定着が進む一方で，それがアカウンタビリティ確保に貢献しているかについては疑問が残る．各府省の政策評価の点検活動を行う総務省は，規制の事前評価と租税特別措置等に係る事前評価ともにアカウンタビリティ確保のために必要な要件を満たしていないと指摘している．具体的には，規制の事前評価に関しては，費用や便益の値の定量化がなされていないとの指摘や規制以外の代替案との比較衡量が不十分との指摘がある［URL 13：1］．また，租税特別措置等に係る事前評価に関しては，効果や達成目標の実現状況の説明が不十分との指摘や税の減免によって生ずる将来の減収額の予測が不十分との指摘がある［URL 14：5］．

既存の政策評価研究においては，PPBS（Planning, Programming, and Budgeting System）[4]の失敗をふまえてアカウンタビリティ確保に際する事前評価の機能不全について言及がなされてきた一方で（たとえば，南島［2015：13］），日本の府省

における事前評価がアカウンタビリティ確保にどの程度貢献しているのかを考察する研究は十分に行われてこなかった．そこで，本章では，日本の府省における事前評価の現実を観察し，事前評価導入時の理念と現実との間のギャップを明らかにする．

　したがって，本章では，以下の構成で，日本の府省で行われている事前評価はアカウンタビリティ確保という目的を達成しうるかを考察する．第2節では，規制の事前評価および租税特別措置等に係る事前評価の概要を述べる．第3節では，事前評価におけるアカウンタビリティ確保の方法について理論的に検討したうえで，規制の事前評価および租税特別措置等に係る事前評価の現状がその方法に対応していない点を明らかにする．第4節では，規制の事前評価と租税特別措置等に係る事前評価がアカウンタビリティ確保にどの程度貢献しているかを事例分析を通じて明らかにする．最後に，事例分析の結果をふまえて，アカウンタビリティ確保のための事前評価のあり方について再検討する．

　なお，事例の選定にあたっては，事前評価を適用しやすい政策領域と適用しにくい政策領域から事例を選定する．この方法をとれば，総務省の点検活動で明らかにされてこなかった，政策特性が事前評価の成否を左右するのか，それとも政策特性に関係なく各府省の能力が事前評価の成否を左右するのかという点を明らかにできる．本章では，事前評価を適用しやすい政策領域として公共交通政策をとりあげる．公共交通政策は，事前評価において主流の評価手法である費用便益分析を適用する例が多くある（たとえば，長峯［2014：Ch. 8］，紀伊［2016］）ため，事前評価を適用しやすいと考えられる．その理由は，都市・地域交通等の快適性・利便性の向上という観点で市民間での合意を得やすくニーズの相違が少ないため，ニーズに対応する便益や効果の設定が容易な点にある．他方で，事前評価を適用しにくい政策領域として，障害者政策をとりあげる．障害者政策は，事前評価において費用便益分析を適用する例はないため，事前評価を適用しにくいと考えられる．その理由は，障害の種類，程度および障害者各々の生活環境の違いから生じるニーズの多様性が，ニーズに対応する便益

や効果の設定を困難にする点にある．

2．日本の府省における事前評価の概要

　本節では，日本の府省において実施されている規制の事前評価と租税特別措置等に係る事前評価の概要を述べる．その際，双方の評価それぞれの導入の目的，経緯・背景および制度内容に焦点をあて，双方の評価理念としてアカウンタビリティ確保が重視されている現状を明らかにする．

　規制の事前評価は，規制によって得られる便益が，費用を正当化できるか否かを政策決定以前に示す評価である．ここでいう規制とは，社会秩序の維持，生命の安全，環境の保全，消費者の保護等の目的のため，行政が国民の権利や自由を制限したり国民に義務を課したりする行為である[5]［URL 6：1］．規制の事前評価は，政策評価法の枠組みの下[6]，2007年に各省庁に義務付けられた[7]．義務付け対象は，法律または政令による規制の新設あるいは改廃に係る政策である．

　規制の事前評価は，規制の質の向上だけでなく，市民ないしは事業者へのアカウンタビリティ確保を目的としている［Ibid.：1］．規制の質の向上は，規制の費用対便益を最大化するための行政内部における学習を意味する．規制の質の向上にあたっては，複数の規制案あるいは代替案の費用便益の定量化および比較検討を行って，技術的合理性の観点から最も有効な案を選択することが重要となる．他方で，アカウンタビリティ確保は，市民や事業者に対する規制の必要性，便益および費用の明示を意味する．アカウンタビリティ確保にあたっては，市民や事業者が納得できるように，透明性の観点から規制の具体的内容および費用便益の情報を示すことが重要となる．その際，事前評価を通じて規制に関する情報を透明化するために，規制案の費用便益の定量化や代替案との比較検討が行われる．このように，規制の事前評価には2つの目的があり，それらを達成するためには費用便益の定量化や他の代替案との比較検討が必要なのである．

このような目的に沿って導入された規制の事前評価には，2つの経緯がある．

第1に，1990年代以降，政府による干渉を忌避し市場の機能を重視する新自由主義の思潮が世界的に普及し，行政に対して規制緩和が要請された点にある．規制緩和が要請された背景には，財政赤字を削減するための行政改革（公営セクターの民営化など）や官僚の腐敗を象徴するスキャンダルの発覚による行政への市民の不信感がある．この規制緩和の要請は，日本の府省における規制の事前評価のベースとなった先進国行政における規制影響分析（Regulatory Impact Analysis 以下，「RIA」と記す）の導入に大きな影響を与えた［岸本 2016；Turnpenny et al. 2009：640；De Francesco, Radaelli and Troeger 2012：493］．規制緩和の要請に反して行政が規制の新設を行うためには，規制しない場合と比べて便益が大きいことや規制にかかる費用を最小限に抑制していることを対外的に示す必要がある．そのためのツールとして，規制の事前評価が導入された．

第2に，経済協力開発機構（Organisation for Economic Co-operation and Development 以下，「OECD」と記す）の勧告［OECD 1997］による外圧である［岸本 2016：15；Radaelli 2004：724-725］．OECDは先進国間における経済活動に関する情報交換を支援する国際機関であり，そこでは情報交換の生産物として勧告等の文書が作成される．勧告の仕組みが導入されれば，加盟国間で勧告の遵守に関するピアレビューが実施されその審査結果が公表されるため，強制力はないものの勧告を遵守しない国は圧力を受ける［城山 2013：109］．RIAに関する勧告も上記の形態で実施され，OECDに加盟している日本は勧告を受け入れるように圧力を受けていた．そのため，勧告の開始から時間を要したけれども，2007年に日本の府省においても規制の事前評価が導入された．

以上の目的や経緯にもとづいて，規制の事前評価の制度設計が行われた．以下では，制度内容について概観する．

規制の事前評価においては，各府省が4つの手順で評価を実施することとなっている［URL 6：3-7］．第1に，規制の新設，改廃を行う前の現状とその問題点を整理する．第2に，規制の新設あるいは改廃の必要性すなわち便益を説

明する．便益を説明する際には，現状を比較対象（以下，「ベースライン」と記す）として，どの程度社会の状態が改善されるかを示す．第3に，費用便益比を算出する費用便益分析あるいは便益を金銭価値化できない場合には費用効果分析を行う．第4に，代替案との間の費用便益比あるいは費用効果比の比較を行う．代替案の例としては，規制以外の手段（たとえば，補助・助成，租税特別措置による税制優遇，規制基準に違反した事業者の公表等）や基準あるいは期間等の内容が異なる規制案があげられる．なお，当該規制案および代替案の費用便益分析（費用効果分析）にあたっては，ベースラインとの比較が前提となる．このような4つの手順を経たうえで，費用便益比あるいは費用効果比が最大となる案が選択され，その案にもとづく政策決定が正当化される．

　便益についての項目規定はないが，規制にかかる費用に関しては，以下の3つの分類に沿って記述する旨が定められている [Ibid. : 5]．第1に，遵守費用である．遵守費用とは，規制を受ける市民や事業者が規制を遵守するために負担する費用である．たとえば，申請書類の作成や提出にかかる行政への申請費用や設備の導入・維持費用が該当する．第2に，行政費用である．行政費用とは，規制を実施する主体である行政において発生する費用である．たとえば，広報費用等の規制の導入に要する費用や検査およびモニタリングにおける人件費等の規制導入後に要する費用が該当する．第3に，その他の社会的費用である．その他の社会的費用とは，社会経済全体や環境に対する負の影響である．たとえば，規制の新設または改正に伴う企業の経営負担の増加やそれに伴う負担分の価格転嫁による消費者の負担が該当する．

　また，規制の事前評価に関しては，評価書の公表時期が定められている [Ibid. : 9]．規制の新設または改廃が法律による場合，評価書等の公表は，遅くとも法律案の閣議決定までに行う必要がある．また，政令以下の下位法令による場合は，遅くとも行政手続法にもとづく意見公募手続までに公表する必要がある．しかし，この規定は，具体的な規制内容の確定後に評価書を作成することを許容する．そのため，実際の評価書作成は具体的な規制内容の確定後に行

われ，各府省における規制の事前評価は代替案を検討せずに当該規制案の正当化を行っているという批判がある［岸本 2016：4］．

最後に，政策評価制度全体の設計や運用を担う総務省は，毎年，各府省の規制の事前評価の評価書を悉皆的に点検する［URL 20］．この点検活動は，政策評価法第十三条二項が定めている総務省による客観性担保評価活動の一環として実施されている．その際の点検項目は，前記の評価手順に沿う項目となっている[8]．とくに，費用や便益を金銭価値化あるいは定量化したうえで費用を正当化しているか，または代替案との比較検討を行っているかといった点に焦点をあてて点検を行っている．なお，総務省の点検活動は，各府省の評価書の不適切な点について指摘を行う活動であるが，各府省に対して評価書の改善を促す強制力を有さない．

他方で，租税特別措置等に係る事前評価は，租税特別措置によって得られる効果が，租税特別措置によって生じる減収額すなわち費用を正当化できるか否かを政策決定以前に示す評価である．租税特別措置とは，特定の事業者の税負担を軽減して，特定の政策目的の実現に向けて経済活動を誘導する手段である．租税特別措置等に係る事前評価[9]は，2010年から開始され，法人税，法人住民税または法人事業税関係の租税特別措置等の新設，拡充あるいは延長要望にあたっては各府省に義務付けられている．また，その他の税目関係の租税特別措置等の新設，拡充あるいは延長要望にあたっては，各府省に努力義務が課されている［URL 7：1］．いずれの税目においても，財務省をはじめとした税制当局への税制改正要望より前に評価が実施される．

租税特別措置に係る事前評価を実施する目的は，市民に対するアカウンタビリティ確保にある．租税特別措置は，特定の事業者に対する税減免であるため，税負担の公平原則に反する．また，税を減免する分だけ政府の税収が減少するため，市民に資する行政活動の資源の減少につながる可能性がある．つまり，租税特別措置は，事業者や市民に対して悪影響を与える可能性がある．したがって，とりわけ市民に租税特別措置の内容について納得してもらうために，行

政は，減収額すなわち費用を上回る租税特別措置の効果を示す必要がある．このように，租税特別措置等に係る事前評価においても，行政は，規制の事前評価と同じくして費用効果分析を行ってアカウンタビリティ確保を行う．

　租税特別措置等に係る事前評価が導入された背景には，2009年の自由民主党から民主党への政権交代がある．民主党は，政権交代に向けた公約として2008年に税制抜本改革アクションプログラムを公表した［URL 22］．そのなかでは，「租税特別措置の抜本的見直し」について言及がなされている．具体的には，租税特別措置の整理・合理化のための租税特別措置透明化法案を制定し，納税者の立場に立った「公平・透明・納得」のプロセスの構築に言及している．つまり，租税特別措置等の新設や延長にあたっては，税負担の公平原則やアカウンタビリティ確保を重視する方針を提示したのである．この方針が提示された背景には，自民党税制調査会における不透明な政策決定プロセスや租税特別措置による高所得者優遇に対する批判，税制の複雑化による徴税コストの増大，そして税収減による財政赤字拡大への懸念があった．2009年に，民主党政権が樹立した後，実際に租税特別措置の抜本的見直しが行われ，租税特別措置等の事前評価の根拠法令となった租税特別措置の適用状況の透明化等に関する法律（以下，「租特透明化法」と記す）も制定された．また，2009年12月22日に閣議決定された「平成22年度税制改正大綱」で示された「租税特別措置の見直しに関する基本方針」と見直しの指針をふまえて［URL 23：89-91］，総務省が「租税特別措置等に係る政策評価の実施に関するガイドライン」を作成し租税特別措置等に係る事前評価の制度枠組みが構築された．

　以上の目的や背景をふまえたうえで，租税特別措置に係る事前評価の制度設計が行われた．以下では租税特別措置等に係る事前評価の制度内容について概観する．

　前記の租税特別措置の見直しの指針によると，租税特別措置等の事前評価にあたっては，合理性，有効性および相当性の観点から評価がなされる．合理性の評価は，租税特別措置の必要性を正当化できるか否かを検証する評価を意味

する.有効性の評価は,租税特別措置の適用数が僅少でないかあるいは特定の事業者に適用の偏りが生じないかを検証する評価[10]と税収減による費用と租税特別措置による効果を対比して分析する評価[11]を意味する.租税特別措置による効果の予測にあたっては,達成目標に関する指標の値の推移予測や租税特別措置を実施しない場合のベースラインとの比較を行う.最後に,相当性の評価は,補助・助成や規制といった他の政策手段と比べて租税特別措置の方が有効であるか否かを検証する評価を意味する.日本の府省は,これら3つの観点から評価を実施して,アカウンタビリティを確保しようとしている.なお,諸外国における租税特別措置等の事前評価と比較して,日本の租税特別措置等に係る事前評価は「有効性」や「相当性」に至るまで体系的に評価がなされている点で特異であるとの指摘がある[URL 24:48].

また,総務省は,客観性担保評価活動の一環として,各府省が実施した租税特別措置等の事前評価について合理性・有効性・相当性の観点から適切に評価が行われているかを点検している[URL 14].その点検過程において,各府省による説明が不足している点あるいは不明な点があれば,各府省に対して補足説明を求め,評価書の内容の充実を図っている.そして,その点検結果は,租税特別措置等の要否を決定する税制当局に対して参考資料として提供される.

3.事前評価におけるアカウンタビリティ確保

前節では,導入の経緯をふまえつつ,規制の事前評価と租税特別措置等に係る事前評価がアカウンタビリティ確保を目的としている点を確認した.また,アカウンタビリティ確保の機能を担保するための制度内容についても概観した.本節では,アカウンタビリティ確保のための事前評価のあり方について費用便益分析の観点から理論的に検討する.

政策決定の前段階における行政によるアカウンタビリティ確保は,市民や事業者によるアカウンタビリティ追及に対応あるいはアカウンタビリティ追及を

未然に防ぐために行われる．アカウンタビリティ追及は，政策内容に不満が生じたときに行われる．そのため，行政は，規制や租税特別措置が「不当に」市民や事業者の権利を制限したり財政赤字を拡大したりする試みではないことを示し，市民や事業者の不満を解消する，あるいは市民や事業者に政策内容について納得してもらう必要がある．

　その際，市民や事業者が行政のアカウンタビリティ確保を十分と判断するには，政策導入による費用の種類を考えうる限りリスト化したうえで，費用が少なくかつ便益や効果が高いことを示す必要がある．そのためのツールとして，規制の事前評価と租税特別措置等に係る事前評価では，費用便益分析あるいは費用効果分析の手法を援用している．なお，租税特別措置等に係る事前評価においては，費用効果分析の手法のみを援用している．

　規制の事前評価と租税特別措置等に係る事前評価において援用される費用便益分析ないし費用効果分析は，以下の3つの前提にもとづいて実施される．本節では，規制の事前評価の例を用いて説明する［URL 6：4-5］．

　第1に，ベースラインの設定である．「規制の新設又は改廃を行わない場合に生じると予測される状況」を，比較対象すなわちベースラインとして設定する．費用と便益の推計は，ベースラインと「当該規制の新設又は改廃を行った場合に生じると予測される状況」とを比較して求める．つまり，費用と便益の推計の前提として，十分な現状分析が必要である．そのうえで，将来の費用あるいは便益と現状の費用あるいは便益との差分を計算する．

　第2に，費用および便益の各要素の分析である．費用と便益については，考えうる限りの要素をリスト化したうえで，費用を負担する主体または便益を受ける主体を示す．その際，費用と便益の各要素がどのような因果経路で各主体に帰着するのかを示すことが望ましい．また，費用と便益は，透明性あるいは市民や事業者にとっての評価結果の分かりやすさの観点から，可能な限り定量化または金銭価値化して示すことが望ましい．ただし，便益について金銭価値化できない場合には，費用効果分析によって代替される．さらに，費用と便益

を定量化できない場合には，定性的な説明が認められている．

　第3に，規制や租税特別措置による副次的影響の分析である．費用及び便益の要素については，直接的影響に加え，政策決定において考慮すべき副次的影響や間接的影響も含める．規制の事前評価においては，その他の社会的費用に該当する．とくに，目標達成に影響を及ぼす外部要因が想定される場合には，その旨を説明する必要がある．なお，副次的影響や間接的影響についても，可能な限り定量化または金銭価値化することが望ましい．

　アカウンタビリティ確保の観点からみると，費用や便益については定量化あるいは金銭価値化が望ましいとされる一方で，費用や便益のリスト化や帰着先の特定を優先すべきとの見解もある［岸本 2016：16］．費用や便益の定量化あるいは金銭価値化にあたっては，費用や便益についての仮定や計算プロセスあるいは算定根拠を明示するための経済学や統計学のスキルが必要である．そのスキルがなければ，費用や便益を適切に定量化あるいは金銭価値化できない可能性があり，アカウンタビリティの確保が十分になされない．評価担当者は，府省の局や課に所属する官僚であり，経済学や統計学のスキルを習得するために十分な時間を割けない．また，評価情報の利用者である市民や事業者も，経済学や統計学のスキルを十分に有さない可能性が高く，費用や便益の定量化あるいは金銭価値化が適切かを判断するリテラシーを有さない可能性がある［Shulock 1999］．その場合には，費用や便益の定量化あるいは金銭価値化を志向するよりも，規制や租税特別措置による影響を帰着先別に一覧表で示した方がアカウンタビリティ確保に貢献する．

　しかし，費用便益分析や費用効果分析には根本的限界がある点にも留意しておく必要がある．根本的限界は，とくに政策対象者のニーズが多様な政策領域において生じやすい．ニーズが多様であるという状態は，政策対象者にとっての便益や費用の種類が多様であるという状態を意味する．便益や費用が多様であればあるほど，その各要素の列挙が困難となる．また，便益や費用の多様性を無視して費用や便益の種類を少なくする過度な抽象化を行うと，具体的次元

の状況を反映できないため便益や費用に関する定量的指標の設定が不適切となる．それゆえ，障害者政策をはじめとした政策対象者のニーズが多様な政策領域において，費用便益分析あるいは費用効果分析は適用しにくい．

また，実態として，規制の事前評価や租税特別措置等に係る事前評価において，費用便益分析あるいは費用効果分析の質は低い．

まず，規制の事前評価に関しては，アカウンタビリティ確保が十分でないとの指摘が政策評価制度の運用を所管する総務省からなされている［URL 13：1］．その理由として，費用・便益ともに定性的記述にとどまっている点［岸本 2016：9］，その他の社会的費用については記述がほとんどない点や代替案の設定がなされていない事例が散見される点［URL 25：62-64］，ベースラインの設定がなされていない点や費用・便益として見込まれる要素の列挙不足が指摘されている［URL 26］．くわえて，前記したように，具体案がほぼ定まった後に，はじめて評価書の作成は行われるため，意思決定プロセスの中に組み込まれてはいない．そのため，事前評価の段階におけるアカウンタビリティ確保は体をなしていない．

他方で，租税特別措置等に係る事前評価に関しては，合理性や相当性の評価は一定水準に達しているが，有効性の評価は不十分であると指摘されている［URL 27：11；田中 2017］．具体的には，効果の算定根拠が不明な評価書が8割を占める点，外部要因の影響を大きく受ける指標を設定しているため適切に効果を分析できていない評価書が半数以上を占める点，減収額の推計がなされていない評価書が半数を占める点が指摘されている［URL 14：5］．このように，租税特別措置等に係る事前評価においても，費用効果分析の観点からみて，行政のアカウンタビリティ確保は十分になされていない．

以上の実態から，費用便益分析の観点からみて，規制の事前評価と租税特別措置等に係る事前評価において，行政のアカウンタビリティ確保が十分になされていないことは明らかである．費用や便益が定性的記述にとどまる評価書が多い規制の事前評価と比較すると，租税特別措置等に係る事前評価の方が定量

的な指標を用いて効果を分析しようとする評価書が多いためアカウンタビリティ確保の機能は高いといえるかもしれない．しかし，効果の算定根拠が不十分であったり，費用としての減収額の推計がなされていなかったりする評価書が多い現状から，アカウンタビリティ確保の機能が未だ不十分であることは明らかである．このように，規制の事前評価と租税特別措置等に係る事前評価において謳われていた評価理念と実態との間には大きなギャップが生じている．次節では，評価の事例分析を政策領域の違いによって費用便益分析の質に差が生じているのかを検証する．具体的には，費用便益分析が適していないと考えられる障害者政策の評価事例と，適していると考えられる公共交通政策の評価事例を分析する．この分析を通じて，政策特性が費用便益分析の質を左右するのか，それとも各府省の評価担当者の分析能力が費用便益分析の質を左右するのかを分析する．その分析結果が明らかとなれば，規制の事前評価と租税特別措置等に係る事前評価の質を向上させるための方策を再検討するのに役立つと考えられる．

4．日本の府省における事前評価の事例分析

（1）規制の事前評価の事例分析

本項では，障害者政策と公共交通政策に関する規制の事前評価の事例分析を2例ずつ行う．その際，以下の2点に着目してアカウンタビリティ確保が十分に行われているかを検討する．第1に，費用および便益は定量的あるいは金銭価値化されているか，あるいは定性的記述にとどまっているのかという点である．第2に，代替案との費用便益比あるいは費用効果比の比較検討が行われているかという点である．以上の2点をもって，費用便益分析が適切に実施されているか否かを確認する．なお，規制の事前評価については，総務省が各評価書について点検を行っているが，点検項目ごとの選択式のチェックシートにとどまっており具体的な問題点の指摘はほとんど行われていない．そのため，本

項における評価書の分析では，点検結果について言及しない．

まず，障害者政策の評価事例として「障害を理由とする差別の解消に関し，主務大臣の事業者に対する対応指針に定める事項についての報告徴収，助言，指導及び勧告の権限の新設並びに報告の徴収に対する担保としての罰則の新設」に関する評価書［URL 28］を分析する．この規制の新設は，障害を理由とする差別の解消の推進に関する法律の新設にあたってのものである．障害者差別（たとえば，障害者であることを理由とした入店拒否や聴覚障害者に対する窓口業務における筆談対応の拒否等）の解消のために，事業者が不適切な対応を行っていると疑われる場合，まず事業者に対して報告を求め，個別具体的な事案の状況を確認し，その上で必要に応じ助言や指導を行う．また，助言・指導を行ってもなお障害者の権利利益を侵害する悪質な行為等を行う事業者に対しては，障害者の権利利益を保護するために勧告を行ったり罰則を科したりする．

当該評価書においては，遵守費用が「報告徴収に対応するための資料作成等の費用」，行政費用が「報告徴収，助言，指導，勧告を行うために要するための費用」といったように定性的記述にとどまる．その他の社会的費用については記述はなかった．また，便益についても，「障害を理由とする差別による障害者の権利利益侵害の解消」という定性的記述にとどまる．また，代替案との費用便益比の比較検討も行われていない．この代替案についても，「報告徴収，助言，指導及び勧告の諸権限を与えない案」となっており，ベースラインと同一であるため，代替案として適切ではない．以上から，この評価書においては，アカウンタビリティ確保が不十分である．

次に，「法定雇用率の算定基礎の見直し」に関する評価書［URL 29］を分析する．この規制の強化は，障害者の雇用の促進等に関する法律第四十三条第二項および第五十四条第三項の改正にあたってのものである．障害者雇用のさらなる促進のために，法定雇用率の算定基礎に身体障害者や知的障害者だけでなく，精神障害者を加える．その際，障害者雇用数が法定雇用率に満たない事業主からは障害者雇用納付金を徴収する．なお，精神障害者を算定基礎に加えれ

ば，法定雇用率が引き上がる．

　当該評価書においては，遵守費用が「事業主による施設整備や職場環境の整備」，行政費用が「事業主への周知にかかる費用」といったように定性的記述にとどまる．その他の社会的費用については記述がなかった．また，便益についても「働く意欲・能力のある者の就業の促進を通じた障害者の社会参加と経済社会の発展」といった定性的記述にとどまる．代替案は，障害者雇用調整金という助成金の拡充である．代替案との費用便益比の比較検討においては，代替案は助成金拠出による行政費用が大きく，事業者の自主的取り組みに委ねるため便益が小さくなる．したがって，改正案の方が費用が少なく便益が大きいと示している．しかし，定量的な費用便益比の比較ではなく，改正案の遵守費用の大きさについて具体的な記述がない．以上から，この評価書においては，アカウンタビリティ確保が不十分である．

　他方で，公共交通政策の評価事例として「旅客鉄道株式会社及び日本貨物鉄道株式会社に関する法律の一部を改正する法律案」に関する評価書［URL 30］を分析する．具体的には，九州旅客鉄道株式会社（以下，「JR九州」と記す）の完全民営化に伴う法改正であり，旅客鉄道株式会社及び日本貨物鉄道株式会社に関する法律の適用対象から除外される九州旅客鉄道株式会社に対する指針の策定，指針に照らした指導，助言，勧告・命令等の措置の新設である（附則第二条〜第五条）[12]．実質的には，完全民営化に伴う規制緩和である．

　当該評価書においては，遵守費用が「適切な路線の維持や中小企業への配慮等に係る事業者負担」，行政費用が「指導，助言，勧告及び命令等の措置等に要する事務費」といったように定性的記述にとどまる．その他の社会的費用については記述がなかった．また，便益も「九州圏内の各地域の活性化」といったように定性的記述にとどまる．代替案の設定はなされておらず，規制案の費用便益比の分析についても，鉄道会社の負担額の想定等の遵守費用の定量化や九州地域の経済成長率等の便益の定量化がなされていないため質が低い．以上から，この評価書においては，アカウンタビリティ確保が不十分である．

次に,「地域公共交通の活性化及び再生に関する法律の一部を改正する法律案」に関する評価書［URL 31］を分析する.この法改正（第二十八条,第三十八条）は,認定地域公共交通再編事業の実施に係る勧告・命令,報告の徴収等に関するものである.認定地域公共交通再編事業とは,持続可能な地域公共交通網の形成のために,地方公共団体が先頭に立って,関係者との合意の下で,持続可能な地域公共交通ネットワーク・サービスを形成するための枠組みである.改正前の法規定にもとづく地域公共交通総合連携計画の多くは民間バスが廃止された路線についてコミュニティバス等で代替するための単体の計画にとどまっていた.そのため,地域公共交通網の再編については,実効性を担保する措置が講じられていなかった.そこで,地域の関係者が連携して路線バスや路面電車等の路線再編,他の交通モードへの転換,自家用有償旅客運送による代替,異なる公共交通事業者間の乗継ぎの円滑化を行う「地域公共交通再編事業」を創設することとなった.そして,地域公共交通再編事業の実効性を担保するために,公共交通再編事業の実施主体が,正当な理由なく事業を実施していないと認めるときは,国土交通大臣は,当該事業を実施すべきことを勧告・命令をすることができる.また,勧告・命令の前提となる事業の実施状況を的確に把握するために,認定地域公共交通再編実施計画に定められた地域公共交通再編事業を実施する者に対し,当該事業の実施状況について報告を求めることができる.

当該評価書においては,遵守費用が「報告に要する費用」,行政費用が「報告の徴収,勧告・命令に要する事務費」といったように定性的記述にとどまる.その他の社会的費用については,記述がなかった.また,便益については「持続可能な地域公共交通網の形成が促進され,人びとの外出機会が確保されるとともに,集約型都市構造の実現が図られ,都市が活性化することにより得られる便益」といったように定性的記述にとどまる.代替案は,法令によらない通達等による行政指導である.しかし,代替案との費用便益比の比較検討は,定性的記述による比較にとどまっており,とりわけ便益の差分が明らかとなって

いない．以上から，この評価書においては，アカウンタビリティ確保が不十分である．

（2）租税特別措置等に係る事前評価の事例分析

本項では，障害者政策と公共交通政策に関する租税特別措置等に係る事前評価の事例分析を2例ずつ行う．その際，以下の3点に着目してアカウンタビリティ確保が十分に行われているかを検討する．第1に，租税特別措置による効果を定量的に予測できているか，そして定量化できている場合は算定根拠が示されているかという点である．その際，効果を測定するための指標が他の外部要因の影響を除いた適切な測定指標となっているかについても着目する．第2に，減収額の推計が行われたうえで，効果が費用を正当化する説明がなされているかという点である．第3に，ベースラインとの比較すなわち租税特別措置等が新設あるいは延長されない場合の影響予測によって，効果による費用の正当化が行われているかという点である．以上の3点をもって，費用効果分析が適切に実施されているか否かを確認する．なお，租税特別措置に係る事前評価については，総務省の点検評価において各評価書の具体的な問題点が列挙されている．そのため，本項における評価書の分析では，総務省の点検評価における問題点の指摘を随時引用する．

まず，障害者政策の評価事例として「障害者を多数雇用する場合の機械等の割増償却制度の適用期限の延長」に関する評価書［URL 32］を分析する．この租税特別措置は，①障害者雇用割合が50％以上，②障害者雇用割合が25％以上かつ障害者を20人以上雇用，③20人以上の障害者を雇用し，かつそのうち重度障害者の割合が50％以上（法定雇用率を達成しているものに限る）のいずれかを満たす場合，その年またはその年の前年以前5年内の各年において取得，製作，建設した機械・設備等について，普通償却限度額の24％（工場用建物32％）の割増償却ができるというものである．障害者を多数雇用する企業は小規模な事業所が多く，経営環境が脆弱であるうえ，一般の企業に比べて収益が小さい．

その一方で，障害者の働きやすい環境整備のためには多額の設備投資を要するゆえに，厳しい経済環境に置かれている．このため，障害者雇用納付金制度等の助成金に加えて，税制上の特例措置により，障害者を多数雇用する企業の設備投資のインセンティブを喚起し，設備を充実させて企業の生産性を高めつつ障害者の働きやすい環境を図ることは，障害者の雇用の維持・拡大につながる．

当該評価書においては，総務省の点検評価で以下のような問題点が指摘されている［URL 14：155］．第1に，租税特別措置の効果を示す測定指標として実雇用率をあげているが，この指標だけでは経済情勢の変化等の他の外部要因の影響を排除できない．つまり，本租税特別措置の効果による実雇用率の上昇を実証できない．第2に，減収額の推計がなされていないため，費用効果分析が不可能である．第3に，租税特別措置等が延長されなかった場合の影響として，実雇用率の伸びの鈍化をあげているが，どの程度鈍化するか定量的に示されていない．以上から，この評価書においては，アカウンタビリティ確保が不十分である．

次に，「障害者の『働く場』に対する発注促進税制の延長」に関する評価書［URL 33］を分析する．この租税特別措置は，企業（個人事業主含）が，障害者就労施設等[13]に対して物品および役務の発注を行った場合に，一定期間内に取得した減価償却資産について，上限の範囲内で前年度からの発注増加額と同額の割増償却（固定資産の普通償却限度額の30％を限度）を認めるものである．この租税特別措置によって，働く意欲や能力のある障害者の就労を支援し，障害者就労施設等で就労する障害者の自立を促進する．障害者が地域で自立した生活を送るための基盤として，就労支援が重要である．しかし，就労継続支援事業所等で働く障害者の工賃は，非常に低い水準に留まっている．そこで，一般就労が困難である重度障害者に対しては，就労継続支援事業所等での工賃の水準が向上するように，支援していくことが必要である．工賃向上にあたっては，就労継続支援事業所等が提供する物品等の質を向上させるとともに，就労継続支援事業所等が提供する物品等に対し，一般企業の需要を増進することが効果的で

ある．そのため，当該特例措置を実施するとしている．

　当該評価書においては，総務省の点検評価で以下のような問題点が指摘されている [URL 26：294-295]．第1に，租税特別措置の効果を示す測定指標として法定雇用率と工賃をあげているが，これらの指標だけでは経済情勢の変化や「障害者を多数雇用する場合の機械等の割増償却制度の適用期限の延長」といった他の租税特別措置等の他の外部要因の影響を排除できない．つまり，本租税特別措置の効果による法定雇用率の達成や工賃の上昇を実証できない．第2に，減収額の推計がなされていないため，費用効果分析が不可能である．第3に，租税特別措置等が延長されなかった場合の影響として，障害者就労施設等における工賃の減少や障害者の雇用機会の喪失をあげているが，どの程度工賃が減少したり，雇用機会が喪失したりするのかについて定量的に示されていない．以上から，この評価書においては，アカウンタビリティ確保が不十分である．

　他方で，公共交通政策の評価事例として「JR北海道及びJR四国に対する鉄道建設・運輸施設整備支援機構の助成金に係る圧縮記帳の拡充」に関する評価書 [URL 34：47-50] を分析する．本租税特別措置は，独立行政法人鉄道建設・運輸施設整備支援機構（以下，「鉄道・運輸機構」と記す）がJR北海道およびJR四国に交付する助成金に対し，法人税法第四十二条にもとづく圧縮記帳の特例の対象に追加するものである．この助成金により取得した固定資産等の圧縮記帳を認めれば，助成金の効果が最大化され，JR北海道及びJR四国の経営自立が促進されるとする．JR旅客会社等については，累次の閣議決定により「経営基盤の確立等条件が整い次第，できる限り早期に完全民営化を行う」ことが，国鉄改革以来の基本的な方針となっている．この方針に従い，完全民営化の前提となる安定的な経営基盤を確立するため，鉄道・運輸機構を通じた設備投資支援を行う．JR北海道，JR四国については，国鉄改革から28年目を迎えるにもかかわらず，低金利の長期化による経営安定基金の運用益の減少，高速道路網の発達，少子高齢化の進展による人口減少による輸送需要の減少等

により厳しい経営環境にあり，今なお，健全な事業体としての経営基盤を確立するに至っていないことから，JR北海道及びJR四国の経営基盤の確立による経営自立を図る．経営自立が実現すれば，鉄道網の充実・活性化や地域公共交通の活性化につながる．

　当該評価書においては，総務省の点検評価で以下のような問題点が指摘されている［URL 14：464-465］．第1に，租税特別措置による効果を示す測定指標として経常利益率をあげており，その予測値も提示されているが，その算定根拠が示されていない．第2に，減収額の予測値が示されているが，それと経常利益率の予測値との対比がなされていないため費用効果分析が実施されていない．第3に，租税特別措置等が拡充されなかった場合の影響として「経営自立が困難になること」をあげているが，どの程度経常赤字が拡大するか等について定量的に示されていない．以上から，この評価書においては，アカウンタビリティ確保が不十分である．

　次に，「首都直下地震・南海トラフ地震に備えた耐震対策により取得した鉄道施設に係る特例措置の創設」に関する評価書［URL 35：120-22］を分析する．この租税特別措置は，首都直下地震・南海トラフ地震で震度6強以上が想定される地域等において耐震対策により取得した鉄道施設に係る税の減免措置である．防災・減災対策の強化が喫緊の課題となっている首都直下地震・南海トラフ地震等の大規模地震に備えて，レジリエンスの観点から地震時における鉄道網の確保を図る．また，一時避難場所や緊急輸送道路の確保等の公共的機能も考慮し，より多くの鉄道利用者の安全確保を図る．これらの目的のために，当該租税特別措置により主要駅や高架橋等の耐震対策を一層推進し，耐震化率の向上を目指す．

　当該評価書においては，総務省の点検評価で以下のような問題点が指摘されている［URL 36：1010］．第1に，租税特別措置による効果を示す測定指標として駅や路線の耐震化率をあげているが，「首都直下地震・南海トラフ地震に備えた耐震対策により取得した鉄道施設に係る固定資産税の課税標準の特例措

置」など,他の租税特別措置の影響を大きく受ける.そのため,本租税特別措置の効果による鉄道施設の耐震化率の上昇を実証できない.また,耐震化率の予測値が示されているが,その算定根拠は示されていない.第2に,減収額の推計がなされていないため,費用効果分析が不可能である.第3に,租税特別措置等が拡充されなかった場合の影響として耐震対策の遅れがあげられているが,どの程度耐震化率が鈍化するかについて定量的に示されていない.以上から,この評価書においては,アカウンタビリティ確保が不十分である.

(3) 日本の府省における事前評価の問題点と課題

以上の分析結果から,分析対象となった事例において,規制の事前評価,租税特別措置等に係る事前評価ともに,アカウンタビリティ確保が不十分であるという問題が生じていることは明らかである.つまり,アカウンタビリティ確保のために費用便益分析や費用効果分析を適切に活用するという評価理念と各府省による事前評価の実態との間の大きなギャップの存在を確認できた.このギャップを埋めるためには,アカウンタビリティ確保に向けた事前評価の質向上を図る必要がある.

くわえて,障害者政策と公共交通政策の双方において,事前評価におけるアカウンタビリティ確保に問題が生じていることが明らかとなった.この分析結果からは,日本の府省による事前評価は,政策特性の違いに関係なく政策領域横断的に機能していない可能性を指摘できる.つまり,現状において,日本の府省による事前評価の質は,政策特性に左右されているのではなく,府省の評価担当者の能力や意欲などに左右されている可能性を指摘できる.そうであるならば,各政策領域の政策特性に対応した事前評価のあり方を検討するよりも先に,規制の事前評価と租税特別措置等に係る事前評価そのものの評価システムの再検討が必要であると考えられる.

最後に,本章では,このような分析結果をふまえて,アカウンタビリティ確保の機能改善に向けた日本の府省における事前評価の課題を検討する.ここで

は，規制の事前評価および租税特別措置等に係る事前評価に共通する課題について述べる．

第1の課題は，各府省における評価担当者への教育である．事例分析の結果から明らかであるように，各府省における事前評価は，費用便益分析あるいは費用効果分析の質が低いため，便益あるいは効果が費用を正当化するに至っていない．この問題を解決するには，各府省の評価担当者が費用便益分析あるいは費用効果分析のスキル，とりわけ費用や便益の要素を定量的に示すスキルが必要となる．そのスキルを習得するためには経済学者をはじめとした専門家による研修を行ったり，専門家が評価作業に関わったりすることが不可欠である．ただし，費用便益分析のスキルの習得は，事前評価以外に予算編成や実施に関わる業務等に従事する原局あるいは原課の職員にとっては過重な負担となり事前評価以外の業務が困難となる可能性がある．事前評価以外の業務を重視して過重な負担を避けるのであれば，費用や便益の定性的記述を許容する「評価の簡便化」の方向に舵を切らざるをえない．しかし，「評価の簡便化」の方向に舵を切るのであれば，事前評価におけるアカウンタビリティ確保という目的は成立しない．したがって，原理的には，この課題を放棄するのであれば，規制の事前評価あるいは租税特別措置等の事前評価の制度について廃止という選択肢も含めて再検討する必要がある．

第2の課題は，メタ評価機能の強化である．本章でいうメタ評価とは，総務省による点検活動である．総務省による点検活動は，規制の事前評価だけでなく租税特別措置等に係る事前評価においても各府省の事前評価の問題点の指摘にとどまっており，各府省に対してその改善を強制する活動ではない．そのため，点検活動自体は円滑に実施されているとしても，各府省の事前評価においては低質な評価の再生産の循環が永続する可能性は残る．そこで，アカウンタビリティ確保の機能を重視するのであれば，総務省が各府省の評価活動に強制的に介入する権限を持たなければならない．ただし，現行の政策評価制度において，総務省は各府省の政策評価の「とりまとめ役」にすぎず，各府省との双

方向のコミュニケーションも成立していない．したがって，総務省によるメタ評価機能を強化するためには，政策評価法の大規模な改正が必要であり，行政だけでなく政治的にも大きな負荷が課される．つまり，この課題の解決についても，現実的ではないとの批判を免れないであろう．

　第3の課題は，各政策領域における審議会との連携である．審議会は，政策形成の段階において各政策領域の専門家や実務家から政策内容について意見を諮問する場である．審議会は，閣議決定や税制改正要望よりも前に行われるため，事前評価の実施よりも前に行われる．つまり，審議会と事前評価の連結は可能である．審議会と事前評価の連結が可能であれば，各府省における事前評価の質が向上する余地がある．たとえば，審議会の委員と各府省の評価担当者が連携すれば，評価担当者が認識していなかった費用あるいは便益の要素を発見したり，委員が費用便益分析あるいは費用効果分析の知見を有したりしているのであればアカウンタビリティ確保に資する評価書の作成が可能になる．なお，規制の事前評価に関しては，総務省がとりまとめた「規制の政策評価に係る政策評価の改善方策」という報告書において，コンサルテーション（専門家や利害関係者への諮問）段階における審議会との連携の重要性が指摘されている [URL 37：7]．

5．障害者政策における事前評価の再検討

　本章では，日本の府省において行われている事前評価はアカウンタビリティ確保への貢献が不十分であることを明らかにした．すなわち，障害者政策に限定されず，他の政策領域でも事前評価は機能していない点を明らかにしたのである．そこで，本章では，費用便益分析や費用効果分析の質を向上させるために，評価担当者への教育の強化，総務省のメタ評価機能の強化，そして審議会の活用を通して評価担当者の能力不足や意欲不足を解消していくという一応の対応策を提示した．

しかし，対応策の検討以前に，障害者政策においてこの既存の事前評価のしくみの適用には限界がある点を指摘しておく必要がある．たしかに，障害者政策の分野においても，審議会の活用は可能であろう．内閣府に障害者政策委員会が存在し，厚生労働省には社会保障審議会障害福祉部会が存在する．これらの審議会では，障害当事者や学識経験者の意見をふまえたうえで，ニーズの多様性ゆえに費用便益の定量化は困難であったとしても，費用や便益の記述内容の充実化を図ることが可能であると考えられる．たとえば，規制の事前評価に関しては，総務省がとりまとめた最新の報告書によると，費用便益分析の枠組みを前面に出した現行スタイルから，潜在的な影響の評価を前面に出したスタイルに改めることが適当であるとの提言がある [Ibid.：9]．しかし，根本的な問題として，規制や租税特別措置といった政策手段は，事例分析でみてきたように，障害者当人を対象とするというよりも事業者を対象としている[14]．そして，規制の事前評価に関しては，規制を被る事業者を納得させるための評価であるし，租税特別措置等に係る事前評価に関しては，税の減免を受けない納税者の立場に立った「公平・透明・納得」のプロセスの構築のための評価である．これらの事前評価において，障害当事者の多様なニーズの把握は主眼ではなく，むしろニーズの実現を所与のものとして簡潔に記述しているのみである．他方で，障害者政策においては，サービスの給付といった手段が中心となるが，給付という手段に関する事前評価の規定は存在しない．それゆえに，各府省は，少なくとも政策評価法の枠内では，給付に関する事前の費用便益分析あるいは費用効果分析を行っていないし，事前のニーズ調査も行っていない．

　上記の点を考慮すると，障害者政策においては，技術的な問題を解消できたとしても，規制の事前評価や租税特別措置等に係る事前評価といった日本の府省の間で制度化されている既存の事前評価のしくみは，機能しにくいと考えられる．仮に，障害当事者のニーズの把握を目的とした事前評価を志向するのであれば，規制の事前評価や租税特別措置等に係る事前評価は，意味をなさなくなる．そのため，障害者政策の評価システムの部分最適化が可能であるならば，

規制の事前評価や租税特別措置等に係る事前評価とは異なる形で，障害当事者のニーズを事前に調査し具体的な政策目標や政策手段の設計に活かすという通常の政策形成過程を評価活動として制度化し，そのプロセスを透明化するのが最善である．

ただし，障害者政策においても，規制や租税特別措置といった政策手段は，障害者の雇用や差別解消，生活支援サービスの充実（福祉サービス事業者に対する指導監督などの規制）を側面から促進する点では重要である．また，この政策手段は，事業者や納税者たる市民，そして規制に関しては行政にとっても負担を生じさせる．そのような負担に関して，広く一般市民に理解を広めるという意味では，規制の事前評価や租税特別措置等に係る事前評価も不可欠である．むしろ，アカウンタビリティ確保の観点から質の向上が可能であれば，障害者政策に対する社会の理解を深める有用なツールにもなりえる余地がある．

注
1) 本章でとりあげる2つの評価以外に，一般政策における事業評価，政令で義務付けられている公共事業評価，研究開発事業評価，政府開発援助事業の事前評価がある［URL 8］．
2) なお，事前評価の結果を検証するために，3～5年ごとに事後評価も必ず行われる［URL 7：4］．
3) 日本の各府省の公式文書においては，「説明責任」という表記が一般的である．しかし，政策評価研究をはじめとした学術研究においては，「アカウンタビリティ」と表記される場合が多い（たとえば，山谷［2006］，山本［2013］）．そのため，以下では，表記を「アカウンタビリティ」に統一する．
4) 1960年代の米国において，すべての連邦全省庁に導入された予算編成システムである．この予算編成システムにおいては，予算編成にあたって事前の費用便益分析を義務付けて政策決定の合理化を図ろうとした．しかし，各省庁の担当者の業務量の急激な膨大や分析スキルの不足といった問題が生じ，1971年にPPBSは中止された［山谷 2012：224-225］．
5) たとえば，営業開始の許可・認可，基準を違反した場合等の営業停止命令，許可・認可の取消処分がある．
6) 具体的な根拠法令は，政策評価法第三条第六号である．

7) 義務付けが行われる以前から，規制の事前評価の実施は奨励されてきた．2001年の「政策評価に関する基本方針」において「積極的に実施に向けて取り組むものとする」とされた．また，2004年からは規制の事前評価の試行的実施も行われた [URL 21：1]．
8) 具体的には，以下の8項目である．① 規制の目的，内容及び必要性の説明の有無，② 遵守費用の分析（金銭価値化，定量化，定性的記述，負担なし，分析なしのいずれか），③ 行政費用の分析（金銭価値化，定量化，定性的記述，負担なし，分析なしのいずれか），④ その他社会的費用の分析（金銭価値化，定量化，定性的記述，負担なし，分析なしのいずれか），⑤ 便益の分析（金銭価値化，定量化，定性的記述，分析なしのいずれか），⑥ 費用と便益の関係の分析（費用便益分析，費用効果分析，費用分析，定性的分析，分析なしのいずれか），⑦ 代替案の設定（設定あり，想定される代替案なし，設定なしのいずれか），⑧ 代替案との比較（費用・便益で比較，費用で比較，便益で比較，比較なしのいずれか）である．
9) 根拠法令は，2010年に制定された租税特別措置の適用状況の透明化等に関する法律と，政策評価法第九条および政策評価法施行令第三条第七号・第八号である．
10) 租税特別措置の延長の場合には，租税特別措置の適用実態調査（租特透明化法第五条）により，過去の適用数を明らかにし，適用数が僅少でないかを確認する．また，租特透明化法第三条の規定より事業者から提出された適用額明細書をもとに，上位十社の適用額を明らかにして適用対象の偏りの有無を確認する．
11) 租税特別措置の延長の場合には，租税特別措置の適用実態調査により過去の減収額を明らかにする．
12) 特殊会社から純民間会社となるJR九州について，他のJR会社との間における相互の連携・協力，国鉄から承継した路線の適切な維持や，施設整備における利用者利便の確保，中小企業者への配慮については引き続き求められるべきものであり，それらについての指針を策定する．必要な場合にあっては指導，助言，勧告及び命令を行うことを法令上規定する．
13) 障害者総合支援法における就労移行支援事業所，就労継続支援事業所（A型・B型），生活介護事業所，障害者支援施設（生活介護，就労移行支援または就労継続支援B型を行う事業所），地域活動支援センターならびに障害者雇用促進法の特例子会社および重度障害者多数雇用事業所のことである．
14) たとえば，規制に関しては，障害のある児童生徒等の就学手続といった例外もある．この規制は，障害当事者やその親に対して，原則として特別支援学校への就学を強制するしくみであった．しかし，2011年の障害者基本法の改正に伴って，できる限り障害を持つ児童が普通学校に就学できる環境を整備するインクルーシブ教育システムの構築が要請され，就学決定の規制を緩和することとなった [URL 38]．

第5章 障害者政策における日本の府省の事後評価

　本章では，障害者政策における日本の府省の事後評価の実態を明らかにする．前章では，事前評価の実態とその問題点を明らかにしたけれども，同様に事後評価においても政策効果の把握が適切でないのであろうか．この点について検討するために，政策評価法の枠内で実施されている各府省の事後評価の試み，とりわけ目標管理型の政策評価の事例を中心に分析を進める．また，政策評価法の対象からは外れるが，内閣府の障害者政策委員会にも障害者基本法の規定によって障害者基本計画の監視機能という事後評価に類似する機能が付与されている．障害者政策委員会では，第2章で言及したように，各府省による自己評価と異なり障害当事者が参画するため，異なる形態の評価の成果が産出される可能性が予期される．以上の理由から，障害者政策委員会における事後評価の実態についても本章で述べる．さらに，政策評価法第十二条を根拠として，政策を作成する府省とは別の第三者的な観点から政策を評価する総務省の行政評価局調査が存在する．障害者政策の分野においても，数例ほど総務省の行政評価局調査が行われてきた．その事例の分析についても本章で行う．

1．事後評価の機能分析の意図と意義

　本章の目的は，現在行われている日本の府省の政策評価において，政策効果を適切に把握できない施策がある現状を明らかにしたうえで，その問題への対応策を考察することにある．その目的を達成するために，まず，日本の府省が

採用する目標管理型の政策評価における政策効果の把握について理論的に検討する．そのうえで，政策評価書の事例分析を通じて日本の府省の政策評価の運用実態について説明し，その問題点と対応策を考察する．なお，本章では，事後評価における政策効果の把握についてとりあげる．

本章では，政策効果の把握を「政策実施による社会状態の改善の程度を明らかにする活動」と定義する．具体的には，政策効果の把握は，費用便益分析，事後に行われるプログラム評価および実績測定（performance measurement）[1]といった手法を用いた活動である［Haas and Springer 1998：Ch. 2；McDavid, Huse and Hawthorn 2013］．費用便益分析とプログラム評価は，実験デザインや重回帰分析などといった厳密な社会科学的手法を用いて政策効果を把握する手法である．他方で，実績測定は，改善したい社会状態に関する指標を設定し，その指標値の変化を単純に観測する手法である．すなわち，厳密さよりも簡便さや結果のわかりやすさを重視して政策効果を把握しようとする手法である．それゆえ，実績測定は，行政実務においては主流な評価手法として扱われる一方で，社会調査論を源流とする評価研究においては評価の一手法として扱われていない［山谷 2012a］．

日本の府省の政策評価は，2001年に政策評価法が制定されて以来，政策効果に関する情報提供ツールとして定着してきた．政策評価制度において謳われてきた目的は，アカウンタビリティ（説明責任）の確保，行政の効率化および成果重視の政策作成であった．より一般的には，政策評価には，政策に関する現状の確認や今後の政策の改善に資する情報の産出といった目的がある．それらの目的を達成するためには，政策効果の把握という作業が肝要である．

日本の府省の政策評価は，2012年以降，各府省が自らの裁量で評価方式を決定する体制から全府省が目標管理型の政策評価を実施する体制への移行が進んでいる[2]．[3]目標管理型の政策評価は，政策評価制度の運用を所管する総務省が全府省における評価手法の標準化を行った試みである［URL 4］．具体的には，毎年，各府省における評価対象となる施策に対して，達成すべき目標に関するア

ウトカム指標を事前に設定し，事後の実績値と比較して目標達成度を測定する試みである．目標管理型の政策評価は，他の評価方式と比べて，評価作業の簡便さおよび評価結果のわかりやすさという点で優れている．それゆえ，総務省は，目標管理型の政策評価を全府省で標準化して実施する体制への移行を進めた．つまり，総務省は，あらゆる政策領域の施策に対して，目標管理型の政策評価を適用するように全府省に促したのである．

しかし，目標管理型の政策評価において，政策効果が適切に把握されていない施策が存在すると考えられる．たとえば，障害者政策をはじめとした対人サービス的な要素が強い政策領域においては，政策効果の把握が困難であると考えられる．なぜなら，政策対象者ごとに異なる多様なニーズが存在し，それに伴い政策対象者ごとに政策効果の種類4)や程度5)が異なるためである．もしそうであるならば，多様なニーズに合わせた多数のアウトカム指標を設定しない限り，アウトカム指標が表す情報量は少なくなるであろう．また，ニーズの多様性ゆえに政策対象者間で多数の目標が存在する場合には，明確で相互排他的に分析可能な目標設定といった単純性が求められる実績測定は適さないとの指摘がなされている［Radin 2006：25-29］．すなわち，実績測定においては，行政によるトップダウンで決定された明確な目標に関する評価情報の生産が重視されるのであり，政策対象者の多様なニーズに対応するような豊富な評価情報が生産されにくい．その指摘に則るならば，政策対象者のニーズが多様な政策領域では，実績測定の手法に依拠する目標管理型の政策評価は適さないと考えられる．くわえて，実績評価方式において，測定指標がアウトカム指標ではなく，行政の活動量のみを表すアウトプット指標となっている不適切な評価の件数が多かったとの指摘もなされている［小野 2013］．

先行研究においては，政策領域ごとの目標管理型の政策評価の機能について詳細に検討されていない．これまでの日本における先行研究では，目標管理型の政策評価ないし実績評価方式の一般的な機能，現状およびその問題点について論じられてきた（たとえば，原田［2011］，南島［2015］）．また，諸外国におけ

る先行研究では，NPM の浸透による実績測定の主流化は，主流化以前よりも政策効果を適切に把握できなくなったという意図しない結果をもたらしたと論じられてきた（たとえば，van Thiel and Leeuw [2002], Hood and Peters [2004]）．他方で，目標管理型の政策評価が政策領域ごとにどのように機能しているかについては，詳細に検討されていない．そのため，本章では，目標管理型の政策評価によって，政策効果の適切な把握が困難な政策領域が存在するか否かを検討する意義がある．

そこで，本章では，あらゆる政策領域において目標管理型の政策評価によって政策効果を適切に把握できるか否かを検討する．そのために，目標管理型の政策評価において政策効果を適切に把握するための必要条件を導出する．そのうえで，障害者政策の評価事例において，その必要条件が満たされているか否かについて分析する．障害者政策を事例分析の対象とする理由は，政策対象者のニーズが多様なため政策効果の把握が困難であると考えられるためである．仮に，評価事例において，政策効果を適切に把握するための必要条件を満たせていないならば，目標管理型の政策評価を一律的にあらゆる政策領域の施策に適用する現行の方策には問題があるという推察が可能であろう．つまり，施策の特性を無視した目標管理型の政策評価の標準化は，適切ではないという推察が可能なのである．その場合には，目標管理型の政策評価とは異なる方策の活用を検討する必要がある．すなわち，既存の評価システムに代わって，施策の特性に応じた各府省独自の評価活動を奨励する新たな評価システムを構築する必要がある．

本章の意義は，政策効果の把握の質向上に資する新たな知見を提示する点である．政策評価書の事例分析を通じて目標管理型の政策評価の標準化の問題点を明らかにし，それへの対応策を提示できれば，日本の府省の政策評価における政策効果の把握の質向上に貢献できる．とくに，事例分析においてとりあげる障害者政策における政策効果の把握の質向上に貢献できる．そして，政策効果の把握の質が向上すれば，政策デザインや政策実施過程の改善につながると

考えられる．また，日本の地方自治体の行政評価においても実績測定の主流化が進んでいるため［田中 2014］，本章の議論が一定の貢献をなす．

　最後に，本章の構成は，以下の通りである．第2節では，目標管理型の政策評価の概要とそれが標準化した背景を記述する．第3節では，目標管理型の政策評価における政策効果の把握に関する理論的検討を行う．第4節では，障害者政策における目標管理型の政策評価書の事例分析を中心に行う．そして，仮に，事例分析によって政策効果を適切に把握できていない状態が明らかになった場合には，その対応策として，既存の政策評価制度の枠外にある評価活動を視野に入れた新たな評価システムの構築を検討する．また，実際には，障害者政策における事後評価は，目標管理型の政策評価だけにはとどまらない．本章では，目標管理型の政策評価だけでなく，障害者政策委員会における障害者基本計画の監視や，総務省の行政評価局調査についても分析する．

2．目標管理型の政策評価

　政策評価法の制定以来，日本の府省の政策評価制度は，総務省が制度全体の設計を行い，各府省がその制度設計にもとづいて所管する政策を評価する体制となっている．政策評価法の制定によって，各府省に対して所管する政策の事後評価が義務付けられた．それに伴い，政策評価制度全般の設計および運用を担当する総務省は，政策評価に関する基本方針やガイドラインを各府省に示し，各府省による政策評価活動を支援してきた．その結果，政策評価法制定以後の傾向として，総務省が各府省の評価の概形を実質的に規定してきた．ただし，評価活動自体はあくまで各府省の自己評価に終始しており，総務省が各府省による個々の政策評価活動の企画や実施に介入するわけではない［田辺 2006：89］．

　政策評価制度の定着が進むなかで導入された目標管理型の政策評価は，すでに各府省間で主流化していた実績評価方式をベースとした試みであり，総務省が全府省における評価手法の標準化を行った試みである．実績評価方式とは，

事前に設定した政策目標にもとづいて，毎年定期的かつ継続的に政策効果を把握する方式である．実績評価方式は，他の評価方式と比べて，各府省における実施件数が格段に多かった［田辺 2014：12］．実績評価方式が多くの府省で採用されていた理由は，他の評価方式と比較して，実績評価方式が評価作業の簡便さおよび評価結果のわかりやすさという点で優れていたためである[6]．実績評価方式においては，目標達成度と実績値の推移の確認のみが主要な評価作業であるとみなされた．そのため，評価作業が簡便で評価結果がわかりやすいと捉え[7]られたのである．実績評価方式が多くの府省で採用されている現状を鑑みて，総務省は，2012年に目標管理型の政策評価の全府省導入を実施した［URL 4］．それに伴い，政策評価書は，各府省間で共通の標準様式となった［URL 40］．

　目標管理型の政策評価が全府省導入されるにあたっては，評価対象となる施策に関する事前分析表と事後評価表の標準様式が示された．事前分析表の作成においては，達成すべき目標とその目標の設定根拠の明示，および目標達成度を数値で表す測定指標の設定が求められた[8]．また，事後評価表の作成においては，測定指標の基準値・目標値・実績値の明記および比較や評価結果の総括の[9]記述を求められた[10]．

　日本の府省における目標管理型の政策評価の標準化は，前述の評価作業の簡便さにもつながる．目標管理型の政策評価の標準化によって，府省は標準様式の既定の欄に数値や記述をあてがうだけでよくなった．つまり，評価書を作成する際の創意工夫の手間を少なくできるようになった．このように，目標管理型の政策評価の標準化によって評価作業が簡便となった．

　しかし，目標管理型の政策評価において，測定指標の設定の作業を標準化できないため，測定指標の設定の作業が簡便になるわけではない．各府省は，それぞれの施策の政策目的や施策の特性に合わせて，政策効果を把握するための測定指標を設定する．つまり，測定指標の設定は，事後の評価作業と異なり，各府省の創意工夫や裁量に大きく委ねられる．したがって，測定指標の設定の適切性は，評価対象の施策の特性や各府省の評価担当者の能力に左右される可

能性がある．測定指標を適切に設定できない場合には，政策効果の適切な把握が困難となる．

　なぜ，測定指標の設定の作業は標準化できないのであろうか．施策の特性によって，適切な測定指標の設定が困難な施策が存在する理由について，さらに検討を進める．

3．政策効果を把握するための必要条件

　目標管理型の政策評価において政策効果を把握するためには，測定指標としてアウトカム指標の設定が必要となる．政策実施の状況を調べるために用いる指標としては，インプット指標，アウトプット指標，そしてアウトカム指標がある．インプット指標は，政策を実施するための投入資源の量を示す指標である．また，アウトプット指標は，政策の実施の際に生じる行政の活動量を示す指標である．これら2つの指標は，政策実施活動の成立を確認するうえでは有用であるものの，政策効果そのものを把握するための指標としては有用でない[11]．政策効果を把握するためには，政策実施によって社会状態が実際に改善しているかどうかを測定するアウトカム指標が必要となる．

　アウトカム指標は，社会の理想状態を示す政策目的を参照したうえで設定される．アウトカム指標は，前述の通り，政策実施による社会状態の改善の程度を示す．そのため，アウトカム指標を設定する府省は，特定の施策において何をもって社会状態の改善といえるのかを定義しておく必要がある．その際に重要となるのが，施策の実施によって実現されるべき社会の理想状態の定義である．具体的には，その作業は，政策目的の設定である．政策目的の設定によって，社会の理想状態と現在の社会状態との間のギャップが明らかとなり，改善の方向性が示される．改善の方向性が示されれば，その改善の程度を表すアウトカム指標の設定が可能となる．つまり，政策目的の設定により，アウトカム指標として設定できる目標が特定される．

そのため，府省の評価担当者は，政策目的を事前に特定したうえで，目標達成度を表すアウトカム指標を設定するといった一連の作業を行う必要がある．その一連の作業とは，具体的には，政策対象者のニーズの調査，政策体系の作成およびロジックモデルの作成である．目標管理型の政策評価において，これらの作業は，事前分析表を作成するまでに行う必要がある．つまり，政策評価を実施する前に，施策の仕組みを分析したうえで適切な測定指標を設定する評価デザインの作業が不可欠である[12][Weiss 1997：72]．評価デザインの作業は，政策を企画・立案する政策デザインの段階で行われる場合と，政策実施後に政策評価を実施する前に行われる場合がある．また，これらの作業のうち，政策対象者のニーズの調査は，政策目的の設定や政策効果の種類の特定の前提となる作業であり，政策体系の作成やロジックモデルの作成に先立つ作業である．以下では，前述の3つの評価デザインの作業について述べる．

第1に，政策対象者のニーズは，次に連なる作業である政策体系およびロジックモデルの作成に資する情報を生産するために調査する必要がある．政策対象者のニーズに関する調査は，政策対象者が想起する社会の理想状態や政策効果に関する情報を生産する．そのため，この作業は，評価デザインの第一段階として位置づけられる．Peter Rossiらが一連の評価作業を体系的にまとめた評価階層の理論においても，ニーズの調査（アセスメント）は，プログラムデザインおよびプログラム理論（セオリー）のアセスメントよりも下位にある評価作業の最も基礎的な階層に位置づけられている[南島 2011：68-69；Rossi and Freeman 1993：58]．

第2に，政策体系は，評価対象となる施策の政策目的を特定するために作成する必要がある．政策体系は，政策，施策（プログラム），事業の三階層から成る[13]（図5-1参照）．ここでいう政策の階層は，政策の方向性すなわち政策目的を規定する階層である．そして，その下位にある施策の階層は，政策目的を実現するための政策手段（たとえば，規制，補助・助成，税制，処罰，広報，教育など）を規定する階層である．なお，さらに下位にある事業の階層は，政策手段を実

図5-1　政策体系
出所：URL［8：2］をもとに筆者作成．

施するための具体的活動を規定する階層であり，予算項目の分類と一致する．このうち，施策が目標管理型の政策評価の対象となる．施策は，政策目的に合わせて作成される．そのため，目標管理型の政策評価を実施するにあたっては，政策目的と政策手段との間の論理的な対応関係を把握しておく必要がある．つまり，評価担当者は，評価を実施するまでに政策体系を作成し，政策目的を特定しておく必要があるのである．

第3に，ロジックモデルは，適切にアウトカム指標を設定するために作成する必要がある．ロジックモデルとは，政策実施によって政策目的が達成されるまでの因果経路を表し，政策の設計図もしくはシナリオとも表現される［山田2013：32］．すなわち，インプット，アウトプット，アウトカムの連鎖関係を表す（図5-2参照）．つまり，ロジックモデルの作成は，ある施策がどのような政策効果を及ぼすかについての理論構築につながる［Chen 1990］．理論が構築できれば，評価担当者は，その理論が示す政策効果に対応するアウトカム指標を設定できる．

このように，目標管理型の政策評価において政策効果を把握するためには，評価デザインが適切である必要がある．事前分析表を作成する段階において，府省の評価担当者がアウトカム指標を明確に設定できるならば，評価デザイン

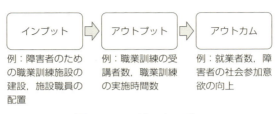

図5-2 ロジックモデル
出所：山谷［2012a：17］をもとに筆者作成．

が適切であったといえる．目標管理型の政策評価において事前分析表の作成が完了すれば，事後評価表の作成に至るまでアウトカム指標値の推移のモニタリングを行うだけでよい．この作業自体は，簡便であり標準化可能である．そのため，評価対象となる施策において評価デザインが適切であれば，目標管理型の政策評価によって政策効果を適切に把握できる．

しかし，政策対象者のニーズが多様な場合には，明確な政策目的を設定できないため評価デザインが不適切となり，アウトカム指標の設定が不適切となる場合がありうる．政策対象者のニーズの多様性は，社会の理想状態や政策効果の程度および種類についてのイメージについて，政策対象者間で違いが生じている状態である．違いが生じる理由は，政策対象者間で身体的・精神的特徴，経済状態，あるいは居住する地域特性をはじめとした各人をとりまく社会状態が異なるからである．政策対象者のニーズが多様な場合，府省は，政策対象者のニーズを取捨選択したうえで政策目的を設定するか，あるいはすべてのニーズを包括するような政策目的を設定するかといった選択を迫られる．前者の場合は，明確な政策目的が設定されるが，ニーズが満たされない政策対象者からの反発を受けやすい．[14] したがって，府省は，後者を選択する可能性が高い．しかし，その帰結として，抽象的で不明確な政策目的が設定される．不明確な政策目的が設定されれば，政策目的と政策手段との間の論理的な対応関係の発見が困難になるため，適切な政策体系を作成できない．また，政策目的という参照物が不明確であれば，ロジックモデルにおいて適切なアウトカム指標を設定

できない．つまり，政策対象者のニーズの多様さに適切に対処できず，政策体系およびロジックモデルの作成といった評価デザインの作業が適切ではない場合は，適切なアウトカム指標を設定できない．

したがって，政策対象者のニーズが多様な政策領域の施策では，目標管理型の政策評価において政策効果を把握するための必要条件を満たせず，政策効果を適切に把握できない可能性がある．実際に，実績着眼型評価思考に依拠した評価活動において，ニーズアセスメントやロジックモデル構築の作業が軽視される傾向があるとの指摘がある［西出 2005］[15]．

4．政策評価の運用実態とその課題

本節では，まず，前節における理論的検討の正否を確認するために，目標管理型の政策評価の事例分析を行う．障害者政策において大きな役割を果たすと考えられる内閣府，厚生労働省，文部科学省が実施する評価活動に焦点をあて分析を行う．事例分析の対象となるのは，目標管理型の政策評価の全府省導入以後の事後評価書である．なお，そのほかに，障害者政策に関連する施策について目標管理型の政策評価を実施している省庁として国土交通省が存在する．国土交通省は，バリアフリー化施策について目標管理型の政策評価を実施し，公共施設，公共交通機関，住宅などのバリアフリー化の達成率（アウトカム指標）の推移を分析している［URL 41］．他方で，法務省，総務省，警察庁などの省庁は，障害者政策に関連する施策に関して事後評価を実施していない．

また，障害者基本計画の監視機能の役割を担う障害者政策委員会の評価活動や，政策を作成する府省から独立した第三者的な観点から評価活動を行う総務省の行政評価局調査についても最後に触れる．次項では，事例分析に入る前に，障害者政策の特性について述べる．

（1）障害者政策の特性

　障害者政策は，障害者基本法第一条にあるように，障害の有無にかかわらず誰もが人格と個性を尊重し支え合って共生する社会を目指し，障害者の自立や社会参加を促進することを目的とする．この政策領域は，政策対象者となる障害者の障害の程度，経済状態および障害者をとりまく社会状態が各人によって異なるため，目的達成にあたって政策対象者のニーズが多様になる．たとえば，障害者の自立や社会参加の促進のために障害者の就労機会を増やそうとするとき，軽～中程度の障害を持つ人びとや経済・社会的自立を求める人びとは，ニーズが充足されると感じるであろう．しかし，重度の障害を持つ人びとは，その政策に対するニーズを有さないかもしれない．むしろ，そのような人びとは，在宅介助サービスの充実を優先してほしいというニーズを有するかもしれない．このように，障害者政策は，対人サービス的な要素が強く各々の政策対象者の生活状況も異なるため，政策対象者の多様なニーズへの対応が要請される政策領域の１つである．

　障害者政策の目的を達成するために，複数の府省において施策が実施されている．障害者に関する施策は多岐にわたる［佐藤 2016a：152-158］．たとえば，福祉施策，雇用施策，保健・医療施策，特別支援教育施策，住宅や交通のバリアフリー施策，成年後見制度などの権利擁護施策，市民への啓発施策などがある．このうち，福祉施策，雇用施策，保健・医療施策に関しては厚生労働省が所管している．しかし，厚生労働省だけが障害者施策を所管しているわけでなく，特別支援教育施策は文部科学省，住宅や交通のバリアフリー施策は国土交通省，権利擁護施策は法務省，そして市民への啓発施策は内閣府が所管している．以上から，障害者施策の内容とそれを所管する府省の多様性は明白である．

　内閣府は，障害者政策の目的達成のために，各省庁の活動の総合調整を行うという重要な役割を担う．内閣府は，担当する主たる省庁の特定が困難な課題で全政府的に調整が必要なものについて，総合調整を行う[16]［牧原 2009：104］．内閣府が総合調整を担う政策には，経済財政政策，科学技術政策，防災政策，

男女共同参画政策，沖縄振興政策などがある［五十嵐 2013：56］．そして，障害者政策も，主たる担当省庁の特定が困難であるため，内閣府が総合調整を行う必要がある政策に該当する．これらの政策において，内閣府は，関連施策の実施主体である他省庁よりも一段高い立場として企画立案および総合調整の役割を担う．たとえば，雇用，教育，権利擁護などの施策分野別基本方向を規定する障害者基本計画の策定や障害者差別解消のための啓発広報を行っている．

　以上から，障害者政策には，2つの特性を見出せる．

　第1に，政策対象者のニーズが多様な政策領域である．前節の理論的検討では，政策対象者のニーズが多様な政策領域においては，目標管理型の政策評価の評価デザインが不適切となりやすいと指摘した．逆にいえば，政策対象者のニーズを直接的に考慮しない，あるいはニーズが少数でありその特定が容易な政策領域においては，目標管理型の政策評価が適している．つまり，人を直接的に対象としない事業を実施する政策領域や，政策対象（者）の範囲が限定されていたり性質やニーズが固定化されていたりする政策領域については，目標管理型の政策評価が適している［原田 2016：160］．この点をふまえて，政策領域全体を鳥瞰すると，農林水産政策，公共交通政策，都市インフラ政策などといった政策領域については，目標管理型の政策評価が適している．他方で，障害者政策，教育政策，医療政策などといった政策領域は，人を直接的な対象とし，生活実態に合わせて政策対象者のニーズが多様かつ流動的であるため，目標管理型の政策評価は適しにくい．

　第2に，府省横断的に取り組まなければならない課題が存在し，内閣府が各省庁による関連施策を総合調整する政策領域である．複数の府省が政策に関与する状態は，障害者政策が政策対象者のニーズの多様な政策領域である証左である．しかし，同じくニーズが多様な政策領域に分類できる教育政策や医療政策においては基本的に単一の省が企画立案を主導し施策を実施するのに対して，障害者政策は施策を実施する省庁より一段高い立場として別の主体である内閣府が企画立案および政策全体の統括を行う．この点において，障害者政策は，

ニーズの多様性に伴う付加的な特性を有する．この特性は，内閣府が障害者政策を目標管理型の政策評価によって評価するとき，それを困難にする方向へと作用すると考えられる．なぜなら，内閣府は，障害者政策全体を総括する立場から，共生社会の実現や障害者の社会参加の推進といった府省横断的な課題に関する目標の達成度を測定する必要があるためである．これらの目標は，障害者政策の体系全体の目的に直結する目標であるため，抽象的にならざるをえず数値による測定が困難である．その一方で，障害者政策の関連施策を実施する各省庁は，内閣府による総合調整の下で割り振られた所掌事務に対応した具体的な課題に関する目標を設定できるため，内閣府による評価と比較すると数値化された指標の設定が容易であると考えられる．以上から，他の省庁による評価と比較して，内閣府による障害者政策の評価は目標管理型の政策評価の適合度が一段と低いと考えられる．

　以上の2点から，とりわけ内閣府が所管する障害者政策は，目標管理型の政策評価にとって不適合な領域の1つであると考えられる．次項では，事例分析を通じてその正否を確認したのちに，内閣府による障害者政策の評価が不適切であることが明らかになった場合には，その問題に対処するための代替的な評価システムのあり方を考察する．

（2）障害者政策の評価の事例分析

　本項における事例分析では，政策効果が適切に把握されているか否かを確認するために，以下の2点に着目する．第1に，アウトカム指標が設定されているか否かに着目する．第2に，明確な政策目的の特定がなされたうえで，適切なアウトカム指標が設定されているか否かに着目する．

1）内閣府の評価事例

　以下では，内閣府が作成した評価書の事例をみる．なお，障害者施策担当の参事官が作成した評価書をとりあげる．くわえて，施策内容が同一である場合

には，最新の公表年の評価書を分析する．本章では，「障害者施策に関する広報啓発，調査研究等」に関する評価書［URL 42：22-23］と「障害者施策の総合的推進（障害者基本計画）」［Ibid.：21-22］に関する評価書の2つを分析する．この2つの評価書以外に，内閣府による障害者政策に関する目標管理型の政策評価書は存在していない．

　第1に，「障害者施策に関する広報啓発，調査研究等」に関する評価書である．政策目的は，障害者基本法第一条に規定されている目的である，共生社会の実現である．施策の達成目標は，共生社会の周知と理解の深化である．そして，測定指標は，共生社会の認知度のみである．この指標は，アウトカム指標である．しかし，そもそも共生社会の実現という政策目的は抽象的であり，政策対象者の多様なニーズを具体的に捉えられていない．実際には，具体的次元において多様なニーズが存在するのである．たとえば，ある障害者は，社会インフラの整備によるハード面でのバリアフリー化により，共生社会が実現すると考えているかもしれない．あるいは，社会生活における障害者差別意識の解消により，共生社会が実現すると考えているかもしれない．したがって，共生社会の認知度というアウトカム指標は抽象的であるため適切ではない．以上から，この評価事例において，政策効果を適切に把握できていない．なお，目標管理型の政策評価の全府省導入以前の実績評価方式の時代から当該施策の評価書が公表されてきたが，2015年度以降，「障害者施策に関する広報啓発，調査研究等」に関する評価書は公表されていない．また，内閣府の2016年度の政策評価実施計画では，「障害者施策に関する広報啓発，調査研究等」に関しては「障害者施策の総合的推進（障害者基本計画）」と統合して評価されるようになるため［URL 43：4］，目標管理型の政策評価の対象から除外された．

　第2に，「障害者施策の総合的推進（障害者基本計画）」に関する評価書である．障害者基本計画は，障害者基本法にもとづき策定される．本評価書では，2013年に閣議決定された第3次障害者基本計画の推進の進捗を評価している．政策目的は，共生社会の実現や障害者の自立および社会参加の促進である．施策の

達成目標は，障害者施策を実施する他省庁の取り組みの総合的かつ計画的な推進である．そして，測定指標は，障害者施策の進捗状況の検証および効果的施策の立案となっている．この指標は，定性的記述にすぎず，アウトカム指標ではなくアウトプット指標である．基準値や実績値の記入欄には，「進捗状況を確認」と書かれているのみであるため，この評価事例は目標管理型の政策評価ではなく実施状況のモニタリングを行っている状態である．以上から，この評価事例において，政策効果を適切に把握できていない．なお，実績評価方式の時代から当該施策の評価書が公表されてきたが，2015年度以降，「障害者施策の総合的推進」に関する評価書は公表されていない．他方で，内閣府は，第3次障害者基本計画の対象年度が終了する2018年度中に「障害者施策の総合的推進」に関する事後評価を総合評価方式で実施する旨を示している［URL 44］．そのため，「障害者施策の総合的推進」の評価方式は，目標管理型の政策評価から総合評価方式へと移行したと考えられる．

　以上の事例分析を通じて，内閣府による障害者政策の目標管理型の政策評価の2つの評価書ともに，適切に政策効果を把握できていなかった状態が明らかとなった．両評価書ともに，具体的なニーズの調査やニーズに対応したロジックモデルの構築はなされていなかった．それゆえに，ニーズに対応した具体的なアウトカム指標が設定されていなかったり，アウトカム指標そのものが設定されていなかったりする状態となったと考えられる．たとえば，「障害者施策に関する広報啓発，調査研究等」の評価書において，仮にロジックモデルの構築が適切になされていれば，共生社会の認知度だけでなく，社会インフラのバリアフリー化に伴う市民の費用負担に関する理解度や障害者に対する差別感情の有無に関する指標も測定指標に加えられたであろう．また，評価対象が政策体系の最上部である政策目的に限定されているため，それより下位の省庁の所掌事務に対応する具体的な政策目的に関するアウトカム指標を設定できていない．つまり，内閣府の役割に対応する政策体系全体を総括する評価となっていない．さらに，両評価書ともに，現時点において目標管理型の政策評価の対象

から外れている状態も明らかとなった．このことは，障害者政策の評価に際して目標管理型の政策評価の採用が不適切と内閣府が判断していることを意味する．

内閣府の障害者政策に関する評価書の分析から見出される問題点は，以下の2点である．

第1に，「障害者施策に関する広報啓発，調査研究等」の評価書に関しては，政策目的が明確でないゆえに，アウトカム指標が抽象的である．「共生社会の実現」という政策目的は政策対象者である障害者にとって同意しやすい一方で，具体性に欠ける．そのため，実際の社会生活における障害者の具体的で多様なニーズに対応した政策目的ではない．それゆえ，そのような政策目的にもとづいた「共生社会の認知度」というアウトカム指標は，抽象的であり，障害者の多様なニーズに対応した指標ではない．したがって，当該事例において，ニーズの多様性が不明確な政策目的の設定をもたらし，適切な政策効果の把握を困難にしうるという前節における理論的検討は正しい．

第2に，「障害者施策の総合的推進」の評価書に関しては，アウトカム指標が設定されておらず，測定指標が定性的記述となっている．つまり，数値化されたアウトカム指標を測定するという目標管理型の政策評価の基本様式を満たしていない．その原因は，内閣府の組織特性にある．前述したように，内閣府は，障害者政策全体の企画立案およびそれにもとづいた他省庁の施策の総合調整を主な所掌事務とする特性を有する．その特性ゆえに，内閣府が障害者基本計画の評価を行う場合には，他省庁の施策の効果を総合して把握する必要がある．しかし，毎年の評価の実施は，組織資源の制約上困難である．そのため，測定指標の基準値や実績値の記述が各省庁の施策の「進捗状況を確認」となっていると考えられる．また，内閣府の組織特性は，交通や住宅のバリアフリー整備や雇用機会の創出などといった障害者のニーズの多様性によって生じると解釈できる．つまり，ある政策領域において複数の省庁が施策を所管するという状態は，その政策領域における多様なニーズの存在を意味する．したがって，

当該事例においても，ニーズの多様性が適切な政策効果の把握を困難にするという前節における理論的検討は正しい．

これら2つの問題点への対応策として，内閣府は，上記の2つの施策を目標管理型の政策評価の対象から除外し，「障害者施策の総合的推進」に関しては総合評価方式を適用したと考えられる．内閣府は，障害者政策全般の統括を担うため，担当する施策目標も抽象的にならざるをえない．その場合，政策効果を適切に把握する必要条件を満たせない状態で，目標管理型の政策評価を実施せざるをえない．そこで，内閣府は，目標管理型の政策評価の標準化を促進する総務省の方針とは異なる対応策を選択したのである．ただし，総務省は，同時期に並行して，目標管理型の政策評価の標準化の方針に変更を加えている．施策の特性から目標管理型の政策評価に馴染まないと判断した施策に関しては，各府省の判断でその評価対象から除外してもよいという方針を示したのである［URL 45：3］．その方針変更の背景には，非生産的な政策評価活動による評価担当者の「評価疲れ」［鎌田 2008；岩田 2010］への危惧がある．このように，障害者政策をはじめとした政策領域において，目標管理型の政策評価の標準化を見直す動きが出ている．

総合評価方式は，長期的な観点から，政策効果の発現状況を多角的かつ掘り下げて分析する点に特徴がある．目標管理型の政策評価とは異なり，評価スパンの裁量幅が広く，通常数年おきに評価が実施される．また，実績測定よりも厳格な評価手法であるプログラム評価を活用できる．プログラム評価は，社会科学的な分析を考慮に入れた評価手法であるのにくわえて，前節で言及した評価デザインを分析の前提とする評価手法である．

「障害者施策の総合的推進」に関する総合評価にあたっては，3つの観点から評価を実施する予定となっている［URL 44：8］．第1に，障害者基本計画の基本理念，基本原則，各分野に共通する横断的視点[17]の推進状況を分析する．第2に，10の分野別施策[18]，すなわち生活支援，保健・医療，雇用・就業・経済的自立の支援，教育・文化芸術活動・スポーツ等，生活環境，情報アクセシビリ

ティ，安全・安心，差別の解消および権利擁護の推進，行政サービス等における配慮，国際協力の推進状況に関して指標を用いて分析する．ただし，**表5-1**を見ればわかるように，第3次障害者基本計画が策定された2013年の段階では，安全・安心，差別の解消および権利擁護の推進，行政サービス等における配慮，国際協力の推進状況の分野別施策に関しては，指標が設定されていない．そして，第3に，府省間や，地方自治体および障害者団体などとの連携・協力の確保，広報・啓発活動の推進，進捗状況の管理および評価，法制的整備，調査研究および情報提供といった推進体制の状況を分析する．本評価の実施にあたっては，障害者政策委員会における障害者基本計画の実施状況の監視等に係る議論をふまえ検討を行うとしている．

なお，障害者政策委員会による第3次障害者基本計画の監視は，各府省が報告する分野別施策の推進状況［URL 46］にもとづき行われ，「議論の整理」［URL 47］としてとりまとめられた．この監視活動は，2015年度に実施されたものであり，第3次基本計画の実施期間の中間年にあたって実施された監視である．したがって，第3次基本計画の最終的な監視の結果報告ではない．監視の最終結果の報告は，内閣府が実施する予定の「障害者施策の総合的推進」に関する総合評価に活用される予定となっている［URL 44：8］．

しかし，現行の監視の実態は，「議論の整理」という表題にも表れているように委員の意見表明のとりまとめにとどまっている．つまり，政策効果を把握するという評価の機能を果たしているとはいいがたく，通常の審議会と同じく諮問機能あるいは政策提言機能を果たしているにすぎない．第3次障害者基本計画の実施状況の監視においては，生活支援，保健医療，教育・文化芸術活動・スポーツなどといった各分野別施策に関して，障害者政策委員会の委員が施策の成否や水準向上の要望，さらに現在とりあげられていないニーズの表明に関するコメントを行っている．さらに，分野別施策とは別に，障害者に関する統計の整備の必要性や，障害のある女性に向けた施策の充実の必要性を指摘している．たしかに，障害者政策委員会には，障害当事者やその親からなる団

表5-1 障害者基本計画における成果目標

事項	現状（直近の値）	目標
1．生活支援		
福祉施設入所者の地域生活への移行者数	2.9万人（平成17～23年度）	3.6万人（平成17～26年度）
福祉施設入所者数	14.6万人（平成17年度）	12.2万人（平成26年度）
障害者総合支援法第89条の3第1項に規定する協議会を設置している市町村数	1,629市町村（平成24年度）	全市町村（平成29年度）
訪問系サービスの利用時間数	494万時間（平成24年度）	652万時間（平成26年度）
日中活動系サービスのサービス提供量	893万人日分（平成24年度）	978万人日分（平成26年度）
療養介護事業の利用者数	1.9万人分（平成24年度）	1.6万人分（平成26年度）
短期入所事業のサービス提供量	26万人日分（平成24年度）	33万人日分（平成26年度）
相談支援事業の利用者数	計画相談支援　2.6万人 地域移行支援　0.05万人 地域定着支援　0.1万人 （平成24年度）	計画相談支援　18.9万人 地域移行支援　0.9万人 地域定着支援　1.3万人 （平成26年度）
2．保健・医療		
統合失調症の入院患者数	18.5万人（平成20年度）	15万人（平成26年度）
メンタルヘルスケアに取り組んでいる事業所の割合	43.6%（平成23年）	100%（平成32年）
入院中の精神障害者のうち，1年未満入院者の平均退院率	71.2%（平成20年度）	76%（平成26年度）
入院中の精神障害者のうち，高齢長期退院者数	各都道府県において算出	各都道府県において算出した値を元に設定
障害者支援施設及び障害児入所施設での定期的な歯科検診実施率の増加	66.9%（平成23年）	90%（平成34年度）
3．教育，文化芸術活動・スポーツ等		
特別支援教育に関する個別の教育支援計画作成率	76.2%（平成24年度）	80%以上（平成29年度）
特別支援教育に関する教員研修の受講率	72.1%（平成24年度）	80%以上（平成29年度）
特別支援教育に関する校内委員会の設置率	85.6%（平成24年度）	90%以上（平成29年度）
特別支援教育コーディネーターの指名率	86.8%（平成24年度）	90%以上（平成29年度）
4．雇用・就業等		
公共職業安定所における就職件数（障害者）	27万件（平成20～24年度の累計）	37万件（平成25～29年度の累計）
障害者職業能力開発校の修了者における就職率	60.0%（平成22年度）	65.0%（平成29年度）
障害者の委託訓練修了者における就職率	43.8%（平成22年度）	55.0%（平成29年度）
一般就労への年間移行者数	5,675人（平成23年度）	1.0万人（平成26年度）
就労継続支援B型等の平均工賃月額	13,586円（平成23年度）	15,773円（平成26年度）
就労移行支援の利用者数	45.6万人日分（平成24年度）	69.5万人日分（平成26年度）
就労継続支援A型の利用者数	53.2万人日分（平成24年度）	56.4万人日分（平成26年度）
50人以上規模の企業で雇用される障害者数	38.2万人（従業員56人以上企業）（平成24年）	46.6万人（平成29年）
公的機関の障害者雇用率	国の機関　2.31% 都道府県の機関　2.43% 市町村の機関　2.25% 都道府県等の教育委員会　1.88% （平成24年）	全ての公的機関で雇用率達成（平成29年度）

第5章　障害者政策における日本の府省の事後評価

50人以上の規模の企業で雇用される精神障害者数	1.7万人（従業員56人以上企業）（平成24年）	3.0万人（平成29年）
地域障害者職業センター	支援対象者数　14.8万人（平成20～24年度の累計）	支援対象者数　14.7万人（平成25～29年度の累計）
障害者就業・生活支援センター	利用者の就職件数　1.5万件 定着率　71.8% （平成24年度）	利用者の就職件数　2.0万件 定着率　75% （平成29年度）
ジョブコーチ養成数・支援	ジョブコーチ養成数　5,300人 ジョブコーチ支援　支援終了後の定着率　86.7% （平成24年度）	ジョブコーチ養成数　9,000人 ジョブコーチ支援　支援終了後の定着率　80%以上 （平成29年度）
精神障害者総合雇用支援	（支援終了後の復職・雇用継続率83.3%（平成24年度））	支援終了後の復職率　75%以上（平成29年度）
5．生活環境		
グループホーム・ケアホームの月間の利用者数	8.2万人（平成24年度）	9.8万人（平成26年度）
一定の旅客施設のバリアフリー化率	〈1〉81%（平成23年度末） 〈2〉93%（同上） 〈3〉78%（同上）	〈1〉約100%（平成32年度末） 〈2〉約100%（同上） 〈3〉約100%（同上）
特定道路におけるバリアフリー化率	77%（平成23年度）	約100%（平成32年度末）
都市公園における園路及び広場，駐車場，便所のバリアフリー化率	園路及び広場：48% 駐車場：44% 便所：33% （平成23年度末）	園路及び広場：約60% 駐車場：約60% 便所：約45% （平成32年度末）
特定路外駐車場のバリアフリー化率	47%（平成23年度末）	約70%（平成32年度末）
不特定多数の者等が利用する一定の建築物のバリアフリー化率	50%（平成23年度）	約60%（平成32年度末）
不特定多数の者等が利用する一定の建築物（新築）のうち誘導的なバリアフリー化の基準に適合する割合	18%（平成23年度）	約30%（平成32年度末）
車両等のバリアフリー化率	〈1〉53%（平成23年度） 〈2〉38%（同上） 〈3〉3%（同上） 〈4〉13,099台（同上） 〈5〉21%（同上） 〈6〉86%（同上）	〈1〉約70%（平成32年度末） 〈2〉約70%（同上） 〈3〉約25%（同上） 〈4〉約28,000台（同上） 〈5〉約50%（同上） 〈6〉約90%（同上）
共同住宅のうち，道路から各戸の玄関までの車椅子・ベビーカーで通行可能な住宅ストックの比率	16%（平成20年度）	28%（平成32年度）
高齢者（65歳以上の者）が居住する住宅のバリアフリー化率（一定のバリアフリー化率）	37%（平成20年度）	75%（平成32年度）
高齢者（65歳以上の者）が居住する住宅のバリアフリー化率（高度のバリアフリー化率）	9.5%（平成20年度）	25%（平成32年度）
6．情報アクセシビリティ		
聴覚障害者情報提供施設	36都道府県（平成24年度）	全都道府県（平成29年度）
対象の放送番組の放送時間に占める字幕放送時間の割合	NHK総合83.5%，在京キー5局平均93.3%（平成24年度）	ともに100%（平成29年度）
対象の放送番組の放送時間に占める解説放送時間の割合	NHK総合9.4%，NHK教育12.4%，在京キー5局平均4.3%（平成24年度）	NHK総合及び在京キー5局等10%，NHK教育15%（平成29年度）

出所：URL［1：39-41］．

体に所属する委員や，障害当事者の委員が参加しており，監視活動を通じて障害当事者の多様なニーズを政策立案に反映させる余地があるとはいえる．しかし，委員の意見だけでは主観性が強く，評価活動に直結させるためには委員の意見をもとにして多数の障害当事者に対してアンケート調査や聞き取り調査を行い政策効果を把握する必要がある．以上から，障害者政策委員会による現行の障害者基本計画の実施状況の監視は，実際には評価活動の一環として捉えるのは困難である．

「障害者施策の総合的推進」に関する総合評価は，第2次障害者基本計画の対象期間（2003～2012年）中にも実施されている［URL 38］が，これに関しては政策効果を適切に把握できていなかった．当該評価事例では，施策分野ごとの政策効果の発現状況を明らかにしようと試みている．しかし，実際に評価書の内容を分析すると，各省庁の施策の実施状況を1つの評価書にまとめたのみであり，施策の実施状況を分野横断的に示したにすぎなかった．指標が設定されている分野別施策も，生活支援分野（ホームヘルパーの人数，ショートステイ・デイサービスの提供人数，グループホーム・福祉ホーム等の福祉施設数），生活環境分野（住宅ストックのバリアフリー化率，官庁施設のバリアフリー化率，駅・鉄軌道およびバス車両のバリアフリー化率など），雇用・就業分野（実雇用率，ハローワークによる障害者の就職件数）に限られていた．このうち，アウトカム指標に該当するのは実雇用率とハローワークによる障害者の就職件数のみである．そのため，当該評価事例においては，多角的な視点が取り入れられているものの政策効果の発現状況を分析できていない．

仮に，内閣府が前回の総合評価における手法を変更せず踏襲した場合，政策効果の把握方法が不適切な評価とみなされうるため，追加的な方策を検討する必要がある．各省庁の施策の実施状況をまとめるだけでは，測定指標としてアウトカム指標が採用されていても各省庁による目標管理型の政策評価の結果を寄せ集めただけにすぎない．政策対象者のニーズの多様性に対応する評価を実施するためには，目標管理型の政策評価とは異なる別の方策が必要である．そ

こで，内閣府が政策効果を適切に把握するための追加的方策について検討する．

本章で提示する追加的方策とは，障害者政策の目的達成を確認できる指標開発のための調査を内閣府が行う方策である．今まで，内閣府は，障害者基本計画の総合評価において各省庁の施策の評価結果をもって，障害者政策の目的である共生社会の実現，障害者の自立および社会参加の促進が達成されてきたかを評価してきた．しかし，各省庁の施策の目的は障害者政策全体からみると部分的であるため，各省庁の施策の評価結果を継ぎ合わせるだけでは障害者政策全体の効果を適切に把握できない．障害者政策の目的達成を確認するためには，内閣府による別個の評価が必要となるのである．

この追加的方策は，内閣府の組織特性を活用した評価を実施するために必要である．障害者政策における内閣府の政策特性は，障害者政策全体を統括した企画立案と各省庁が実施する関連施策の総合調整の役割を担う点にある．前述のように，目標管理型の政策評価においては，この組織特性が適合せず，適切に政策効果を把握できていなかった側面があった．具体的には，障害者政策体系全体の有効性を把握するために必要な政策目的の達成度に関する情報の入手が困難なのである．他方で，現行の総合評価は，各省庁が実施する関連施策の総合調整には一定程度寄与する一方で，障害者政策全体の企画立案の質の向上には寄与していないと考えられる．その問題に対処するためには，障害者政策の目的である共生社会の実現，障害者の自立および社会参加の促進がどの程度達成されているかについて，政策対象者のニーズや分野別施策に即した多面的な観点から複数の指標を設定する必要がある．そのうえで，各指標値を合成したりレーダーチャートで示したりする評価が必要である．

本章では，内閣府が共生社会の実現，障害者の自立および社会参加の促進という総体的かつ抽象的な目的の達成度を測定するための指標開発の方策として，ニーズ調査とそれに関連している規範的政策分析をあげる．これらの方策は，政策目的の具体化を行う評価デザインの初期段階の作業として重要であり，次の段階の作業である政策体系の作成やロジックモデルの作成に役立つ．これら

の方策を実施すれば，評価担当者は，明確なアウトカム指標を設定できるようになる．

ニーズ調査は，政策対象者にとっての理想状態の相違を具体的に特定する方策である．これまで論じてきたように，障害者政策においては，生活環境の違いによって障害当事者にとって共生社会，障害者の自立および社会参加の具体的な理想像が異なる．すなわち，障害者は，障害者政策の基本理念にある抽象的文言には同意できる一方で，その具体的内容については各々の生活環境の違いによって解釈が異なるのである．本章でいうニーズ調査は，障害者政策の目的である基本理念の具体的内容について障害者の意見を収集する調査である．なお，厚生労働省は，1996年から5年おきに「生活のしづらさなどに関する調査（2006年調査までは身体障害児・者等実態調査及び知的障害児（者）基礎調査）」（最新版は，URL [16]）において，障害者の生活実態とニーズを把握している．ただし，調査事項は，厚生労働省が所管する生活支援や保健・医療施策に関連する事項がほとんどである[19]．

他方で，規範的政策分析は，ニーズ調査の結果を統括することで，明確なアウトカム指標の作成に貢献する方策である．規範的政策分析とは，倫理学者，政治哲学者あるいは特定の政策領域の専門家などが，政策目的に関する価値規範のフレームワークすなわち「道徳の羅針盤」を作成する作業である[20][佐野 2013；伊藤 2013]．具体的には，政策目的から事業までの一貫した政策体系を整理したうえで，政策目的の達成度を測定する指標を作成したり[21]，価値規範間の対立構造[Richardson 2002；Peters 2015：Ch.9]や統合の可否を明らかにしたりして価値規範の優先順位づけを行う．

障害者政策における規範的政策分析では，ニーズ調査で得た共生社会の実現，障害者の自立および社会参加の促進に関する政策対象者の価値規範の情報をもとに，価値規範の優先順位づけを行ったうえで政策目的の下位分類化を行う．実際には障害者基本計画の施策分野目標と近似すると考えられるが，政策目的の下位分類化を行えば上位目的よりも具体的で測定の信頼性が高い指標を開発

できる．規範的政策分析は，各省庁の施策の取り組みをまとめるボトムアップ型調査と異なり，最初に具体的な政策目的を特定したうえで各省庁の施策の効果を確認するトップダウン型調査である．内閣府の組織特性を活かすのであれば，規範的政策分析を活用した総合評価の方が政策効果の把握において適切である．

しかし，現状において，内閣府は，指標開発のためのニーズ調査や規範的政策分析を実施できていない．内閣府は，障害者施策に関する国際比較調査や世論調査，意識調査を定期的に実施している［URL 48］．国際比較調査は，海外での先進的取り組みを把握するための調査である．また，世論調査や意識調査は，障害者差別や障害者のイメージに関する調査であり，障害者ではなく一般市民が調査対象である．しかし，内閣府は，調査活動において障害者に対するニーズ調査やそれをもとにした規範的政策分析を実施していない．そのため，今後は，ニーズ調査や規範的政策分析の実施を通じて，評価や測定の前提となる調査活動の質を向上させる必要がある．

最後に，本項において検討してきた対応策は，目標管理型の政策評価という既存の評価システムに代わって，政策評価制度の枠外である各府省独自の調査活動の奨励を基軸とした柔軟性を有した新たな評価システムの構築を意味する．目標管理型の政策評価は，政策領域横断的に一律の手法を適用する評価システムである．しかし，本章で論じてきたように，政策対象者のニーズが多様な政策領域の代表例であり，内閣府による各府省の施策の総合調整が必要な障害者政策では，その評価システムが機能してこなかった．その原因は，目標管理型の政策評価の下では，実績の「測定」に焦点があたる一方で，測定の前提となる指標開発のための「調査」の視点が欠落している点にある．そうであるならば，指標設定の難度が高いニーズが多様な政策領域においては，総務省は，目標管理型の政策評価の標準化を各府省に対して促すのではなく，評価手法など評価の概形に関して自律的な決定を各府省に促す新たな評価システムを検討すべきであろう．また，現状において，指標開発のための調査活動は政策評価制

度の枠外での活動であるため，評価システムの範囲を拡張させる必要がある．

　2）　厚生労働省の評価事例

　厚生労働省において実施されている障害者政策に関する目標管理型の政策評価は，以下の2つである．「福祉から自立へ向けた職業キャリア形成の支援等をすること」に関する実績評価書［URL 49］と，「障害者の地域における生活を支援するため，障害者の生活の場，働く場や地域における支援体制を整備すること」に関する実績評価書［URL 50］である．前者は障害者の職業訓練に関する政策評価であり，後者は障害者の生活支援および就労支援に関する政策評価である．

　まず，「福祉から自立へ向けた職業キャリア形成の支援等をすること」に関する実績評価書について分析する．

　本施策は，働くことを希望する障害者の社会的自立の促進のために実施している．職業能力開発促進法にもとづき，障害者の障害特性やニーズに応じた専門的な職業訓練を行う施設である障害者職業能力開発校の設置・運営や，障害者の態様に応じた多様な委託訓練の実施等により，障害特性に配慮した訓練を実施している．また，障害者基本計画においても，「障害者職業能力開発校における障害の特性に応じた職業訓練，技術革新の進展等に対応した在職者訓練等を実施するとともに，一般の公共職業能力開発施設において障害者向けの職業訓練を実施するほか，民間教育訓練機関等の訓練委託先を活用し，障害者の身近な地域において障害者の態様に応じた多様な委託訓練を実施する」こととされている．

　本施策の評価書における測定指標は，障害者職業能力開発校の修了者における就職率と，障害者委託訓練修了者における就職率である．なお，参考指標として，障害者職業能力開発校の修了者における就職者数と，障害者委託訓練修了者における就職者数が設定されている．これらの指標は，「働くことを希望する障害者の社会的自立の促進」という明確な政策目的に沿ったアウトカム指

標である.それゆえ,本施策に関する目標管理型の政策評価は,適切である.このように適切な指標を設定できたのは,「働くことを希望する」障害者のニーズに焦点を絞った政策評価を行っているからである.ただし,目標管理型の政策評価に内在する根本的な問題ではあるが,就職率の上下変動が職業訓練の実施によるものか明確に判別できない点には留意する必要がある.就職率の変動は,たとえば,経済状況の変動に伴って障害者を新たに雇用する事業者の採用戦略が変化することによっても生じるためである.

次に,「障害者の地域における生活を支援するため,障害者の生活の場,働く場や地域における支援体制を整備すること」に関する実績評価書について分析する.

本施策は,障害者の地域における生活を支援するために実施している.障害者政策の考え方が「施設での保護」から「地域社会における共生の実現」へと変わり,施策面においても,障害者が地域で自立した生活を営むことができるように,地域移行の推進や就労支援に関連する施策が図られている.

本施策の評価書における測定指標は,福祉施設入所者の地域生活への移行者数,入院1年以上の長期入院患者数,グループホームの月間利用者数,一般就労への年間移行者数,就労継続支援B型等の平均工賃月額[22],就労移行支援の利用者数の6つである.最初の3つの指標が地域移行推進に関する指標であり,あとの3つが就労支援に関する指標である.これらの指標も,地域移行推進の観点や就労移行の観点からみれば,アウトカム指標である.つまり,この施策の評価においても,特定のニーズに焦点化することによってアウトカム指標の設定が可能となっているのである.ただし,就労移行支援の利用者数に関しては,就労移行が実現したわけではないためアウトプット指標である.

以上,厚生労働省の目標管理型の政策評価の実例を分析してきたが,共通しているのは特定のニーズへの焦点化という評価戦略を採用している点である.そして,その結果,アウトカム指標の設定が可能となっている.この点では,本章で行ってきた理論的検討は正しい.このような評価戦略を採用できる背景

には，厚生労働省が障害者基本計画における分野別施策を所管する省庁である点が考えられる．つまり，より具体化された政策目標の設定が可能なのである．ただし，裏を返せば，なんらかの理由によって働くことができない障害者のニーズや，地域移行が困難な過疎地域に居住していたり，社会的自立が困難な重度の精神障害者のニーズは無視されていたりする点に留意する必要があるであろう．また，在宅および訪問介護や，福祉サービスを受ける際の相談支援に関する目標管理型の政策評価が実施されていない点にも問題が残されている．しかし，この問題に関しては，高齢者介護の分野でも指摘されているように，アウトカム指標よりもアウトプット指標によるサービスの質管理の方が有効であるために［角谷 2016］，目標管理型の政策評価の採用が忌避されている可能性もある．

3） 文部科学省の評価事例

文部科学省において実施されている障害者政策に関する目標管理型の政策評価は，「一人一人のニーズに応じた特別支援教育の推進」に関する事後評価書（最新版は，URL［51］）のみである．ほかに，文部科学省が所管する障害者政策の分野別施策としてスポーツや芸術分野の施策が存在するが，障害者を対象とした評価は実施されていない．

本施策は，障害のある幼児児童生徒一人一人の教育的ニーズを把握し，その持てる力を高め生活や学習上の困難を改善するため，児童生徒の障害の程度や重複化に対応した適切な指導および必要な支援を行うものである．本施策には，達成目標が3つ存在する．達成目標1は，「発達障害を含む障害のある子供一人一人の教育的ニーズを把握し適切な支援を行うため，体制整備等を推進する」ことである．具体的には，通常の学級，通級による指導，特別支援学級，特別支援学校という連続性のある「多様な学びの場」の充実を図ることである．達成目標2は，「『障害者の権利に関する条約』において提唱されたインクルーシブ教育システムの構築のため，必要とされる『基礎的環境整備』を推進し，

『合理的配慮』が提供される教育環境を確立する」ことである．達成目標3は，「特別支援学校に在籍する児童生徒の障害の重度・重複化，多様化等に対応した適切な指導や支援を行うため，教員の専門性の向上や，指導内容・方法等の改善を図る」ことである．本章では，このうち，障害当事者の多様なニーズに即した形態の評価に近い達成目標1についての評価に焦点を当てる．

　本施策の達成目標1における測定指標は，特別支援教育に関する個別の教育支援計画の作成率，個別の指導計画の作成率，特別支援教育に関する教員研修の受講率，特別支援教育に関する校内委員会の設置率，特別支援教育コーディネーターの指名率の5つである．これらの指標は，教育を受ける障害当事者に帰属する指標ではなく，多様な教育的ニーズを実現するための教育環境の整備の程度を示す指標にすぎない．つまり，アウトカム指標ではなく，アウトプット指標ないしはインプット指標である．したがって，本施策の評価は，目標管理型の政策評価としては適切ではない．

　本施策の評価の特徴は，アウトプット指標ないしはインプット指標による目標管理型の評価となっている点である．このある種妥協的な評価戦略は，特定のニーズにもとづくアウトカム指標を設定する代わりに，教育環境の整備によって多様なニーズを充足することを優先する戦略である．つまり，文部科学省の評価では，達成目標のあいまいさを許容しつつも，内閣府のように指標設定そのものをやめるのではなく，数値化可能なアウトプット指標ないしはインプット指標を代替的に設定しているのである．この点では，前記の厚生労働省の評価戦略とは逆の発想を有する戦略である．本章では，多様なニーズが存在する施策においては目標管理型の政策評価は不適であると論じてきた．しかし，目標管理型の政策評価を実施せざるをえない場合には，アウトプット指標ないしはインプット指標による代替が次善の策であることを本施策の評価事例は示している．

4） 総務省の行政評価局調査の活動

　総務省の行政評価局調査は，複数府省にまたがる政策を対象とする「政策評価」と，各府省の業務の現場における実施状況を分析する「行政評価・監視」がある［URL 15］．また，全都道府県に設置されている管区行政評価局・行政評価事務所が，地域の住民生活に密着した行政上の重要課題について，独自に調査を行って改善を図る「地域計画調査」がある［Ibid.］．「政策評価」は，障害者政策に関しては実施されていない．しかし，「行政評価・監視」や「地域計画調査」においては，障害者政策に関連する調査の例がいくつかある．そこで，本章では，障害当事者のニーズへの対応状況に焦点を当てた「行政評価・監視」と「地域計画調査」の事例分析を行う．本章でとりあげる行政評価局調査の事例は，「発達障害者支援に関する行政評価・監視」［URL 52］と，「国立大学等における障害のある学生の修学支援に関する調査」［URL 53］である．

　まず，「発達障害者支援に関する行政評価・監視」では，発達障害者支援法施行から10年を迎えた機会を捉え，問題が指摘されている乳幼児期～成人期までの各ライフステージの継続的な支援の実施状況について調査が行われた．具体的には，乳幼児健診における発達障害の早期発見の成否，進学時の支援の引き継ぎ，そして発達障害者の就労支援の実態について調査が行われた．本調査では，内閣府，文部科学省，厚生労働省といった関連する府省だけでなく，医療機関，都道府県および市町村の教育委員会や発達障害者支援センター，幼稚園，保育所，公立の小学校・中学校・高校，公立特別支援学校，独立行政法人日本学生支援機構，国立大学法人の一部といった現場レベルの担当者にもアンケート調査や聞き取り調査が実施された．その結果，乳幼児検診時や在学時の行動観察における発達障害の見逃し，支援計画の作成対象の限定（未作成の児童生徒の存在），進学先への情報の引き継ぎの重要性の認識不足，専門的医療機関の未公表や不足といった問題が発見された．

　次に，「国立大学等における障害のある学生の修学支援に関する調査」では，中国地方の国立大学および国立高等専門学校を対象とした実地ヒアリングや施

設現地確認を通じて修学支援の実施状況の調査が行われた．調査の実施の背景には，障害者差別解消法の施行に伴い国立大学等には合理的配慮の提供が義務化されたこと，第3次障害者基本計画において高等教育における障害学生への支援が規定されたこと[23]，そして高等教育機関における障害のある学生の総数が増加していること[24]があげられる．本調査の結果，修学支援の体制が不十分である点が明らかにされ，個々の大学の資源不足を解消するための大学等間の連携の推進，教職員および学生に対する意識啓発の推進，施設のバリアフリー化の一層の推進，障害のある学生に対する入学試験，バリアフリー化の状況，支援内容・支援体制および障害学生の受入実績に関する情報提供の充実化といった課題が提示された．さらに，近畿管区行政評価局でも，2017年に，同様の調査背景のもとで近畿地方の国立大学法人を対象に「障がいのある学生等に対する大学の支援に関する調査」を実施した［URL 55］．本調査では，中国四国管区行政評価局の調査とは異なり，視覚障害のある学生などと協働して大学ホームページのアクセシビリティを点検したり，視覚障害のある学生や肢体不自由の学生と協働して構内の施設・設備のバリアフリーの点検を行ったりしている．また，障害当事者の学生に対してインタビューを含めた意識調査を行い，支援ニーズを直接把握している．これらの点から，行政評価局調査においては，より障害当事者のニーズを反映した評価である当事者参画型の評価の実践が進展しつつある．

　以上の事例分析から，総務省の行政評価局調査の特徴は，すべての事例において障害当事者への直接的な聞き取り調査を行っているわけではないが，ストリートレベルの実施機関への現場調査を通じて新たな問題の発見に成功している点にあるといえる．各府省による目標管理型の政策評価とは異なり，定性的に施策の実施プロセスを観察し，障害当事者のニーズへの対応の実態を個々の聞き取り事例にもとづいて明らかにしている．その点では，政策目標の達成の成否の実態分析を重視している点でゴールフリー型評価とは異なるものの，障害者政策にとってより適切な評価の形態であるといえる．しかし，総務省の行

政評価局調査はあくまで第三者的な観点からの調査である．それゆえ，調査の担当者である総務省の評価監視官は，施策を実施する府省の担当者と比べると障害者政策に精通しているわけではない．また，調査のテーマは1年ごとに変わるため，継続的な調査が困難である．さらに，総務省行政評価局は，調査対象となる施策の担当府省に対して，調査結果にもとづく勧告が可能であるが，政策修正を強制することはできない．担当府省に対して，外部から注意喚起情報を提供することしかできないのである．以上から，総務省の行政評価局調査には，政策に関する専門性や継続的なフィードバック回路が不足しているという点で根本的な問題がある．

注
1) 論者によっては，「業績測定」と訳される場合がある（たとえば，田辺 [2014]）．なお，本書でも，本章以外では「業績測定」という表現を用いている．
2) 評価方式は，3つある [URL 8]．実績評価方式，総合評価方式および事業評価方式である．実績評価方式は，実績測定という評価手法をベースとした方式であり，目標管理型の政策評価のベースにもなった方式である．総合評価方式は，プログラム評価という評価手法をベースとした方式であり，各政策領域の基本計画に関して政策効果の発現状況を数年おきに多角的かつ総括的に分析する方式である．たとえば，内閣府は，障害者基本計画に関して，総合評価方式を用いて政策評価を実施している [URL 39]．事業評価方式は，公共事業や研究開発事業に関して，その便益と費用を事前に予測したうえで，その予測の正否を事後的に検証する方式である．
3) なお，目標管理型の政策評価において採用される評価手法である実績測定は，世界各国の政策評価において，結果重視の行政管理を基軸とする NPM（New Public Management）の理念の普及に伴い主流化しつつあるとの指摘がある [Vedung 2010：273]．他方で，諸外国の政策評価制度と比較して，目標管理型の政策評価の全府省導入が進む日本の政策評価制度は，特異であるとの指摘もなされている [山谷 2012b]．
4) 政策目標に示されている政策作成者が意図する政策効果だけでなく，たとえば，政策対象者の一部のみが認識している副次効果も存在する．
5) 政策効果の程度の違いとは，政策対象者間で政策効果の程度が平等でない状態を意味する．
6) ただし，実績評価方式は，実績値の変動の要因を説明できないため，政策自体の効果を特定できない [Hatry 1999：5-6]．つまり，実績測定だけでは，政策自体の効果

と経済・社会的変動あるいは他の政策の影響といった外部要因を区別できない．他方で，政策効果と外部要因の区別といった政策効果の把握の正確性に関する点においては，プログラム評価をベースとした総合評価の方が優れている［Hunter and Nielsen 2013；田辺 2014］．

7） 評価結果がわかりやすければ，政治家や市民にとっても評価結果の解釈が容易になる．評価結果のわかりやすさは，行政によるアカウンタビリティ確保に貢献する．

8） なお，目標達成度を数値で表せない場合に限っては，進捗状況を簡単に記述する．

9） 基準値とは，目標設定時点における指標値である．

10） 評価結果の総括の記述にあたっては，目標の達成状況を五段階区分（「目標超過達成」，「目標達成」，「相当程度進展あり」，「進展が大きくない」，「目標に向かっていない」）で示し，その判断根拠を明記する［URL 40：3］．

11） 山谷清志は，アウトプット指標やインプット指標のみを測定する政策評価を「行政管理型政策評価」とよぶ［山谷 2005］．

12） なお，Carol H. Weiss は，評価デザインの作業を「評価計画（evaluation planning）」とよぶ［Weiss 1997：72］．

13） なお，日本の府省の政策評価において，政策体系は政策（狭義）―施策―事務事業からなる三階層と定義されている．本章における定義は，総務省による政策体系の定義に準拠している．また，政策評価を実施する際には，政策体系の明示が求められている［URL 8：2］．

14） なお，ここでは，ニーズの調査において，すべての政策対象者からのニーズ情報の入手を前提としている．ただし，現実的には，調査資金の不足ゆえに政策対象者のニーズの情報が不足しているケースが多いであろう．しかし，明確な政策目的が設定されるか否かは状況によって異なるけれども，府省が政策対象者からの反発を受けるという帰結は同様である．

15） 目標管理型の政策評価に関する議論のなかでは，政策領域横断的な一般化されたロジックモデルの構築は困難でありロジックモデルの構築そのものが困難な政策領域も存在するため，政策特性に合わせたロジックモデルのあり方や評価手法を検討すべきとの指摘も出ている［深谷 2018：13-14］．

16） 法規定に関しては，内閣法第十二条を参照．

17） 「地域社会における共生等」（障害者基本法第三条の規定），「差別の禁止」（障害者基本法第四条の規定），「国際的協調」（障害者基本法第五条の規定）の3つである［URL 1：5-6］．

18） 「障害者の自己決定の尊重及び意思決定の支援」，「当事者本位の総合的な支援」，「障害特性等に配慮した支援」，「アクセシビリティの向上」，「総合的かつ計画的な取組の推進」の5つである［URL 1：6-8］．

19) 調査事項として，日常生活のしづらさの状況，障害の状況，障害者手帳の有無，福祉サービスの利用状況，日常生活上の支援の状況，日中活動の状況，外出の状況および家計の状況に関する事項があげられている．
20) 本章では，理想の社会状態のイメージと政策目的に関する価値規範とを同義として捉える．
21) 実際に指標の体系化に成功した例としては，国際連合のミレニアム開発目標があげられる．ミレニアム開発目標とは，国際連合が平和，軍縮，環境保護，貧困，人権などに関してさまざまな世界会議で合意された目標を体系化および合成した総合指標である［城山 2013：98-99］．
22) 一般就労が困難と判断された障害者に就労の場や生産活動の機会を提供する施設のことである．最低賃金が保障されず，工賃が低いため経済的自立は困難である［中川・新田 2015：46-47］．
23) 具体的には，授業等における情報保障，教科書・教材における配慮，施設のバリアフリー化，入試や単位認定試験における配慮，相談窓口の統一や支援担当部署の設置などの支援体制の整備，支援内容や受入実績などの情報公開などが求められている．
24) 独立行政法人日本学生支援機構の調査によれば，全国の大学等で学ぶ障害のある学生の数は，2006年度では4937人であったものが2016年度には2万7257人と約5倍に増加している［URL 53：3；URL 54：8］．

第6章　障害者政策における政策効果把握と行政責任

　本章では，障害者政策の評価において，なぜ障害当事者の多様なニーズへの対応が必要なのかについて考察する．前章までは，障害者政策の複雑な構造，障害者政策の評価の適切なあり方，そして日本の府省における障害者政策の評価の実態について述べてきた．その結果，日本の府省の政策評価は，理想とはほど遠く，障害当事者の多様なニーズに対応した評価とはなっていない点を明らかにした．しかし，そもそも，なぜ日本の府省が障害者政策に適した評価を実施していく必要があるのかについては述べてこなかった．障害者政策に適した評価を実施するためには，政策が実施されている現場や障害当事者を観察したり，現場の人びとや障害当事者に聞き取り調査を行い多様なニーズを把握したりしたうえで，既存の政策目標と合致した政策効果が生じているか，あるいは意図しない負の政策効果が発現していないかを確認する必要がある．つまり，行政にとってはかなり手間のかかる作業が必要なのである．それでもなお，障害者政策に適した評価を実施する必要がある根拠として，本章では行政が外在的に追及される責任としてのアカウンタビリティと，行政が内在的に追求する責任としてのレスポンシビリティの概念をあげる．しかし，行政だけが責任確保のために評価を実施していくのに限界があるのも，これまでの本書の議論をふまえると明らかであろう．そこで，本章の最後では，行政以外の主体と連携して責任確保をめざしていく障害者政策の評価のあり方を提示する．

1. 行政の責務としての政策効果の把握

　本章の目的は，政策効果の把握を行政の責務として捉えたうえでその様態について検討し，その議論を障害者政策の評価に適用することにある．まず，アカウンタビリティとレスポンシビリティの概念をとりあげ，それぞれの観点から行政による政策効果の把握について検討する．その際，政策効果の把握の機能と問題点に着目する．そのうえで，障害者政策の評価においては，アカウンタビリティとレスポンシビリティ双方の確保をどのように正当化していくのかについて検討する．

　政策効果の把握は，日本の府省の政策評価制度においては行政の責務として捉えられている．政策評価法第一条では，政策評価の目的として「政府の有するその諸活動について国民に説明する責務が全うされるようにすること」があげられている．そして，「政府の有するその諸活動について国民に説明する」作業について，政策評価法第三条では政策効果の把握を基礎とすると記されている．他方で，政策評価の一般的目的とされる政策の改善については，第一条において評価「結果の適切な反映を図る」と記されているのみであり，努力義務と解釈できる表現にとどまっている．

　本章では，政策評価法第一条で定められている責務をアカウンタビリティとして捉える一方，政策の改善に関して行政が自発的に負う責務をレスポンシビリティと定義する．行政責任論の先行研究においては，アカウンタビリティとレスポンシビリティは対置的な概念として捉えられてきた．たとえば，西尾隆は，アカウンタビリティを行政統制を意味する概念として捉える一方，レスポンシビリティを行政による自律的責任を意味する概念として捉えている［西尾 1995：269］．また，西尾勝は，アカウンタビリティは代表性の遵守による正統性すなわち行政が立法意思に忠実に従っていることが確認されることによって確保される一方，レスポンシビリティは行政が民意に自発的に応答することに

よって確保されると述べている［西尾 1990：316］．政策効果の把握の観点から整理すると，アカウンタビリティは行政が政治家や市民に対して立法時点の意図通りに政策効果が発現していることを説明することで果たされる責任である一方，レスポンシビリティは行政が自発的に政策効果について調査することで果たされる責任である．

　しかし，政策効果の把握の観点からみると，アカウンタビリティやレスポンシビリティを確保するための日本の府省における政策評価は十分に機能していないといわれてきた．その代表的な主張としては，行政の活動量の増減を年度ごとにチェックする「行政管理型政策評価」への傾向が強まる一方で，政策効果そのものを把握する傾向は弱まっているという主張があげられる［山谷 2012a：125］．このような問題が生じる一因には，行政がアカウンタビリティとレスポンシビリティを適切に果たせていない点もある．

　そこで，本章では，政策効果の把握の観点からみたアカウンタビリティとレスポンシビリティの性質，およびそれぞれの問題点について検討を進める．そのうえで，障害者政策の評価を議論の俎上にあげて，行政がいかにしてアカウンタビリティとレスポンシビリティを確保していくべきかについて考察する．

　本章の意義は，アカウンタビリティとレスポンシビリティの両面から政策効果の把握という行政の責務を検討している点にある．従来の研究においては，アカウンタビリティの確保あるいはアカウンタビリティの追及のための政策効果の把握についての議論の蓄積は十分にある．その一方で，対置概念であるレスポンシビリティを果たすための政策効果の把握に関する議論は，管見の限りではなされてこなかった．それゆえ，アカウンタビリティとレスポンシビリティを相互補完的に捉える議論も，管見の限りではなされてこなかった．したがって，アカウンタビリティとレスポンシビリティの視点を対比させつつ，互いの長所を活用できる点を発見できれば，行政にとって政策効果の把握という責務をより十分に果たしうる知見を提供できると考えられる．

　最後に，本章の構成は，以下の通りである．第2節では，政策効果の把握の

観点からみたアカウンタビリティの性質とそれを確保する際の問題点について検討する．第3節では，前節と同様の観点からレスポンシビリティの性質とそれを確保する際の問題点について検討する．最後に，第4節では，障害者政策の評価におけるアカウンタビリティとレスポンシビリティの作用とその有用性について検討し，障害者政策における評価の役割の重要性と評価の質の向上の必要性を確認する．

2．政策効果の把握の観点からみたアカウンタビリティ

(1) アカウンタビリティの性質

　アカウンタビリティは，委任者から受託者に対して問われる責任である．ここでいう委任者とは，政治家および市民である．他方で，受託者とは，行政である．委任者は，行政が委託内容を遵守しているか否かを監視する．その結果，行政が委託内容を遵守していないと委任者が判断した場合には，行政に対して説明を求める．この行為をアカウンタビリティの追及とよぶ．委任者によってアカウンタビリティを追及されると，受託者である行政は委任者が納得できる説明を行う責務を負う[1]．仮に，行政が委任者に対して納得できる説明ができれば，委託された行政の行為の正統性が追認される．他方で，行政が委任者に対して納得できる説明ができなければ，委任者の判断により行政に対して制裁が科される．たとえば，行政が政策目標の達成という委託内容を遵守できていなかったとすれば，予算削減や施策・事業の終了といった制裁が行政に科される可能性がある．したがって，行政は，制裁を回避するために委託内容を遵守する．このように，政治家や市民は，アカウンタビリティを行政に対して追及する能力を有することで，行政の行為を統制できる．

　アカウンタビリティ追及の対象となる委託内容は，手続に関するものから政策結果に関するものへと変遷してきた．日本では，結果志向のマネジメントを促すNPMの理念が浸透する1990年代以前は，法的アカウンタビリティあるい

は財務的アカウンタビリティが重視されてきた．つまり，合法的に政策が実施されているか，あるいは予算が適切に執行されているか否かといった点が重視されてきた．しかし，1990年代以降は，マネジメント・アカウンタビリティあるいはプログラム・アカウンタビリティが重視されつつある［山谷 2012a：55］．マネジメント・アカウンタビリティに関しては，組織の稼働性，生産性，定員管理，そしてどれだけ無駄なコストを削減しているかが重視される．換言すれば，政策のアウトプットに関するアカウンタビリティなのである．他方で，プログラム・アカウンタビリティに関しては，政策目的の達成に向けて政策手段がどの程度貢献しているかが重視される．換言すれば，政策のアウトカムに関するアカウンタビリティともいえる．つまり，従来，行政を統制するための手続を重んじるとしてきたアカウンタビリティの意味内容が政策の実質的内容を重んじる意味内容へと変化してきたのである．また，このことは，とりわけプログラム・アカウンタビリティを重視するとき，アカウンタビリティ追及の手段が監査の領域から評価の領域へと拡大してきたことを意味する．

　行政によるアカウンタビリティの確保にあたっては，以下の2つの事項に留意する必要がある．すなわち，透明性の確保と委任者に対して忠実であること（fidelity）である．

　第1に，アカウンタビリティを確保するためには，透明性を確保しなければならない．透明性の確保とは，行政が法の解釈，裁量行使の基準，および予算の執行状況だけでなく，行政の活動量または政策効果などについて公表することである．その公表された情報をもとにして，委任者である政治家や市民は行政に対してアカウンタビリティを追及できる．逆に，情報が公表されなければ，行政が委託内容を遵守しているか否かに関する証拠を委任者が入手できにくくなるため，アカウンタビリティの追及が困難となる．アカウンタビリティの追及が困難であれば，追及を通じて成立するアカウンタビリティの確保も困難となる．

　第2に，行政は，委任者に対して忠実でなくてはならない［Welch 2014：109-

10］．行政は，政治家だけでなく市民からも委任を受けている．市民は，政治家に対して主権を信託することによって，個人の自由や権利を不当に制限する行政の行為を統制する．代議制のもとにおいては実際に行政の行為を統制するのは政治家の役割となるが，行政は究極的な委任者が市民であることを意識する必要がある．したがって，行政は，市民の信託を受けた政治家による指示に忠実でなければならない．すなわち，行政は，委託内容を遵守することを最優先として行動しなければならない．

（2）アカウンタビリティ確保の問題点

しかし，政策効果の把握の観点からみるとアカウンタビリティを確保する試みには3つの問題点がある．すなわち，行政にとってのアカウンタビリティのジレンマ，政治家や市民によるアカウンタビリティ追及能力の不足と行政のアカウンタビリティ確保能力の不足，および行政の自律性の欠如の3点である．

第1の問題点は，行政は，アカウンタビリティ追及への対応に追われると，本来の業務を円滑に実施できなくなる可能性がある点である．行政は，アカウンタビリティを追及された場合，アカウンタビリティ確保のために政策効果に関する情報を集める．しかし，政策効果の把握の作業を正確に行うほど，アカウンタビリティ確保のための作業負荷が増え続け，物理的には本来業務にまわすべき労力を大きく侵食し，本来業務の実績が低下して成果が出ない［山谷2006：210］．このような状態は，「アカウンタビリティのジレンマ」とよばれる．

第2の問題点は，福祉国家化に伴い行政の専門分化が進むなかで，委任者である政治家や市民にとってアカウンタビリティの追及が困難になっている点である．福祉国家化が進むなかで，行政は，市民のさまざまなニーズに対応する必要があり，それに対応するための専門知識を得る必要があった．その反面，政治家や市民は，行政に対して政策実施を委託するものの，専門知識を得る必要がなかった．そのため，政治家や市民は，委託内容の詳細を把握できない状態となった．つまり，政治家や市民は，委託内容に関するあらゆる情報が開示

されたとしても情報を理解できないのである．

そこで，政治家の指示を受けた議会付属機関が代わりにアカウンタビリティを追及するための情報を収集するという代替案が考えられるが，日本においてその案は実現していない．たとえば，米国においては，議会付属機関であるGAO（Government Accountability Office）が各政策領域の専属スタッフを雇用して，政治家に対してアカウンタビリティ追及のために必要な情報を提供している．他方で，日本においては，GAOと同じ業務を担う組織として会計検査院がある．しかし，会計検査院は，内閣だけでなく議会からも独立した機関である．そのため，会計検査院において，議会からの要請を受けてアカウンタビリティ追及に資する情報を提供する体制とはなっていない．このような統治機構上の問題があるため，日本においては委任者がアカウンタビリティを追及できる環境が整っていないといえる．

以上のような背景から，日本では，政治家や市民によるアカウンタビリティ追及がないままに，受託者である行政がアカウンタビリティを確保するようになっている．政策評価法に記されているように，行政にはアカウンタビリティを確保する責務がある．政策評価制度において想定されるアカウンタビリティの確保とは，行政自らが政策の効果を把握し，その情報を政治家や市民に対して公表することである．どのような種類の政策効果（政策の主効果や副次効果など）を把握するか，あるいはどのような方法で政策効果を把握するかについて，政治家や市民から具体的な要求はなされないのである．つまり，行政は政策の効果を把握するという責務を法律によって強制的に負わされている一方で，その作業自体の内容は自身で決定する．このような状態は，「強制された自己評価」と揶揄される［田辺 2006：91］．アカウンタビリティ追及がなされていないにもかかわらず行政自らが事前にアカウンタビリティを確保するという点は，理論的に不自然なのである[2]．

行政自らがアカウンタビリティ確保を行う内部評価には，欠点がある．それは，委任者による監視が存在しない点である．委任者による監視がなければ，

行政は，政策効果を過大に見せかけるほか，悪い結果を示すアウトカム指標を意図的に公開しない可能性がある［Radin 2006：18；橋本 2017：29-30］．その場合には政策効果を正確に把握できないため，行政はアカウンタビリティを十分に果たせないといえる．

　また，日本の府省による政策評価は，2012年以降目標管理型の政策評価が全府省に導入され［URL 4］，評価作業の簡便さや評価結果のわかりやすさが重視されるようになった．目標管理型の政策評価は，業績測定という評価手法を採用しており，全府省導入がなされる前は実績評価方式とよばれていた．具体的には，特定の政策効果を表す指標について，事前に設定した目標値と事後の実績値を比較する手法である．この手法は，目標値と実績値を比較するだけで政策効果を把握できるとみなす簡便な手法である．そのため，各府省の評価担当者にとっての作業負担は軽減される．さらに，数値を比較するだけでよく，委任者が評価書をチェックする際にもその内容の理解が容易になる．

　しかし，目標管理型の政策評価は，政策効果の把握の観点からみてアカウンタビリティを十分に確保できる手法とはいえない．目標管理型の政策評価は簡便な手法である一方，指標値の推移が政策そのものによるものか，それとも外部要因の影響によるものかを区別することが困難である．その点においては，実験デザインを用いて外部要因を統制するインパクト評価（プログラム評価）の方が政策効果を正確に把握できる．しかし，インパクト評価は時間や金銭的費用がかかり，かつ社会科学の方法論に関する専門知識が必要である．そのため，アカウンタビリティ追及を受けずに自らアカウンタビリティを確保する制度のもとでは，行政は手間のかかるインパクト評価よりも手間のかからない目標管理型の政策評価を選択すると考えられる．また，別の問題として，目標管理型の政策評価が全府省導入される前に実績評価方式において採用された評価書においては，アウトカム指標ではなくアウトプット指標が測定対象となっている不適切な事例が多数あったとの指摘もある［小野 2013］．その傾向が継続している場合，日本の府省の政策評価は，「行政管理型政策評価」への傾向を強め，

政策効果そのものよりも組織内部のマネジメント機能や予算の効率的執行に関心を向けることとなる．その場合，行政は，政策効果の把握の観点からみてアカウンタビリティを十分に確保できない状態となる．

最後に，第3の問題点は，行政がアカウンタビリティ確保を重視するあまり自律性を失う点である．行政によるアカウンタビリティ確保は，アカウンタビリティ追及あるいは法律による義務付けを受けてなされている．アカウンタビリティを確保するという行為そのものに自律性は含まれていないのである．そのため，行政がアカウンタビリティ確保のみを重視すると，政策改善のための行政組織の自発的行為が抑制されることとなる．つまり，評価制度の枠外での行政組織内部の失敗学習や実態調査といった自発的試みが行われにくくなる．

3．政策効果の把握の観点からみたレスポンシビリティ

（1）レスポンシビリティの性質

アカウンタビリティの対置概念であるレスポンシビリティは，行政による自発的応答を意味する．レスポンシビリティは行政が他者からの統制を受けずに果たす責任であることから，自律的責任あるいは主観的責任ともよばれる［Cooper 2012］．アカウンタビリティの場合には政治家や市民といった他者からの統制が前提となる一方，レスポンシビリティにはそのような前提は存在しない．レスポンシビリティは，行政自身が民意に自発的に応答することで果たされる責任である．それゆえ，アカウンタビリティを確保できない場合と異なり，行政がレスポンシビリティを確保できなかったとしても予算削減，組織廃止・縮小，そして施策の廃止・終了といった制裁は科されない．

ここでいう行政による自発的応答とは，行政自らの裁量でレスポンシビリティを確保する内容を決定できることを意味する．このことを政策効果の把握の観点から説明すると，行政は自らが関心を有するあらゆる政策効果について調査あるいは分析が可能であるということになる．アカウンタビリティを確保す

る場合には委任者が設定した政策目標を達成できているかどうかのみを示す一方，レスポンシビリティを確保する場合には政策目標に同意しない市民にとっての政策効果や他の政策への波及効果，あるいは他の政策による影響といった幅広い範囲の政策効果を示すことが可能である．つまり，政策効果の把握の観点からみると，レスポンシビリティの確保はアカウンタビリティの確保と比べてより多くの情報を入手できる可能性がある．それゆえ，レスポンシビリティの確保は，政策内容に関する知識の増大や政策の改善に資する余地がある．

また，レスポンシビリティの概念における行政組織は，レスポンシビリティを果たす公務員個人の集合体として捉えられる．先行研究においては，まず公務員個人のレスポンシビリティの内容に関する議論を行っている（たとえば，西尾［1990］，山谷［1991］，西尾［1995］，真山［2017］，Cooper［2012］）．具体的な議論として，公務員個人の倫理，自己規律，および専門家意識などといった心理的属性に関するものがあげられる．これらの属性に関する能力を高めるために，公務員に対して研修や教育が行われる．そして，これらの属性を有する公務員とその集合体である行政組織は，問題解決や政策の改善を通じてレスポンシビリティを果たす．とくに，政策効果の把握の場面において，行政組織は，問題解決や政策の改善のための能力を自発的に高めていくために評価を行うのである．このような行政組織の専門知見を高めるための評価こそが，キャパシティ・ビルディング型の評価である．

レスポンシビリティを確保するために行われるキャパシティ・ビルディング型の評価は，アカウンタビリティ確保型の評価とは性質が異なる．日本の府省の政策評価は，アカウンタビリティ確保型の評価に該当する．アカウンタビリティ確保型の評価は，委託内容の遵守の証明や評価書の公開が必要となる．他方で，キャパシティ・ビルディング型の評価は，委託内容の遵守の証明や評価書の公開を必要としない．まず，キャパシティ・ビルディング型の評価においては，自らの裁量で政策効果を把握できる．たとえば，各府省で実施される実態調査は，キャパシティ・ビルディング型の評価に該当する．このような各府

省で独自に実施される実態調査の形態は，既存の政策評価制度に近い適正な政策・行政管理を目的としたトップダウン型の調査から，政策が実施されている現場にいる地方自治体の職員などのストリートレベルの官僚や政策対象となる市民に聞き取り調査を行い知識を吸収するボトムアップ型の調査まで存在すると考えられる．また，キャパシティ・ビルディング型の評価においては，外部に公開しない形で評価を実施できる．そのため，キャパシティ・ビルディング型の評価は，防衛政策や外交政策のように秘匿性が欠かせないためにアカウンタビリティ確保が困難な政策領域 [Thompson 1990] や過去に起きた政策の失敗を学習する場面 [Perrin 2007：44] において実施される．

(2) レスポンシビリティ確保の問題点

しかし，政策効果の把握の観点からみて，レスポンシビリティを確保する試みにも3つの問題点がある．すなわち，正統性の欠如，閉鎖性や過度な専門分化ゆえの市民の行政不信，および行政のレスポンシビリティ確保能力の不足という3点である．

第1の問題点は，レスポンシビリティの確保が正統性の欠如した行政の独善的支配につながりかねない点である．レスポンシビリティ確保の際には，「市民のために働くこと」つまり民意を汲み取ることが重要である．しかし，現実的には公務員個人がすべての民意を汲み取ることは不可能であり [Richardson 2002：41]，個人の集合体たる行政組織においても民意やニーズの見逃しが生じる可能性がある．そのような状況下で，政治家や市民による行政の統制が存在しなければ，行政は市民の意に沿わない特定のニーズにもとづいて政策を実施する可能性がある [村上 2017：75]．その結果，実施した政策が市民に対して悪影響を与えうる．行政による自発的応答は，民意の汲み取りに失敗した場合には正統性がない独善的支配とみなされるのである．

第2の問題点は，キャパシティ・ビルディング型の評価は市民による行政不信につながりかねない点である．まず，キャパシティ・ビルディング型の評価

は外部への公開を必要としないため，政治家や市民がその内容を知りえない場合がある．また，外部への公開がなされていたとしても，評価の内容が専門的であればあるほど，政治家や市民にとって理解できないものとなる．とくに，この傾向は，航空政策，原子力政策，医療政策などといった技術的な専門知識を要する政策領域において顕著である．このように，キャパシティ・ビルディング型の評価は，行政活動の透明性を損ない，行政と市民との間の信頼関係を希薄にする可能性がある．

　第3の問題点は，行政組織によるキャパシティ・ビルディング型の評価の実施そのものに限界がある点である．キャパシティ・ビルディング型の評価は，政策評価だけでなく，その他の評価以外の業務と並行して実施される自発的な活動である．そのため，組織資源の制約や他の業務との優先順位を考慮すると，行政組織がキャパシティ・ビルディング型の評価を優先して頻繁に実施することは困難である．また，それに伴い評価の質も低下しやすい．代表的な評価手法には，難度が低い順に，組織マネジメントの効率化のためのアウトプット測定（業績測定），アウトカム測定（業績測定），インパクト評価（プログラム評価）あるいはインタビューなど定性的手法を用いたゴールフリー型評価があげられる．難度が高い手法を採用すると，評価の質も高くなる．しかし，組織資源が乏しいあるいは政策改善への関心が低ければ，キャパシティ・ビルディング型の評価においても，行政組織は政策の改善に必ずしも直結しない質の低いアウトプット測定を選択する．

　このように，政策効果の把握の観点からみてレスポンシビリティを確保する試みにも問題がある．そこで，重要となるのは，いかにアカウンタビリティとレスポンシビリティとを相互補完的に確保していくかという点である．双方の責務を果たすことができれば，政策の内容について政治家や市民からの納得を得られるだけでなく，政策の改善につながるというメリットがある．双方の責務を相互補完的に果たすためには，行政は，外部に公表する通常の評価業務にくわえて，評価制度の枠外で実施される自発的な実態調査や政策効果を把握す

る活動に従事する必要がある．つまり，行政は，政策効果の把握という責務を果たしていくためには，アカウンタビリティを確保するための評価とレスポンシビリティを確保するための評価の分業体制を検討し確立していく必要があるのである．

4．障害者政策の評価における行政の責任確保

　本節では，障害者政策の評価において，なぜアカウンタビリティとレスポンシビリティを確保する必要があるのかについて確認する．そのうえで，双方の責任をどのように確保していくのかについて論じる．
　まず，障害者政策の評価におけるアカウンタビリティ確保は，政治家や納税者たる市民および被規制者たる事業者に対して，障害者政策の適正な実施や合理性を証明するために必要である．つまり，障害者政策について社会の広範な理解を得るために，アカウンタビリティ確保のための評価が必要なのである．
　しかし，アカウンタビリティと一口に言っても，そのなかには，法的アカウンタビリティ，財務的アカウンタビリティ，マネジメント・アカウンタビリティ，プログラム・アカウンタビリティといった諸類型が存在する．そして，実際に，アカウンタビリティ確保という場合には，これらの類型が複合している．そのなかでも，財務的アカウンタビリティやマネジメント・アカウンタビリティを重視するならば，予算の効率的分配や組織の効率性に関心を集中させればよいため，障害当事者のニーズは無視してもよいこととなる．重要な点は，施策の実施プロセス上において予算の浪費や目標達成に寄与しない無駄が存在していないか否かという点のみである．その一方で，法的アカウンタビリティやプログラム・アカウンタビリティを重視するならば，政策の質や障害当事者のニーズに焦点があたる可能性が高くなる．なぜなら，障害者政策において法的アカウンタビリティを確保するためには，憲法や障害者基本法への準拠性が必要なためである．準拠性の確認のためには，障害者の基本的人権の尊重や法の下の

平等が担保されているか否かの確認や，障害者基本法の理念にある社会モデルに沿った評価が必要になる．また，プログラム・アカウンタビリティを確保するためには，施策が政策目的の達成に寄与しているか否かの確認が必要となる．とりわけ，プログラム・アカウンタビリティを確保する観点から，内閣府が障害者基本計画について評価する場合には，当事者本位の支援や障害特性等に配慮した支援などの政策目的と照らし合わせて分野別施策の効果を明らかにする必要があるため，障害当事者のニーズを調査する必要が生じる．

　他方で，障害者政策の評価におけるレスポンシビリティ確保は，障害当事者の多様なニーズを政策に反映させるために必要である．アカウンタビリティ確保と異なり，レスポンシビリティ確保は，障害当事者のみを対象とした行為であり，倫理観や専門性にもとづいた公務員個人あるいは行政組織の自律的判断によってなされる．障害者政策に関連する倫理観としては，利他主義，平等，慈愛，人間の尊厳があげられる［Cooper 2012：74］．第2章で紹介した，厚生省官僚であった板山賢治は，障害者政策が未熟であった1980年代に，このような倫理観をもとにレスポンシビリティを果たすために障害当事者団体との対話の場を設けるように尽力した公務員であった．障害当事者に寄り添う倫理観を有する公務員が組織の上位層に存在していたり，あるいは障害当事者との接触機会が多くそのなかで倫理観や専門性を内在化したりしてきたストリートレベルの官僚の意見を重視する行政組織においては，レスポンシビリティ確保は行われやすいといえるであろう［杉野 2011b：86-87；Lipsky 2010：19］．

　福祉行政におけるレスポンシビリティ確保の議論は，アカウンタビリティ確保とレスポンシビリティ確保との間のジレンマに陥りやすいストリートレベルの官僚の特性を参照すれば理解しやすい［Lipsky 2010］．Michael Lipskyは，政治家や市民にとっての忠実な代理人（agent）としての官僚とは異なる類型として，ソーシャルワーカーや警察官をはじめとしたストリートレベルの官僚の存在を明らかにした．ストリートレベルの官僚の特徴は，クライアントすなわち政策対象者との直接的な接触が日常的に存在している点，そしてクライアン

トとの個別対応が求められるため業務がルーティン化されず広い裁量権と組織からの自律性を有している点にある [Ibid.: 13]．つまり，クライアントとどれだけ強い人間関係を築くか，あるいはどのような特性を有するクライアントに対する支援を優先するかといった点に関する判断も，ある程度ストリートレベルの官僚個人の特性に委ねられている [Ibid.: 24]．しかし，このような特徴は，ストリートレベルの官僚にとって，官僚としてのアカウンタビリティ確保を優先すべきなのか，それとも専門家としての倫理観にもとづくレスポンシビリティ確保を優先すべきなのかといった解決困難なジレンマを生じさせている [Ibid.: 19]．とくに，マネジメント・アカウンタビリティの観点からみれば，クライアントの個別ニーズへの対応は，組織業績や効率性の低下につながる [Ibid.: 45]．くわえて，行政サービスの公平性の観点からも個別対応には問題がある [Ibid.: 73]．さらに，市民による行政不信がもたらす行政改革の流れは，ストリートレベルの官僚に対してアカウンタビリティ確保の重視を迫っており，個別対応によるえこひいき，パターナリズム，そして不公平の是正の要請につながっている [Ibid.: 79]．

　しかし，障害当事者の多様なニーズへの対応のためには，行政にとってレスポンシビリティ確保の規範が重要である．地方自治体の社会福祉の専門職員といったストリートレベルの官僚だけでなく，日本の府省においても同様のレスポンシビリティの確保が求められる．その際には，ストリートレベルの官僚から日常の障害当事者との接触によって得たニーズの情報や政策効果に関する情報を収集するボトムアップ型の実態調査を行えば，障害当事者の多様なニーズの把握が可能となると考えられる．ただし，行政サービス全体の公平性の確保や，障害者政策に関する社会の理解を広めるためには，アカウンタビリティ確保の観点からの従来のトップダウン型の評価（日本の府省における政策評価制度）は不可欠である．

　双方の責任を確保するためには，評価の分業体制の構築が必要である．具体的には，行政は，アカウンタビリティ確保のための既存の「政策評価制度」と，

レスポンシビリティ確保のための政策評価法の枠外の「調査」の両輪を回していく必要がある.

　まず，アカウンタビリティ確保のためには，事前評価においては，納税者たる市民や，非規制者たる事業者が負う負担すなわち費用よりも，効果が上回ることを立証する体制の整備が必要である．規制の事前評価や租税特別措置等に係る評価においては，できる限り費用や効果を数値で表したり，費用や効果のリストを詳細に記述したりするなどして費用便益分析（費用効果分析）の適正化を図る必要がある．また，現行の日本の政策評価制度では，障害者政策の主要部分であるサービス給付に関する事前評価は行われていない．障害者政策に対する社会の理解を深めるためには，新たなサービス給付にかかる費用と効果について事前の明示化も必要であろう．ただし，第4章の最後でも述べたように，事前評価におけるアカウンタビリティ確保には根本的限界があるのも事実である．そのため，事前評価におけるアカウンタビリティ確保の過度な重視は，アカウンタビリティのジレンマを招きかねないであろう．したがって，事前評価においてどの程度アカウンタビリティ確保を行うべきかについては，社会全体でさらなる議論が必要である．

　事後評価においては，目標管理型の政策評価では，できる限りアウトカム指標による効果測定によってアカウンタビリティ確保を進める必要がある．次善の策として，アウトプット指標による代替化があるが，アカウンタビリティ確保を重視する場合には避けるべきであろう．また，アウトカム指標の数値が低い場合には，外部要因によって低くなったのか，それとも政策の効果がなかったのかを検証するためのインパクト評価を実施してアカウンタビリティ確保を行う必要がある．そして，政策に効果がない場合には，施策の実施プロセスを現場で観察する手法である，プログラム評価におけるプロセス評価［Weiss 1997：9-10］を実施してアカウンタビリティ確保を行う必要がある．もちろん，インパクト評価やプロセス評価といった評価手法は，目標管理型の政策評価と比較すると，手間がかかる評価手法である．それゆえ，行政にとってアカウン

タビリティのジレンマの問題が生じかねない．しかし，障害者政策に対する社会の理解を深めるというアカウンタビリティの規範を重視するのであれば，シンクタンクや研究機関などの外部資源に頼り負担を軽減しつつも，随時目標管理型の政策評価だけではない追加的な評価を実施すべきである．

　さらに，障害者基本計画に関する包括的な評価を実施する場合には，障害者基本計画に記載されている政策目的の達成の成否を評価する必要がある．つまり，障害者の自己決定の尊重及び意思決定の支援，当事者本位の総合的な支援，障害特性等に配慮した支援，アクセシビリティの向上といった観点について，その充足度を調査する必要がある．とりわけ当事者本位および障害特性等に配慮した支援の実現度を明らかにするためには，障害当事者の多様なニーズの調査が不可欠である．できる限り多くの障害当事者に対してニーズ調査を実施し，現行の障害者政策（すべての分野別施策）に満足しているか否か，満足していなければどのような不備が生じているかを把握する必要がある．そのため，アカウンタビリティ確保のための評価であっても，綿密なニーズ調査が必要な場面が存在する．

　他方で，レスポンシビリティ確保のためには，障害当事者に資する政策改善を行うための自発的なキャパシティ・ビルディングが重要である．キャパシティ・ビルディングを行うためには，障害当事者と相互に対話する機会を設けつつ障害当事者の多様なニーズを把握する調査によって，障害当事者に関する専門性を養う必要がある．理想としては，行政がゴールフリー型評価を実施して，個々の障害当事者の生活実態を直接観察して，解決されていない政策問題を発見するといった試みが考えられるであろう．つまり，ミクロの援助実践で得た教訓をマクロの政策導入へとつなげるソーシャルワークの技法を，障害者政策を担当する行政組織に根付かせる必要がある［杉野 2011c：7］．

　しかし，行政単体では，双方の責任確保，とりわけレスポンシビリティ確保のための評価は困難であるかもしれない．なぜなら，レスポンシビリティ確保においては，障害当事者各々のニーズを把握するという，手間のかかる綿密な

調査が求められるためである．なお，アカウンタビリティ確保のための評価においても，障害者基本計画における理念の実現を評価する場合には，障害当事者の多様なニーズを把握する調査が求められる可能性がある．そうであれば，行政にとってアカウンタビリティのジレンマの問題が生じかねない．そこで，重要となるのは，障害当事者やその親から成る団体，障害当事者の支援を行う福祉従事者の団体，そして障害当事者についてよく知る研究者との連携であろう．行政単体による評価や調査だけでは，障害当事者のニーズをすべて汲み取ることは困難であるし，特定の障害当事者のニーズのみが優先され独善的であるとのそしりを免れない可能性もある．また，援助者たる行政と被援助者たる障害当事者との間には本質的に権力関係あるいは支配・従属関係が存在しているため［杉本 2000：14］，そうした関係を嫌う障害当事者側は行政による実態調査を拒否する可能性がある．そこで，障害当事者や障害当事者に近い立場にいる人びとが自主的にニーズ調査を行ったり，政策効果を把握して行政に情報を提供したりした方が，行政も適切に政策効果を把握できる可能性が高い．実際に，ほかのステークホルダーとの協働は，複雑な構造を有する政策領域において，解決されていない政策問題の発見や解決策の発見に寄与するとの指摘がなされている［Head and Alford 2015：725-726］．

注
1) ここでいう納得できる説明には，2つのパターンがありうる．第1に，委託内容を遵守できなかった合理的理由を説明することである．第2に，委託内容を実際には遵守していたという新たな証拠を提示し委託者を納得させることである．
2) 日本の府省の政策評価制度は，各府省のマネジメントを前提に構想・設計されており，政治家によるアカウンタビリティ追及を想定していないという見解もある［南島 2013：60］．つまり，これは，組織マネジメントが政策評価の主目的であり，アカウンタビリティ追及はそれよりも下位の目的と捉える見解である．

第7章　障害者政策の評価における調査活動の補完的機能

　本章では，障害者政策の評価において，既存の制度化された政策評価以外の調査活動がどのような役割を果たしているのかを検討する．とりわけ，既存の政策評価において機能が十分でなかった障害当事者のニーズの多様性への対応の機能について検討する．その検討を通じて，評価活動に寄与する補完的役割を果たしているか否かを考察する．本章では，調査活動の事例として，日本の各府省が独自に実施している調査，日本の府省（厚生労働省）が障害当事者団体に委託している調査，そして障害当事者団体が自発的に実施している調査をとりあげる．その際，ニーズの多様性への対応とともに，調査がアカウンタビリティやレスポンシビリティとどのように関連づけられるかについてもそれぞれの調査形態の事例分析を通じて検討する．前者の2つは，府省にとってのレスポンシビリティ確保のために実施される調査と考えられる．他方で，後者の障害当事者団体による自発的調査は，行政に対するアカウンタビリティ追及やレスポンシビリティ確保の要請の手段として機能すると考えられる．以上の点について検討したうえで，本章の最後に，政策評価制度の枠外にある調査活動の課題や限界について言及し，障害者政策の評価システムの今後のゆくえを展望して本書のしめくくりとする．

1. 日本の府省における調査活動

　日本の各府省が実施している障害者政策の調査活動の事例をみる．本書では，

厚生労働省，文部科学省，法務省が実施している障害者政策に関する調査活動をとりあげる．そのほかに，内閣府が障害者施策に関する意識調査や世論調査を実施しているが，調査対象が障害当事者ではなく，一般市民であるため本書ではとりあげない．調査活動の分析を通じて，各府省が独自に実施している調査は，障害当事者の多様なニーズの把握に寄与しているか否かを検討する．そして，調査活動において期待されるレスポンシビリティ確保が十分に果たされているか否かを明らかにする．

まず，厚生労働省の調査活動は，障害者に関する統計調査が中心となっている（表7-1参照）．これらの調査を通じて，調査に協力した障害当事者の障害種別，年齢，性別，家庭環境，生活状況，経済状況，就業の有無，職場での生

表7-1 厚生労働省の主な調査

名　称	主な調査事項
生活のしづらさなどに関する調査（全国在宅障害児・者等実態調査）	障害の状況，日常生活の支障の状況，年齢及び性別，居住形態，障害者手帳等の種類，収入・支出の状況，日中の活動状況，障害福祉サービス等の利用状況，障害福祉サービス等の希望等
障害者雇用実態調査	調査対象者の属性，職場環境・職場生活，相談相手，仕事・職場生活以外の活動，将来の不安
障害者の就業実態把握のための調査	障害の種類・程度，就業・未就業の別，就業している場合の就業形態，職種，就業していない場合の求職活動等就業に係る状況等
障害支援区分認定状況調査	市町村が認定した障害支援区分について，一次判定区分，二次判定区分，認定調査項目の選択状況等
年金制度基礎調査（障害年金受給者実態調査）	調査対象者の性，生年月日，世帯構成，世帯の就業状況，収入・支出等
都道府県・市区町村における障害虐待事例への対応状況等	養護者あるいは障害福祉施設従事者等による障害者虐待の相談・通報対応件数，事実確認の状況と結果，虐待種別（身体的虐待，性的虐待，心理的虐待，放棄・放置，経済的虐待），被虐待者の性別・年齢・障害種別・障害支援区分・障害福祉サービスの利用状況・世帯構成等
使用者による障害者虐待の状況等	使用者による虐待があった事業所の業種及び規模，使用者による虐待を行った使用者と被虐待者との関係，虐待種別，障害種別，通報・届出事例の紹介等

出所：URL［57：5］，URL［58］をもとに筆者作成．

活などについてそれぞれ把握できるようになっている．しかし，障害種別や年齢別の生活状況の違いなど障害者の特性に合わせたデータの集積はいまだ不足しており，日本の人口全体を対象とした調査や障害者の男女別統計（性別ごとのクロス集計）が実施されていない点はとくに問題視されている［URL 47：20］．また，障害者と障害のない人との生活状況の比較が可能なデータの収集が必要であるとの指摘がある［URL 56：17］．そのために，厚生労働省の国民生活調査や，総務省統計局の全国消費実態調査および社会生活基本調査に障害の有無を尋ねる項目を追加すべきとの提案もなされている［*Ibid.*］．このような統計データの未整備に関する論点とは別に，厚生労働省の調査活動においては障害当事者のニーズの把握に関して不十分な点がある．たしかに，生活のしづらさなどに関する調査では日常生活の支障の状況，障害者雇用実態調査では将来の不安を尋ねる項目が存在している．しかし，アンケート型の統計調査だけでは調査協力者の自己申告に頼らざるを得ず，さらに調査協力者や調査者の負担を少なくするため自由記述欄よりも多項選択肢の設問が多くなる．より精密なニーズ調査を行うためには，障害当事者に対する対面式のヒアリング（聞き取り）調査，ワークショップ，障害当事者の行動観察などの手法を補完的に採用していく必要がある．以上のような問題点は指摘できるものの，障害者に関する基礎的統計データの収集は政策評価にもそのまま活用できるため，アカウンタビリティ確保やレスポンシビリティ確保にも貢献する．それゆえ，厚生労働省の調査活動は，障害当事者のニーズを正確に把握するという点では大きな課題が残るものの，障害者統計の充実がより進めば政策効果を把握するための基盤の生成につながる．

次に，文部科学省の調査活動は，特別支援教育に関連するいくつかの調査と，文部科学省が実施する事業に関して障害者支援からの観点から総点検する実態調査［URL 59］が存在する．

まず，特別支援教育に関する調査について述べる．文部科学省が毎年実施している調査としては，特別支援教育資料［URL 60］や特別支援教育に関する調

査［URL 61］がある．このうち，特別支援教育資料においては，特別支援学校数（特別支援学校対応障害種別学校数），在籍幼児生徒児童数および教職員数，特別支援学級数，在籍幼児生徒児童数および教職員数，通級による指導を受けている児童生徒数，担当教員数および通級指導設置学校数，幼児児童生徒の就学状況，卒業後の状況（進学率や就職率の推移分析，職業別就職者数を含む）などに関する統計データを収集している．この調査は，特別支援教育の現状分析の要素が強く，ニーズ発見の機能はない．次に，特別支援教育に関する調査においては，特別支援教育体制整備状況調査，通級による指導実施状況調査，特別支援学校等の医療的ケアに関する調査が実施されている．特別支援教育体制整備状況調査［URL 62］では，国公私立の幼保連携型認定こども園・幼稚園・小学校・中学校・義務教育学校・高等学校および中等教育学校を対象として，校内委員会の設置状況，特別な支援を必要とする幼児児童生徒の実態把握の実施の有無，特別支援コーディネーターの指名状況，個別の指導計画の作成状況，個別の教育支援計画の作成状況，巡回相談員の活用状況，専門家チームの活用状況，特別支援教育に関する教員研修の受講状況について調査している．通級による指導実施状況調査［URL 63］では，公立の小学校，中学校，義務教育学校および中等教育学校の前期課程を対象として，通級による指導を受けている児童生徒数，指導時間別児童生徒数，通級形態別（自校通級，他校通級，巡回指導）児童生徒数，設置学校数，担当教員数について調査している．特別支援学校等の医療的ケアに関する調査［URL 64］では，公立の特別支援学校および公立の小学校と中学校を対象として，日常的に医療的ケアが必要な幼児児童生徒数[1]，行為別対象幼児児童生徒数，医療的ケアに対応する看護師数および教員数を調査している．しかし，これらの調査は，施策の実施状況の確認に終始しておりニーズ調査の体裁はとっていない．

以上の調査とは別に，発達障害者に限定した特別支援教育の調査が2012年に実施されている．「通常の学級に在籍する発達障害の可能性のある特別な教育的支援を必要とする児童生徒に関する調査」［URL 65］である．本調査では，

公立の小・中学校の通常の学級に在籍する児童生徒を母集団として，そのなかから標本を抽出し，標本のなかで学習面および不注意・多動性・衝動性や対人関係，こだわりといった行動面で困難に陥っている児童生徒の人数を担当教員が回答するという形態がとられた［Ibid.：2］．つまり，この調査は，発達障害の疑いのある生徒が全生徒のうちどのくらいの割合で存在するかを明らかにするものであった．それゆえに，ニーズを発見する調査であるとはいえない．なお，当該児童生徒の受けている支援の状況についても調査がなされているが，施策の実施状況を確認する調査にすぎない．

　他方で，文部科学省は，2017年に，実施するすべての事業について障害者に対する支援がなされているか否かを明らかにする調査を実施している［URL 59］．本調査では，全426事業のうち，3割超の145事業で障害者への配慮や支援が不足していた点を明らかにした．具体的には，イベントの際にバリアフリーの施設を選ばなかったり情報アクセシビリティの確保が不十分であったりした点などをあげている［Ibid.：2］．しかし，本調査は，障害者差別解消法の規定にある合理的配慮の有無の確認が背景にある一方で，障害当事者へのニーズ調査は行っていない．むしろ，文部科学省が各事業において障害者支援を行ってきた事例の紹介が中心となっている［Ibid.：3-5］．

　以上から，文部科学省の調査活動は，特別支援教育や障害者支援の実施状況に関する調査および特別支援教育に関する統計データの整備が中心となっており，障害当事者やその親のニーズを発見する調査は実施していないといえる．つまり，ニーズの多様性に対応するための調査は実施されていないのである．施策の実施状況の調査は，アカウンタビリティ確保には貢献する余地があるが，レスポンシビリティ確保としては不十分である．

　最後に，法務省の調査活動は，法務省総合研究所が障害を有する犯罪者に関する調査研究を実施している．「知的障害を有する犯罪者の実態と処遇」［URL 66］と「高齢者及び精神障害のある者の犯罪と処遇に関する研究」［URL 67］である．

まず,「知的障害を有する犯罪者の実態と処遇」は, 3つの調査から構成されている. 第1に, 各刑事施設を対象とする知的障害を有する受刑者に対する処遇概況に関する調査である. 主な調査項目は, 知的障害受刑者の人員及び療育手帳所持者の人員, 知能水準及び認知症の評価の実施状況, 職員の配置状況, 知的障害受刑者に対する処遇状況（居室配置の配慮, 作業・職業訓練における配慮, 障害を配慮した教育・指導）, 出所後の特別調整を中心とした地域生活への定着に向けた生活環境の調整の状況等である [URL 66：6；15-16]. すなわち, 政策評価の枠組みを適用するならば, 事業の実施状況を明らかにする調査となっている. 第2に, 知的障害を有する受刑者を対象とする実態に関する調査である. 第3に, 海外（英国およびニュージーランド）における知的障害を有する犯罪者に関する先進的な取組の調査である. このうち, 2つ目の調査が障害当事者自身に関する調査であり, ニーズ調査に直結する可能性のある調査である. 主な調査項目は, 基本的属性（入所時年齢, 性別）, 犯罪に関する事項（罪名, 犯行の手口, 刑期, 入所度数, 保護処分歴・刑の執行猶予歴, 処遇指標）, 生活環境・生活歴に関する事項（住居・家族状況, 就労状況, 教育歴, 暴力団加入歴）, 心身状況に関する事項（CAPAS能力検査値, 個別知能検査IQ, 知的障害以外の疾病・障害, 療育手帳の所持状況, 各種福祉サービス受給状況）, 再入者に関する事項（再犯期間, 前刑時の状況等）, 刑事施設における処遇に関する事項（出所後の特別調整の実施状況, 出所状況）である [Ibid.：27]. ただし, 当事者自身が回答しているわけではなく, 各施設の職員が調査に回答している [Ibid.：5]. このような調査は, 知的障害を有する受刑者の属性や生活環境に関する統計データの整備に役立ち, 再犯を防ぐあるいは知的障害を有する人による犯罪を減らすための今後の政策作成へのフィードバックにも活かせる可能性がある. しかし, 知的障害者かつ受刑者を対象とした調査であるという事情もあると考えられるが, 障害当事者のニーズを把握する調査となっていない点には問題がある.

　次に,「高齢者及び精神障害のある者の犯罪と処遇に関する研究」は, 以下の4つの調査から構成されている [URL 67：4-5]. なお, 精神障害者に関する

調査に限定して言及する．第1に，精神障害者による犯罪の動向や犯罪者の属性について統計調査を行っている．また，精神障害のある犯罪者については，知的障害を有する者と知的障害以外の精神障害を有する者に区分するとともに，さらに可能な範囲で女性を区分して，各種統計資料により，その犯罪・再犯の実態を明らかにしている．第2に，精神障害を有する犯罪者の特性を前提にしたうえで，検察，矯正および更生保護における現在までの施策の実情を紹介している．第3に，先進的な取り組み（拘禁に代わる措置として社会内処遇を実施）を実施しているイタリアの制度等について紹介している．第4に，精神障害のため支援が必要とされた者の特徴等について，特別調整を実施した者と特別調整を辞退した者とに分けて紹介している．本調査は，前記の知的障害を有する犯罪者に関する調査と同じく，受刑者の属性や生活環境に関する統計データの整備に役立ち，再犯を防ぐあるいは精神障害を有する人による犯罪を減らすための今後の政策作成へのフィードバックにも活かせる可能性がある．しかし，受刑者を対象とした調査であるという事情もあると考えられるが，障害当事者のニーズを把握する調査となっていない．

　以上から，法務省の現行の調査活動においては，ニーズ調査は不十分であり，とりわけ障害者の生活状況を改善するという観点からのレスポンシビリティ確保ができていない．しかし，法務省とりわけ矯正行政の第一義的な役割は犯罪抑止にあるため，障害者の生活状況の改善は犯罪抑止のための手段にすぎず優先課題となりにくい点にも留意する必要がある．

　日本の府省が独自に実施している調査活動の現状についてまとめると，施策の実施状況の分析や政策対象者となる障害当事者の属性等に関する統計データの整備が中心となっている．このような調査も，政策改善に役立つ可能性はある．他方で，障害当事者のニーズを把握する調査は不十分であり，もっとも調査活動が充実している厚生労働省においてもヒアリング調査やワークショップなど障害当事者と相互に対話する調査は実施されていない．したがって，障害当事者のニーズの多様性に対応する形での政策改善は，日本の府省が独自に実

施している調査活動だけでは不十分である点が明らかである．そこで，次に，厚生労働省が実施している障害当事者団体への委託調査の機能について検討する．とくに，障害当事者団体であれば，障害当事者との間に一定の離隔距離が存在する行政組織と比べると，障害当事者へのヒアリング調査，ワークショップ，行動観察などといったニーズの把握に適する調査手法が実施しやすいと考えられる．その点に着目したうえで，ニーズの多様性への対応の機能を明らかにする．

2．日本の府省における障害当事者団体への委託調査

　本節では，厚生労働省が実施している障害当事者団体への委託調査の機能について検討する．具体的には，障害者総合福祉推進事業の事例をとりあげる．この調査研究事業においては，政策評価や日本の府省が独自に実施する調査活動とは異なり，障害当事者のニーズ調査が実施されている．つまり，目標管理型の政策評価，統計分析，施策・事業の実施状況の分析と異なり，障害当事者の生活状況や特性などにより深く焦点を当てた分析が行われているのである．その結果，委託調査を通じて，これまで発見あるいは充足されてこなかった障害当事者のニーズに関する新たな情報を行政に提供できるようになっている．

　なお，障害者政策に関連する別の委託調査事業として，厚生労働科学研究費補助金（障害者政策総合研究事業，なお，2015年度までは障害者対策研究事業）がある．厚生労働科学研究費補助金は，厚生労働科学研究（とくに，国民の保健医療，福祉，生活衛生，労働安全衛生）の振興と，行政施策の科学的な推進および技術水準の向上を目的としている［URL 68：1］．厚生科学研究の振興にあたっては，研究の独創性・先駆性・社会的要請の強い研究を重視し，競争的な研究環境を形成するとしている［Ibid.］．研究課題は指定課題にもとづく公募制であり，採択の決定は事前評価委員会において「専門的・学術的観点」や「行政的観点」などからの総合的な評価を経たのちになされる［Ibid.］．また，応募有資格者は，

厚生労働科学研究を行う大学，国立・民間の試験研究機関，研究を主な目的とした公益法人に属する研究者である［Ibid.：4］．そのため，障害当事者団体は実施主体にはなりにくいと考えられる．以上のように，厚生労働科学研究費補助金においては，障害当事者団体が実施主体になることは想定されておらず，政策課題についての実態調査よりも科学的な学術研究としての成果が求められる．実際に，最新年度の2017年の障害者政策総合研究事業の一覧を概観すると，精神医学やリハビリテーションなどの医療従事者および心理学の研究者による事業が大半を占めている［URL 69］．つまり，医療モデルにもとづく研究が中心となっていると考えられる．くわえて，研究振興の要素が強いため，研究成果と政策改善との連関が弱くなる．したがって，本節では，障害当事者団体の調査機能に焦点をあてるため，厚生労働科学研究費補助金についてはとりあげない．

障害者総合福祉推進事業は，2010年度から実施されている委託調査事業である[2]．本事業は，障害者総合支援法をふまえ，障害者施策全般にわたり解決すべき課題や新たに生じた課題について，現地調査による実態把握などを通じた提言を得ることを目的としている［URL 71］．また，委託にあたっては，指定課題（最新年度である2017年度の指定課題については表7-2を参照）にもとづく事業の公募が行われ，応募のあった事業に関しては外部有識者等による障害者総合福祉推進事業評価検討会による審査が行われたのちに採択される［Ibid.］．そして，委託対象事業の実施主体は，都道府県および市町村，あるいは社会福祉法人，特定非営利活動法人，社団法人，財団法人その他の法人と定められている［Ibid.］．特定非営利活動法人などが実施主体に含まれているため，障害当事者団体が実施主体に含まれることは明らかである．

本節では，障害当事者団体がアンケート調査だけでなく，ヒアリング調査を実施した障害者総合福祉推進事業の事例を分析して，障害当事者の多様なニーズに対応できているか否かを検討する．一般財団法人全日本ろうあ連盟による「意思疎通支援を図ることに支障がある障害者及び障害児に対する支援の在り

表7-2 障害者総合福祉推進事業の指定課題一覧（2017年度）

指定課題名
障害者に対して医療機関に求められる支援についての調査研究
障害者の芸術文化活動における支援のあり方に関する調査・研究
補装具費支給制度における借受け導入に向けた研修等のあり方に関する調査研究
障害者自立支援機器の活用のための支援体制構築の活性化に向けた調査研究
国内外の身体障害者補助犬使用者への対応に関する調査研究
視覚障害者が日常生活を送る上で必要な支援に関する調査研究
障害者総合支援法にもとづく意思疎通支援事業（要約筆記事業）のあり方に関する研究
成年後見制度の利用実態把握及び法人後見の活用に関する研究
就労継続支援Ａ型・Ｂ型の賃金・工賃の向上に関するモデル事例収集と成功要因の分析に係る調査研究
障害者の住まいに関する調査研究
巡回支援専門員が行うべき専門的支援手法の普及内容と普及方法に関する調査
盲ろう者の移動支援に係る研修課程の効率的な実施に関する研究
措置入院中の診療内容の充実に関する調査研究
医療観察法対象者における障害福祉サービスの活用状況の実態把握と受け入れを促進させるための方策に関する研究
長期入院精神障害者の地域移行に向けた病院の構造改革の推進のための具体的方策のあり方に関する研究
障害支援区分に係る研修の実施方法及びカリキュラムに関する調査研究

出所：URL［72］をもとに筆者作成．

方に関する調査」［URL 73］と，社会福祉法人日本盲人会連合による「視覚障害者の移動支援の在り方に関する実態調査」［URL 74］の２つにおける障害当事者へのニーズ調査をとりあげる．前者の調査は，障害者総合支援法附則第三条にある施行３年後[3]の検討見直し規定の事項の１つに意思疎通支援があることにもとづき，その検討の基礎資料とするために実施された［URL 73：100[4]］．また，後者の調査に関しても，検討見直し規定の事項の１つに移動支援があり，その調査結果は地域特性や利用者のニーズに応じた支援体制構築の議論に反映された［URL 74：9-10］．なお，そのほかに，障害者自立支援法などの改正や障害者権利条約批准に向けた障がい者制度改革の議論と連動した2010年度の事業[5]

では，社団法人日本筋ジストロフィー協会による「筋ジストロフィー患者のための日常実態及び福祉サービスの調査」[URL 77]，特定非営利活動法人無痛無汗症の会「トゥモロウ」による「稀少神経難病患者の生活実態調査」[URL 78]，財団法人北海道難病連による「難病患者等の日常生活状況と福祉ニーズに関する調査」[URL 79]，財団法人全日本ろうあ連盟による「地域生活支援事業（コミュニケーション支援事業）の実施における地域間の差異に関する調査」[URL 77]といったニーズ調査を行う事業があった．このうち，財団法人北海道難病連による調査は，アンケート調査のみのニーズ調査となっている．本書では，より近時である障がい者制度改革以後に実施されている「意思疎通支援を図ることに支障がある障害者及び障害児に対する支援の在り方に関する調査」と，「視覚障害者の移動支援の在り方に関する実態調査」の２つのニーズ調査の実施事例をとりあげる．

第１に，「意思疎通支援を図ることに支障がある障害者及び障害児に対する支援の在り方に関する調査」[URL 73]では，手話通訳者，要約筆記者，盲ろう者向け通訳・介助員養成事業の実態と課題をまとめた「意思疎通支援・講師養成実態調査」と，「意思疎通実態調査」が実施されている．このうち，本節では，ニーズ調査を実施している「意思疎通実態調査」をとりあげる．意思疎通実態調査では，現在意思疎通支援の対象となっている聴覚障害者，視覚障害者，盲ろう者以外で意思疎通の困難を抱えている障害者にはどのような人びとがいるか，その人びとはどのような困難を抱え，どのような支援ニーズを持っているかを明らかにすることが目的であった [Ibid.：100]．つまり，意思疎通支援の「谷間」に置かれている障害当事者の新たなニーズを発見するための調査であった．調査方法は，質的な事例調査である．具体的には，調査に協力した障害当事者団体（計15団体）から原則４名の調査対象者を選定し，調査票にもとづく面接調査を行う方法である [Ibid.：100-101][6]．なお，調査対象者の選定にあたっては，困難，ニーズ，性別，年齢などの多様性を意識した事例選定を行っている．

調査の結果，意思疎通支援の谷間に置かれており意思疎通の困難を抱えたままの人びとの障害や症状のタイプは，以下の7つであることが明らかとなった（表7-3参照）．

本調査では，それぞれのタイプの人びとの困難やニーズをふまえたうえで，「人」「制度」「支援機器」の3つの観点から課題をまとめている［Ibid.：106-108］．なお，障害者総合支援法の現在の制度での運用の充実によって実行できると思われるものは「充実課題」，質的に新しいもので法制度の改革が必要と思われるものは「改革課題」と付記されている．

1 「人」
1-1 一般の福祉職員の充実
1-1-1 〈福祉職員の姿勢・態度〉（充実課題）
- ゆっくり聞く姿勢，コミュニケーションのスピードに配慮する姿勢が望まれる．
- 主体性と尊厳を尊重する姿勢を．
- 支援者は思い込みで支援せず障害者の考えをよく理解し，出来るだけ確認して支援する．
- 意思疎通には「メッセージ・情報の伝達」とともに，「気持ちの共有」の要素があることの理解を．

1-1-2 〈福祉職員の支援技術〉（充実課題）
- 意思を理解するコミュニケーションスキルのある職員の確保．
- 多様な状態像の高次脳機能障害を理解し，さらにその人の価値観や関心事を理解して意思疎通支援に反映させることのできる支援者が求められる．
- どの重度訪問介護ヘルパーでもパソコン入力などの意思疎通支援ができるようにする．
- 福祉職員が，個々の利用者の苦手な表現方法・理解方法を理解して対応する．

第7章　障害者政策の評価における調査活動の補完的機能　　171

表7-3　意思疎通困難者のタイプ

タイプ	困難・ニーズ
1．構音障害＋運動障害（脳性マヒ者，筋萎縮性疾患）	●音声を発することが困難． ●声がわかりにくいゆえに，スマートフォンの音声入力機能もうまく使えない． ●手指や他の部位の運動障害ゆえに文字を書いたりすることやパソコンでの文字入力が困難． ●ヘルパーの資質や技術によって意思疎通の質が左右され，ヘルパーの意思疎通技術の習熟に時間がかかる．
2．難聴（難聴者）	●一対一の会話はなんとか可能でも3人以上の会合，講義，雑音の中での会話は聞き取れないため，情報保障や配慮が必要． ●交通機関などでの音声アナウンスがわからないため文字情報の併用が不可欠．
3．難病により病的に体力がない（筋痛性脳脊髄炎）	●身体活動や精神活動による疲労が激しいため，会話，話すこと，聞くこと，外出，テレビやパソコンの利用等すべてにおいて意思疎通が制限される．音や電磁波などへの過敏のためにテレビやパソコンを使用できない人もいる．
4．知的障害（知的障害者，重症心身障害者）	●中・軽度の場合 　簡単な買い物などの日常生活上の意思疎通に大きな困難はないが，やや難しい判断や手続きには支援が必要． ●重度の場合 　表情・動作で「はい」「いいえ」をようやく表現できる人や，意思表示が受け入れられないとパニックになる人もいる．意思疎通の質は家族・職員の能力や姿勢・時間的ゆとりに左右される．
5．発達障害（発達障害者）	●気持ちや意思を相手に伝えること，相手の（怒りなどの）気持ちや意思を受け止めることなど，意思疎通の前提となる関心や期待，必要性の理解が弱い ●学習障害のある人では，書くことや読むこと（とくに漢字）が困難． ●要領よく話すことや抽象的な指示を理解することが困難で，怠けている，不真面目などと誤解されて人間関係をうまく構築できない．
6．失語症（失語症者）	●意思の表出も受け止めもともに困難で，しかも表出して伝えたい思いは強く，心理的ストレスや挫折感が強い人も多い． ●病院の本人確認で自分の名前が答えられないという人もいる． ●適切な意思疎通支援機器の用具（イラストなど）の使用があまり進んでいない． ●家族の付き添い・支援で最低限の社会参加が成り立っている場合が多い． ●本人の心の中には伝えたいことがあり，人の意思を理解する力もあるので，家族や失語症に詳しい会話支援パートナーなどが，理解しやすく説明したり，表現を適切に促したりすることが必要．
7．「非定型」（高次脳機能障害者）	●高次脳機能障害のある人では，意思疎通に特に問題がない人から，絵カードなどを使い選択肢を2つに絞っても明確な意思表示が得られず職員が表情などで判断するしかないという人まで多様である．記憶（とくに短期記憶），情動，認知，注意，遂行などの重要な精神機能が様々な程度に障害を受けているための多様性と考えられる．

出所：URL［73：103-105］をもとに筆者作成．

- 買い物や手続き等個々人によって（意思疎通）支援の必要な範囲が異なることに注意．

1-1-3 〈福祉職員の確保と労働条件（雇用の安定）〉（充実課題）
- 介助職員が安定して働ける報酬体制．
- ヘルパーが意思疎通支援に習熟するには資質のある人でも数年かかるので，その安定した確保を制度で支えて欲しい．
- 職員がゆとりをもって個別支援できる十分な数の職員体制．
- 意思疎通支援を考慮して施設の職員配置の基準とする．
- 本人の意思と状況を読み取って適切な対応ができる人材の確保とそのための予算措置．
- 意思疎通面で安心できるレスパイト受け入れ事業所の確保．

1-2 意思疎通支援を専門とする職員の創設

1-2-1 〈特定の障害に対応する専門職〉（改革課題）
- 失語症会話パートナーなど（手話通訳者，要約筆記者のように，特定の意思疎通支援に専門性を持つ）．

1-2-2 〈意思疎通支援一般の専門職〉（改革課題）
- デイサービスや就労支援施設などの通所・入所の福祉施設に意思疎通専門職を配置する．
- 意思疎通の専門職が家族や福祉職員（ヘルパー・ケアマネなど）に意思疎通方法を指導する．
- 意思疎通の専門職が行政・銀行・医療機関などの窓口担当者に意思疎通方法を指導する（1-2-1と異なり，多様なタイプの意思疎通の困難に対応できる専門職）．

2 「制度」

2-1 〈意思疎通支援 情報・相談・研修のセンターの設置〉（改革課題）
- 重度障害者の意思疎通支援方法について家族や職員が相談・研修を受けられる仕組みづくり．

2-2　意思疎通支援の位置づけの強化
2-2-1　〈支給決定への意思疎通支援ニーズの反映〉（充実課題）
- 意思疎通支援のニーズをサービス支給決定（とくに支給量）に十分反映させる．
2-2-2　〈施設での支援プログラム〉（充実課題）
- 学校教育で身につけた意思疎通能力を退化させず発展させる支援プログラム．
- 個別支援計画における意思疎通支援の位置づけを高める．
2-2-3　〈入院・通院時の意思疎通支援の確保〉（改革課題）
- 通院時の医療機関内での意思疎通支援や介助のために慣れたヘルパーの付き添いを可能にする．
- 入院時のコミュニケーション保障のためにヘルパー派遣を認める．
- 重度障害者等入院時コミュニケーション支援事業を国の制度とする．
2-2-4　〈現在の意思疎通支援事業の運用改善〉（充実課題）
- 意思疎通支援者派遣のための都道府県の広域調整機能が生かされていない現状を改める．
- 身体障害者手帳が受けられない難聴者への意思疎通支援者の派遣を認める．
2-3　〈縦割り制度の谷間の解消〉（改革課題）
- 高等教育での意思疎通支援が市町村の（障害者総合支援法の）責任か学校の責任かを明確にする．
2-4　〈当事者活動への支援〉（改革課題）
- 「仲間の会」などセルフヘルプグループへの支援を法律による支援として確立する．
- 失語症などの友の会の活動を支援する．
2-5　〈地域住民の理解の促進〉（充実課題）
- 高次脳機能障害等の特徴を地域の人びとに理解してもらう活動も福祉従事者に期待され，それを可能にする人員配置が必要である．

3　支援機器（IT機器・意思疎通支援機器の開発と活用）（充実課題）
- トラックボールなど入力支援機器のスマートフォンへの接続などの技術開発と普及・活用．
- キーボードの長押しが連打にならないような調整など技術開発と普及・活用．
- 障害者の状態に応じた意思疎通支援機器の開発・適合と活用．
- 意思疎通困難者に役立つ用具を日常生活用具として制度化する．
- 多様なコミュニケーション支援機器を気楽に試せるような仕組みをつくる．
- パソコンや意思疎通支援機器を使えるように技術的な支援体制を確立する．
- 意思疎通支援機器の自己負担の解消
- 障害者手帳のない難聴者に意思疎通支援・補聴器などを支給する．

　第2に，「視覚障害者の移動支援の在り方に関する実態調査」[URL 74]では，視覚障害者の外出保障としての同行援護と移動支援事業の実態について，都市部とそれ以外の地域との地域差を明らかにする調査が行われた [Ibid.：2]．本調査では，自治体やサービス事業所に対してアンケート調査やヒアリング調査を行うだけでなく，視覚障害当事者（秋田県，新潟県，兵庫県，神戸市，愛知県，名古屋市，広島県，広島市，宮崎県に在住の300人の視覚障害当事者）に対してアンケート調査やヒアリング調査を実施している [Ibid.]．この調査によって，居住地域の違いによって，障害当事者にとって充足されていないニーズに違いが生じていないか否かを明らかにしている．なお，本書では，視覚障害当事者への調査の結果に焦点をあてる．

　調査の結果，障害当事者のニーズの観点からみると，外出保障の実態に関して主に以下の3点が明らかとなっている．第1に，移動手段の少なさやガイドヘルパーの供給体制の問題から，県庁所在地以外の市町村や山間地域に居住する人の外出頻度が少なくなっている点である [Ibid.：9-10]．第2に，自治体によっては同行援護事業のみしか実施していないため，通勤・通学の際の移動支

第 7 章　障害者政策の評価における調査活動の補完的機能　　175

援の利用が認められていない点である［Ibid.：13-14］．第 3 に，居住する地域であったらよいと思う移動支援として，事業所やガイドヘルパーによる車での送迎（公共交通機関が存在しない地域における福祉有償運送），他市町村での利用に際する事業所間でのガイドヘルパー派遣調整，ガイドヘルパーの自宅への立ち入り（電気・ガス・戸締りの確認），緊急時の買い物などへの派遣対応，他県や隣接市町村への移動があげられている［Ibid.：17, 20］．現状では，とくに，居宅介護が中心の事業所にとっては，定期的で短い外出目的には対応できても，急な依頼や遠方への外出，長時間の外出などには，運営方針上，対応できないところが多いという［Ibid.：20］．なお，アンケート調査だけでなく当事者ヒアリングにおいても，過疎地域では公共交通機関が充分に発達していないため同行援護や移動支援が利用しにくく都市部との間で利用格差が生じている点，ガイドヘルパーの質の問題，緊急時の対応が不十分な点，仕事や入院中あるいは施設入所中における利用ニーズの未充足などが確認された［Ibid.：69］．

　以上の事例分析を通じて，障害者総合福祉推進事業においては，障害当事者団体によって障害当事者の多様なニーズを発見したり充足されていないニーズを確認する調査が存在したりすることが明らかとなった．とくに，全日本ろうあ連盟による意思疎通支援事業に関する調査は，障害種別によって異なる意思疎通支援ニーズの違いを明らかにしている点，そしてこれまで制度の対象とならなかった障害当事者のニーズを発見している点において高く評価できる．また，厚生労働省の政策評価においては触れられてこなかった意思疎通支援事業や移動支援事業の実態を明らかにしている点にも意義がある．ただし，障害者総合福祉推進事業における障害当事者団体によるニーズ調査は，アンケート調査のみのものを含めても 6 例程度と少ない点も事実である[7]．今後，ニーズの多様性への対応の観点から委託調査による政策評価の補完的機能を強化するには，より多くのニーズ調査の実施が望まれる．また，ニーズ調査にあたって，ヒアリング調査よりもさらに手間がかかるワークショップや行動観察といった調査手法は活用されていない．

以上のような委託調査の実施によって，厚生労働省は，障害当事者団体から障害当事者のニーズに関する新たな情報を入手できていることが理解できる．つまり，委託調査の結果の活用によって，障害当事者の多様なニーズに対応できる余地がある．その情報を活用して，行政は，障害当事者のために政策を改善して，レスポンシビリティ確保を図ることも可能であろう．また，委託調査による情報共有を通じて，とりわけ障害当事者団体と厚生労働省との間で安定的な連携関係が創出されるとも解釈できる．このような日常的なコミュニケーションの積み重ねによって，障害当事者団体と厚生労働省との間で信頼関係が構築され，障害当事者団体が要望する政策の実現が容易になる可能性もある．そのため，今後は，厚生労働省に限らず，他の府省においても同様のしくみを整備していくことが求められる．しかし，委託調査は，あくまで厚生労働省の公募に対して，障害当事者団体が応募し，厚生労働省の審査を経て調査研究事業として採択されるというプロセスで成り立っている．そのため，委託調査の実施にあたっては，厚生労働省の意向が強く働き，厚生労働省の意図に反する障害当事者のニーズは調査結果に反映されない可能性がある．そして，厚生労働省の意向に沿った調査を実施するならば，障害当事者団体が「行政の下請け化」［藤井 2010：7］してしまう，あるいはそのように揶揄される危険も伴う．くわえて，委託調査によって，行政に対するアカウンタビリティ追及を期待するのは困難である．なぜなら，委託調査においては，行政が依頼人（principal）である一方で，障害当事者団体が代理人（agent）であり，立場が逆転しているためである．これらの点をふまえると，これまで行政に対する抗議運動によって日本の障害者政策を批判してきた障害当事者団体は，委託調査だけでなく，行政の資源に頼らず自発的に調査を実施していく志向を有する可能性がある．そこで，次に，障害当事者団体による自発的調査の機能について検討する．その際，ニーズ調査による行政に対してレスポンシビリティ確保を要請する機能やアカウンタビリティを追及する機能にも言及する．

3. 障害当事者団体による自発的調査

　本節では，障害当事者団体による自発的な調査の事例をあげて，その機能について検討する．自発的調査は，第3章でも言及したように，障害当事者団体が自らの資源あるいは民間の助成財団から得た資金を活用して実施する調査である．行政との間に委託関係がないため，既存の政策をより批判しやすい調査形態である．しかし，委託調査と異なり，調査活動を通じた行政との間のコミュニケーション回路の接続が確約されていないため，調査結果をもとに行政に対する提言や要望を行ったとしても政策修正に直接つながる調査形態であるとはいえない．まず，本節では，障害当事者の多様なニーズを把握するために，障害者運動と同期する形で実施されてきた障害当事者団体による自発的調査を紹介する．そのうえで，より近時に実施されている自発的調査の事例として，認定 NPO 法人 DPI 女性障害者ネットワークによる「障害のある女性の生活の困難――人生の中で出会う複合的な生きにくさとは――複合差別実態調査報告書」をとりあげる．そして，最後に，自発的調査の課題について述べる．

　障害当事者団体による自発的調査は，障害者運動とのつながりが強い．自発的調査は，長い歴史を通して社会の偏見や差別の壁に阻まれてきた障害者にとって，さらなる排除や隔離をもたらす施策に抗するため，あるいは制度・施策の谷間に放置され続けることへの異議申し立ての手段として活用されてきた［杉本 2008：195］．つまり，行政に対してアカウンタビリティを追及したり，あるいはレスポンシビリティ確保を要請したりするために活用されてきたのである．

　自発的調査の先駆けとしては，1980年の大阪青い芝の会による在宅重度障害者の生活要求一斉調査活動がある．この調査は，各戸への訪問調査によって障害当事者のニーズを直接聞き取る調査であった．本調査の実施の背景には，旧厚生省の身体障害者実態調査（現在の生活のしづらさなどに関する調査）の調査のね

らい・調査方法・質問項目などへの反発があったとされる［Ibid.：120-121］．その後，1992年には，療養施設自治会全国ネットワークによる「全国療養施設生活調査」が実施された［Ibid.：180］．この調査では，全国のすべての療養施設にアンケート用紙を送り，療養施設で生活している男性・女性1人ずつに施設の立地状況，生活環境，食事や入浴・排泄，外出・外泊などの日常生活，面会や通信，地域との交流，さらに自己管理や自己決定などの施設生活について調査が実施された．これまで，施設で暮らしている人の生活内容について，全国的な規模で直接当事者から声を聞くという調査が行われたことはなく，この調査は画期的な試みであった．自己決定の制約や金銭管理への不満などを通じて施設入所者のきわめて制約の多い窮屈な生活実態が明らかとなった［杉本 2000：27］．1998年には，障害当事者団体の約60団体が参加する障害者の自立と社会参加を目指す大阪連絡会議と部落解放同盟大阪府連による「障害者の人権白書」の作成が行われ，その際調査が実施された［杉本 2008：178］．本調査では，行政との連携のもと，実行委員会を組織して府内の障害者1550人に聞き取り調査を実施した．障害者自身の声を広汎に集めて分析した試みは初めてであったという．地域や学校，職場，施設，交通機関や公共施設の利用その他で，いじめ，暴行，無視，参加や利用の拒否，いやがらせなどの差別的対応，人権侵害を受けた経験を調査担当者が直接面接して，具体的な事例を聞き取った．その結果，調査対象者のうち57.5％の人が障害者であることで差別，人権侵害を受けていると感じていることや，26％の人がいじめや暴行を受けた経験があること，そして13.9％の人が交通機関の利用の際，駅員や乗客とのトラブルや乗車拒否に遭ったことなどが明らかとなった．

　障害当事者団体による近時の自発的調査において成功した事例として，DPI女性障害者ネットワークによる「障害のある女性の生活の困難―人生の中で出会う複合的な生きにくさとは―複合差別実態調査報告書」がある［URL 80］．女性障害者ネットワークの母体であるDPI（Disabled People's International）[8] 日本会議は，多様な障害種別の障害当事者団体（2017年8月現在では96団体）から構成

される障害枠をこえた自助団体である［URL 81］．1986年の設立当時から，医師主導の医学的リハビリテーションの問題点，養護学校義務制の撤廃，障害者雇用の問題点，施設の非人間的処遇の是正，女性障害者問題といった点に関して提言を行ってきた［杉本 2008：153］．とりわけ，1988年からは交通アクセス全国行動を展開し一定の成果をあげた[10]．その後も，支援費制度や障害者自立支援法への抗議運動，障害者政策研究全国集会などで中心的な役割を担ってきた［URL 82］．現在は，障がい者制度推進改革会議や障害者政策委員会への参加などを通じて行政とも積極的に接点をもち，障害当事者団体のなかでも政策提言の能力が高い組織として機能しつつある［Ibid.］．

　DPI女性障害者ネットワークの調査では，障害のある女性の複合差別の実態について障害のある女性（87名）に対するアンケートおよびヒアリング調査が行われた［URL 80：1］．その結果，障害のある女性は，合理的な配慮を受けられず，障害のない女性と比べても，あるいは障害のある男性と比べても，不均等な待遇を受けている状態である現状が明らかとなった［Ibid.：11］．具体的には，性的被害，介助，性と生殖，就労と収入をめぐる問題を明らかにしている［Ibid.：1］．

　第1に，性的被害については，職場で上司から，学校で教師や職員から，福祉施設や医療の場で職員から，介助者から，家庭内で親族からの被害が発生していることを明らかにしている．その原因として，障害のために逃げることができない，反撃する力がない，知的障害などの場合は訴えても証言が採用されない，声や顔で加害者を特定できない，経済的自立の困難，社会的地位の低さなど，障害女性の属性に加害者がつけ込んでいる可能性があることを指摘している［Ibid.：2-3］．

　第2に，介助については，同性介助の要望が高まっている点を明らかにしている［Ibid.：4］．その理由として，介助は身体接触を含む場合が多く，身体接触を含む異性介助は，性的被害を受けるというリスクとも隣り合わせであることをあげている[11]［Ibid.］．

第3に，性と生殖については，優生手術（生殖を不能にする手術）を強制された人や月経の介助を受けずにすむようにと子宮摘出を勧められた事例，妊娠時，障害児を産むのではないか，子供を育てられるのかといった理由で医師や親から堕胎を勧められた事例が紹介されている [Ibid.: 6-7]．そのうえで，障害女性の「性と生殖の健康と権利」確立は現在も喫緊の課題である点を指摘している [Ibid.: 7]．

　第4に，就労と収入については，就労を希望する障害女性が多いにもかかわらず，性的役割分業の規範が浸透しているがゆえにそのニーズが理解されてない現状を明らかにしている [Ibid.: 8]．実際には，こうした女性たちが就くことができる仕事は，女性であるために低い賃金や不安定な条件の仕事（パートタイム労働など）にとどまっているのである．また，そうした不安定さにつけこむかたちでのハラスメント被害にもあいやすい点を明らかにしている [Ibid.]．

　本調査は，障害当事者団体の自発的調査としては，成功事例であった．まず，これまで社会的に認識されてこなかった障害のある女性の具体的困難やニーズを明らかにしている点で成功している [Ibid.: 11]．ただし，ニーズ調査にあたって，ヒアリング調査よりもさらに手間がかかるワークショップや行動観察といった調査手法は活用されていない．また，本調査をもとに，内閣府障がい者制度改革推進会議および障害者政策委員会でDPI女性障害者ネットワークに対するヒアリングが行われ，障害者基本計画（障害特性等に配慮した支援の項目）の記述 [URL 1: 7] や障害者差別解消法の基本方針 [URL 84: 3] に障害のある女性の複合差別への対応に関する記述が導入された [URL 85]．そして，本調査は，公益財団法人キリン福祉財団の助成を受けて実施された [URL 86]．以上から，DPI女性障害者ネットワークによる自発的調査は，外部の資金を集めながら障害当事者のニーズ情報を生産し，その情報が日本の府省の障害者政策の改善につながった成功事例であることが明らかである．

　しかし，障害者運動全体をみてみると，障害当事者団体による自発的調査，とりわけ障害当事者のニーズを発見する調査は，少ない．近時の障害者運動の

代表例である支援費制度導入前のホームヘルプサービス提供量の上限設定撤回運動や障害者自立支援法への抗議行動は，全国集会，街頭デモ，厚生労働省と障害当事者団体との直接的交渉といった手段が主体であった［杉本 2008：222-25；240-44］．また，1990年代には DPI 日本会議を中心とした障害者政策研究全国集会において政策提言が積極的に行われたが，調査活動は散発的であり政策提言に向けたプロジェクトも継続的に積み重ねることができなかった[12]［*Ibid.*：195-97］．そのため，障害当事者団体にとって，調査活動が，政策修正の要請の際に大きな役割を果たすとは認識されていなかったと考えられる[13]．障害当事者のニーズに関する情報を収集して政策修正に向けた提言の説得力を向上させる試みは，障害当事者団体にとって実効性のあるアドボカシーの手段とはみなされていない．したがって，調査活動を通じて，障害当事者団体がアカウンタビリティを追及したりレスポンシビリティ確保を要請したりする能力は低いといわざるをえない．つまり，障害当事者の多様なニーズを把握できていないという既存の政策評価の欠陥を補完する役割はほとんど果たせていない．

4．障害者政策の評価・調査をめぐる難問

最後に，本書のしめくくりとして，日本の府省における既存の政策評価制度を補完する役割を果たす調査活動をめぐる難問について述べる．その難問とは，障害当事者の多様なニーズを把握することの困難に関わるものである．以下では，3つの難問をとりあげ，府省による独自の実態調査，委託調査，そして障害当事者団体の自発的調査が共通して有する困難を確認する．そのうえで，それぞれの難問への対処のあり方が今後の障害者政策の質を決定づけることを示す．

第1に，コストの問題である．行政による評価・調査にしても，障害当事者団体による調査にしても，分析手法が洗練されているほどそのコストは大きくなる．可能な限り調査の客観性を担保するために，アンケート調査やヒアリン

グ調査の対象人数を増やせば増やすほど，あるいはインパクト評価のような統計的手法や費用便益分析などの高度な手法を利用する場合，多くの資金，人員，調査手法習得のための教育コストが必要になる．そのため，行政にとっては，目標管理型の政策評価で用いる指標に関するデータを収集するための調査以外の追加的な作業を忌避する可能性がある．他方で，障害当事者団体等に調査を委託する場合は人的コストを削減できるが，委託費用や受託者とのコミュニケーションの手間が生じる．それでも，アカウンタビリティ確保やレスポンシビリティ確保のために，行政が積極的に障害当事者のニーズの調査を実施するかどうかが，今後の障害者政策の質を決定づける．調査の実施を促進するためには，障害者関連予算の底上げが必要であろう．そして，その予算を増加させるためには，調査の正統性を広く一般市民に訴求する必要がある．また，障害当事者団体にとっても，自前の資金力が大きくなければ，助成財団からの支援や行政からの委託に際する補助金を活用して調査を実施せざるをえない．障害当事者団体の自発的調査の促進のためには，寄付や民間からの助成をより活性化させて，団体組織の運営資金の潤沢化を図ることが必要となる．いずれにしても，行政にとっても，そして障害当事者団体にとっても，調査にかかるコストの問題を解決するにあたっては，障害者政策に対する一般市民の理解と協力が必要であり，それらを得るには大きな困難がある．少なくとも，一般市民の理解と協力に期待するには，長期的な視座で障害者の権利を最大限尊重する「共生社会の規範」の醸成を図る必要がある．

　第2に，公平性の問題である．障害当事者の多様なニーズに対応することは，財政状況が厳しい日本においては，他の政策領域の政策対象者のニーズの充足を阻害する可能性がある．福祉政策研究では，サービスの公平性とクライアントのニーズへの個別対応とのジレンマが指摘されてきた [Lipsky 2010 : 73]．つまり，社会全体からみて，障害者に対する「えこひいき」がどれだけ許容されうるかといった点が，公平性の観点からは重要となる．今後の障害者政策の質は，公平性に拘泥せずに障害者の権利を尊重する社会規範を構築できるかどう

かという点に左右されるのである.

　第3に,調査内容のわかりにくさに関する問題である.本書では,障害当事者の多様なニーズを把握する評価や調査の重要性を指摘してきた.しかし,個別ニーズの記述を重視する評価や調査は情報量が過多となり,調査内容が政策決定者や政治家および一般市民にとってわかりくくなる可能性をはらむ.それゆえに,評価や調査の成果が共有あるいは理解されず,障害当事者のニーズ情報が政策改善に活かされない事態を招く.この点では,日本の府省が採用してきた目標管理型の政策評価は,個別のニーズの記述を避けて事前に設定した特定の指標値の推移を観察するだけでよく情報量が圧縮されている.すなわち,特定のニーズに絞った分析になりやすい.そのため,だれにとっても一瞥して理解できるわかりやすい評価内容となる.とりわけ,アカウンタビリティ確保を重視する場合には,政治家や一般市民にとってわかりやすい評価情報すなわち数値による記述は効果的である.今後の障害者政策の質は,このようなメリットを犠牲にしてでも,障害当事者の多様なニーズを把握するための追加的な評価や調査を実施できるかという点に左右される.ニーズ調査の実施にあたっては,政策決定者や政治家および一般市民がその調査内容の複雑さを許容できるかどうかが重要になる.

　これらの難問への取り組みは,行政にとっても,カウンターパートである障害当事者団体にとっても,困難な道のりであることに違いない.難問解決への鍵が障害者の権利を尊重する社会規範の醸成にあるとすれば,それは短期的に解決する課題ではなく,長期的な視座で取り組むべき課題である.しかし,障害者権利条約や障害者基本法の理念を遵守するならば,障害当事者の多様なニーズに対応できるように障害者政策の質を向上させる取り組みは必須であろう.そして,質の向上に資するためには,政策形成や政策実施のシステムを改革するのはもちろんのこと,政策形成や政策実施に資する情報生産の基盤である政策評価活動や政策調査活動のシステムの改革も必須である.障害者政策に関わる障害当事者,実務家,研究者にとって,障害者政策委員会への関与,行政と

の直接的交渉,街頭での抗議デモや全国集会といった形態での政策形成プロセスに焦点が集まり,それと比べると評価や調査の活動は一見地味であるように感じるかもしれない.しかし,政策形成プロセスへの自発的調査の成果の活用は,障害当事者の主張の説得力の向上に役立ち,よりよい政策作成につながりうる.また,行政も,独自の実態調査や障害当事者団体への委託調査の実施,および障害当事者団体の自発的調査の成果の活用を通じて,よりよい政策作成が可能となり,さらに障害当事者とのコミュニケーションや信頼関係を円滑に構築できる余地が創出できる.そして,行政がその調査の成果を既存の政策評価活動に活かせれば,障害当事者の多様なニーズを把握できるといった点で障害者政策の評価の質の向上につながるであろう.以上をふまえると,今後は,障害者政策委員会委員長として障害者政策に精通している石川准がいうように,行政―障害当事者団体間,そして障害当事者団体同士で連携して評価や調査を実施するプラットフォーム,すなわち「ネットワーク型シンクタンク」の構築が優先課題であるかもしれない［石川 2014：31］.シンクタンクのような評価や調査を専門とする組織を設けて,そのなかで行政および障害当事者団体の人材や資金を調達できれば,より質の高い日本の各府省による政策評価や調査(委託調査を含む),そして障害当事者団体による自発的調査を数多く実施できる可能性が高くなるであろう.

注
1) 鼻腔管や胃ろうなどからの経管栄養,たんの吸引,酸素療法,人工呼吸器の使用,導尿などである.
2) 前身の調査研究事業として,障害者保健福祉推進事業(障害者自立支援調査研究プロジェクト)があった［URL 70］.
3) 障害者総合支援法の施行は,2013年からである.
4) その成果は,厚生労働省社会保障審議会障害者部会による障害者総合支援法施行3年後の見直しについての報告書に反映されている.具体的には,現行の支援の枠組みは維持しつつも,失語症,知的障害,発達障害,高次脳機能障害,難病,重度の身体障害のある者など障害種別ごとの特性やニーズに配慮した意思疎通支援の推進の必要

性が指摘されている［URL 75：4；19］．
5） たとえば，財団法人日本ろうあ連盟による「地域生活支援事業（コミュニケーション支援事業）の実施における地域間の差異に関する調査」の報告書には，障がい者制度改革推進会議における議論の指針としたい旨が記されている［URL 76：1］．
6） 実際には本人による記入，家族・施設職員によるヒアリング，家族・職員による回答なども含まれ，メール・郵送・FAX などによる回答も多くなされた．
7） なお，各年度の総実施事業数は以下の通り．2010年：47事業，2011年：25事業，2012年：27事業，2013年：23事業，2014年：13事業，2015年：6事業，2016年：23事業．
8） DPI 自体は，1981年にシンガポールで設立された130カ国以上が参加する国際障害者運動のネットワークであり，障害のある人の権利の保護と社会参加の機会平等を目的に活動をしている国際 NGO である［DPI 日本会議 2017a］．1980年にカナダのウィニベックで開催されたリハビリテーションの専門家の世界団体である RI（リハビリテーション・インターナショナル）の世界会議に出席していた障害者が，障害者自身の世界団体の設立を決意したことが発端となっている．1981年に国際障害者年を控えていたこともあって，障害者の参加が多く，理事会の半数を障害者にすべきとのスウェーデンからの動議が出されたが，それが否決されたことから DPI の結成に至ったとのことである［中西 2000：288］．
9） 1986年に DPI 女性ネットワーク（現在は DPI 女性障害者ネットワーク）が設立された．設立当初は，施設や病院での当人の同意を得ない子宮摘出の問題が優先課題であった．重度の女性障害者や知的障害の女性が摘出手術を強いられた裏には，先天性の身体障害や精神障害を理由にした不妊・中絶手術を容認した優生保護法（1948年制定）の存在があった．そこで，国内での優生保護法撤廃運動に尽力した［中西 2000：290］．
10） 全国行動の日にはデモ行進だけでなく，電車への集団での乗り込み，鉄道会社との交渉，良い会社の表彰などが行われた．この成果が実り，1993年に旧運輸省は「新設駅，大規模な改造駅においては，障害者用垂直移動手段としてエレベーターを設置すること，ターミナル駅においては順次，その他の駅についても今後エレベーターを設置していくこと」という「鉄道駅舎等へのエレベーター整備指針」を出した［中西 2000：291］．
11） なお，現在でも介助・介護職は，担い手の男女差が大きい職種の1つで，76.2％が女性という調査結果もある［URL 83：125］．しかし，病院・施設に限ると男性の介護従事者も増えており，障害女性本人が同性介助を懇願しているにもかかわらず，日常的な排泄・入浴介助が男性によって行われ，それが規則化されてしまっているケースが多々あることが聞き取り調査によって明らかとなった［URL 80：4-6］．
12） ただし，障害当事者団体が政策提言を成果物（書籍）として公表できた事例として，

DPI障害者権利擁護センターが事務局を務めた障害者欠格条項をなくす会の『欠格条項にレッドカードを！──障害者欠格条項の見直しに関する提言──』がある［障害者欠格条項をなくす会 2000］．提言にあたっては，専門家へのヒアリングや障害当事者へのインタビューを行っている．なお，欠格条項とは，心身の障害を理由に，自動車運転免許や医師・薬剤師などの資格の取得や理美容師などの業務の許可を制限している法律や政令における条項のことである．この欠格条項の存在は，職業選択の自由や社会参加促進などの障害者施策の根本原理と矛盾しているという指摘がある［小澤 2016d：204-205］．
13) 例外として，2006年の障害者自立支援法施行時に，DPI日本会議が，緊急調査という形で障害当事者の抗議の声を収集する試みを行っていた［杉本 2008：243］．

第8章　障害者政策の評価の展望と課題

　本書では，障害当事者の多様なニーズへの対応が課題である日本の府省の障害者政策においてどのような評価活動が実施されているか，また望ましい評価活動のあり方とはどのようなものかを明らかにすることを目的として論を進めてきた．つまり，政策特性に応じた政策評価の検討の1つのモデルケースとして障害者政策をとりあげ，政策評価研究や評価実践に資する新たな知見の提供をめざして論を進めてきた．その結果，まず，日本の府省においては，障害者政策に適した政策評価はほとんど実施されていない点が明らかとなった．また，行政責任の確保の観点から，障害当事者の多様なニーズに対応した評価活動の必要性を指摘したうえで，評価に際して政策評価制度の枠外にある府省独自の調査活動，障害当事者団体への委託調査，障害当事者団体による自発的調査の成果を補完的に活用することが重要であると論じた．しかし，現状では，障害当事者の多様なニーズを把握可能な調査活動は，存在しているものの数が少ない点が明らかとなった．この結論に至ったプロセスについて確認するため，本書の各章の要約を行う．

　第1章では，障害者政策の構造は複雑であるため，既存の政策評価の枠組みでは適切な評価は困難であるという想定を提示した．障害者政策は，障害の種別ごとのニーズの多様性と，保健・医療，福祉サービス（生活支援），教育，雇用，住宅，交通，文化・スポーツなど政策領域横断的なニーズの多様性を有する．さらに，近年では，発達障害者や難病患者も障害者として定義されるようになり，対応しなければならないニーズの多様化が進んでいる．そのようなな

かで，政策評価法にもとづき，日本の府省は，ほかの分野の政策と同様に障害者政策に関しても政策効果を把握する試みの実施が義務付けられている．しかし，障害者政策に内在するニーズの多様性の問題は，政策の構造を複雑にし，包括的な政策効果の発現パターンの予測や事後的な把握を困難にする可能性がある．つまり，障害者政策においては，所与の条件として政策評価の機能の低減を念頭に置く必要がある．そこで，本書では，既存の枠組みでは障害者政策の評価は困難という想定の妥当性と障害者政策に適した評価のあり方を中心に検討すると述べた．

第2章では，現行の障害者政策の体系とその形成過程について述べた．現行の障害者政策は，憲法，障害者権利条約，そして障害者基本法などの法規定によって実施が義務付けられ，障害当事者の多様なニーズにもできる限り対応する体制が求められている．しかし，戦前や戦後しばらくは，障害者政策の体系は貧弱であった．障害者は，社会から排除され，家庭や施設で保護する存在とみなされていた．そのため，障害者政策は，社会福祉サービス一辺倒であった．この状況が徐々に変化する契機となったのが，1980年代の国際障害者年キャンペーンや，2009年の民主党への政権交代後に進んだ障害者権利条約の批准に向けた政策転換であった．その結果，障害者の社会参加・自立や社会における共生の促進が政策の新たな軸となり，地域での自立生活の保障，雇用，教育，バリアフリーなど取り組まなければならない政策のバリエーションも広くなった．また，時代が進むにつれて，発達障害者や難病患者も，障害者政策の対象に入った．最後に，そのような変化が生じているなかで，政策評価活動においても，特定の固定的基準にもとづいた評価だけでなく，多様なニーズに対応した柔軟な評価体制の構築が求められていると指摘した．

第3章では，障害者政策に適した評価のあり方について，理論的に検討した．本章では，行政が障害当事者の多様なニーズの把握に失敗した場合に生じる，意図しない負の政策効果を議論の中心において論を進めた．意図しない負の政策効果は，政策目標と障害当事者のニーズとの間に齟齬が生じた場合に発現す

る．そのため，意図しない負の政策効果の発現を防止するためには，政策目標の達成度ではなく障害当事者の生活実態に焦点をあてて障害当事者のニーズを探るゴールフリー型評価の実施が必要になる．しかし，日本の府省における政策評価制度では，政策目標の達成度の測定および分析が重視されている．事前評価においては費用効果分析，事後評価においては目標管理型の政策評価あるいはインパクト評価といった評価手法の利用が想定されている．いずれも，事前に意図した政策効果の有無を予測したり，事後的に測定あるいは分析したりするための手法である．また，日本の府省の政策評価制度では，基本的に，政策を作成する組織が自ら政策を評価するしくみとなっている．そのため，意図した政策効果の発現の有無を確認する動機づけが強く働くと指摘した．したがって，日本の府省の政策評価においては，意図しない負の政策効果を把握できないことを理論的に明らかにした．そこで，意図しない負の政策効果を把握するための別の方策として，行政以外の主体（障害当事者団体をはじめとしたNPO団体など）への委託調査や行政以外の主体による自発的調査の成果を評価活動に活用する方策を提示した．

　第4章では，評価書の事例分析を通じて，日本の府省における障害者政策の事前評価の機能を分析した．日本の府省においては，規制の事前評価と租税特別措置等に係る事前評価が実施されている．いずれの評価も，規制にかかる事業者の遵守費用や歳入の減収額といった費用に対して，政策効果がどの程度上回るのかを予測する費用効果分析の手法を想定している．しかし，事例分析の結果，規制の事前評価は，費用・効果ともに簡潔な記述にとどまり，数値を使った分析となっていない点が明らかとなった．租税特別措置等に係る事前評価も，減収額の推計がなされていない点や，租税特別措置の効果以外の外部要因による指標値（たとえば，実雇用率）の改善の可能性を排除できない点で問題を有する．つまり，行政が意図した政策効果の把握に関して大きな問題がある現状が明らかとなった．また，障害者政策において主要な部分を担う福祉サービスの給付の事前評価が行われていない点も問題であると指摘した．なお，障害

者政策と異なりニーズが収斂しやすい公共交通政策の評価の事例分析を行い状況を比較したが，おおよそ共通した問題点を有する現状が明らかとなった．

第5章では，評価書の事例分析を通じて，日本の府省における障害者政策の事後評価の機能を分析した．各府省による事後評価は，目標管理型の政策評価の標準化が進んでいる．目標管理型の政策評価は，厚生労働省や文部科学省が実施している．保健・医療，生活支援，雇用の領域を所管する厚生労働省の評価に関しては，意図する政策効果の指標が適切に設定されている点が明らかとなった．他方で，教育の領域を所管する文部科学省の評価に関しては，障害当事者の多様なニーズを充足するための教育環境の整備度，つまりアウトプット指標やインプット指標を設定している点が明らかとなった．また，内閣府は，障害者基本計画の評価に関しては，目標管理型の政策評価と異なりより多角的かつ深掘りした分析が可能な総合評価方式を採用している．しかし，この総合評価は，各省庁の目標管理型の政策評価の結果のとりまとめに重点が置かれている．そのほかに，障害当事者が参画して障害者基本計画の実施状況の監視などを行う内閣府障害者政策委員会の活動や，第三者的観点から各府省の施策の実施状況を分析する総務省行政評価局調査の事例をとりあげた．しかし，内閣府障害者政策委員会における政策評価に類する活動は，政策に対する障害当事者の意見の表明にとどまり，政策効果分析とはなっていないと指摘した．また，総務省行政評価局調査は，現場での調査を通じて施策の実施プロセス上の問題を発見し，障害当事者のニーズの対応の成否を明らかにしている点を指摘した．しかし，調査者が第三者であるため専門性が乏しい点，一回限りの調査であり継続的な調査が困難である点，そして調査対象となる施策の担当府省に対して，調査結果にもとづく勧告しかできず，政策修正を強制することができないといった問題点を指摘した．以上から，事後評価に関しては，意図した政策効果の測定は行われている事例がある一方で，意図とは異なる障害当事者の多様なニーズを発見する評価はほとんど行われていないことが明らかとなった．

第6章では，行政責任論の観点から障害者政策の評価機能強化の必要性を論

じた．行政責任論では，行政に対して政治家や市民が外在的に責任を課すアカウンタビリティと，行政組織や公務員が内在的に責任を負うレスポンシビリティの2つの責任の確保が必要であると論じられてきた．アカウンタビリティ確保においては，立法意思の遵守の有無が重要となる．そのため，評価を実施する際には，障害当事者の多様なニーズの把握よりも，政策目標の達成度の測定および分析が重視される．他方で，レスポンシビリティ確保においては，行政組織や公務員による自発的な政策改善に向けた取り組みが重視される．そのため，評価を実施する際には，政策目標に包含されない障害当事者のニーズの把握に取り組む余地が生じる．障害当事者の多様なニーズに対応するためには，レスポンシビリティ確保が重要である．しかし，日本の府省においては，政策評価制度の設計上，アカウンタビリティ確保が優先される．そこで，双方の責任を確保するためには，政策評価制度の枠内にある活動だけでなく，その枠外にある府省独自の実態調査や委託調査の実施，そして自発的に調査を実施している障害当事者団体等との情報共有が必要であると指摘した．

　第7章では，政策評価制度の枠外にある調査活動の機能分析を通じて，政策評価活動に対する補完機能の有無を検討した．本章では，日本の府省による独自の実態調査，厚生労働省による障害当事者団体への委託調査，そして障害当事者団体による自発的調査の事例をとりあげた．まず，日本の府省による実態調査は，厚生労働省，文部科学省および法務省の事例をとりあげた．しかし，厚生労働省による生活のしづらさなどに関する調査や障害者雇用実態調査を除いては，障害当事者のニーズを明らかにする調査は行われていなかった．また，厚生労働省による調査も，統計調査であるため，障害当事者のニーズを深掘りして分析する調査にはなっていないと指摘した．次に，障害当事者団体への委託調査の事例として，厚生労働省の障害者総合福祉推進事業をとりあげた．そのなかでは，全日本ろうあ連盟による「意思疎通支援を図ることに支障がある障害者及び障害児に対する支援の在り方に関する調査」や，日本盲人会連合による「視覚障害者の移動支援の在り方に関する実態調査」においてこれまで潜

在化していた障害当事者のニーズの発見がなされていたことが明らかとなった．そのため，とりわけニーズ調査に関しては，各府省が障害当事者団体への委託調査をより積極的に実施しその成果を活用することが重要であると論じた．最後に，障害当事者団体の自発的調査の事例として，DPI女性障害者ネットワークによる「障害のある女性の生活の困難―人生の中で出会う複合的な生きにくさとは―複合差別実態調査」を中心にとりあげた．本調査では，これまで社会的に認識されてこなかった障害のある女性の具体的困難やニーズを明らかにしている点を示した．しかし，障害当事者団体による自発的調査，とりわけ障害当事者のニーズを発見する調査は少なく，既存の政策評価の欠陥を補完する役割はほとんど果たせていないと指摘した．以上をふまえたうえで，政策評価制度の枠外にある調査活動の機能を高めるためには，調査コストの問題，政策資源の配分の公平性の問題，調査内容のわかりにくさといった難問を解決する必要があると論じた．そして，いずれの難問を解決するうえでも，障害者との共生社会を実現するという社会規範が市民の間で醸成され，「調査」という障害者政策の評価における追加的作業の実施に理解を得ることが肝要であると述べた．

　本書での検討を通じて，障害者政策や政策評価の研究にとっていくつかの新しい知見を創出できたと考えられる．

　まず，障害者政策の研究に対しては，障害者政策における評価や調査の役割やその現状に関する知見を提供できた．従来の障害者政策の研究においては，法制度の分析や政策形成プロセスへの言及が中心であり，実際に日本の府省や障害当事者団体が実施している政策評価や調査の実態については分析されてこなかった．障害者政策の理念の形成や具体的施策のあり方の検討はもちろん重要であるが，実施した政策の効果をどのように把握するのかという点にも関心を向ける必要がある．なぜなら，政策の評価なき政策作成は，政策を実施する根拠（エビデンス）がなく説得力を削いでしまうためである．昨今，日本の府省においては，エビデンスにもとづく政策作成が指針として打ち出され［URL

87］，次期の障害者基本計画（2018〜2022年度にかけての第4次障害者基本計画）案においてもその重要性が指摘されている［URL 88：7］．このような現状を鑑みると，障害者政策の研究においても，政策評価の議論は不可欠であるし，その実務的要請は高まるであろう．

　また，政策評価の研究に対しては，政策対象者のニーズが多様な政策領域における評価のあり方に関する知見を提供できた．従来の政策評価の研究においては，業績測定（目標管理型の政策評価）とインパクト評価という2つの評価手法を基軸とした評価理論や評価実践の研究が中心であった．しかし，業績測定やインパクト評価は，意図した政策効果に絞った政策効果分析になるため，障害者政策のように多様な政策効果が発現しやすい領域では十分に機能しない可能性がある．そこで，重要となるのは，社会福祉研究においてはなじみが深いニーズ調査の実施であるが，とりわけ日本の政策評価研究ではニーズ調査のあり方や実態についてほとんど議論がなされてこなかった．他方で，本書では，日本の府省の政策評価制度内での評価実践だけでなく，政策評価制度の枠外にある府省独自の実態調査，障害当事者団体への委託調査，そして障害当事者団体による自発的調査にまで分析の対象を広げて，障害者政策におけるニーズ調査の実態を明らかにした．この点では，従来の政策評価研究では軽視されてきた分析視角を用いることで，障害当事者のニーズが多様で政策効果を同定しにくい障害者政策の評価の現状とその展望について新たな知見を提供できた．

　しかし，本書では検討が不十分であったり，障害者政策の評価のよりよいシステムを検討したりするために重要な部分をとりあげられなかった点も多い．そこで，今後，さらに当該研究を進展させるために必要不可欠な研究課題を最後に列挙しておきたい．

　第1に，障害者政策の評価や調査の成果と障害者政策の形成プロセスとの関係の明示である．本書では，障害当事者のニーズの把握の観点から，政策評価や調査の機能を分析した．しかし，その一方で，評価や調査の成果が政策修正や新たな政策立案にどのようなプロセスで活用されているのかを具体的に描き

きれていない．本書では，委託調査や障害当事者団体による自発的調査の成果が，障害者総合支援法の内容の見直しや障害者基本計画および障害者差別解消法の基本方針に反映されていると言及した．このプロセスをさらに深堀りして分析するためには，委託調査や自発的調査にかかわった人びとや行政（厚生労働省や内閣府）の担当者にインタビュー調査を行う必要がある．障害者政策の評価および調査の利用局面を明らかにできれば，障害当事者団体にとっても自らの主張を政策に反映するための有効な戦略を考案できると考えられる．

第2に，障害者政策に関する社会規範の研究である．第7章の最後の部分で言及したように，障害当事者の多様なニーズに対応できる体制を構築するためには，社会の理解が必要である．つまり，障害者の権利を尊重するために一定の政策資源を割り当てることを正統化する社会規範の構築が必要なのである．たとえば，貧困層や女性などの社会的弱者を想定して Amartya K. Sen や Martha C. Nussbaum が提唱した潜在能力アプローチは，障害者政策の議論に置き換えるならば，「正義」という規準で障害者のニーズを選別するのではなく，できる限り障害者の多様なニーズを尊重し障害者の真の自由や人間性を涵養しようとする規範である［Sen 1999；Nussbaum 2000］．この規範は，障害の社会モデルとも共通する考え方である．しかし，現状においては，日本でこのような規範が浸透しているのかは心許ない．そこで，社会モデルの考え方，たとえば合理的配慮や地域生活への移行といった理念がどの程度一般市民に理解されているかを調査する必要がある．また，規範の浸透のために，行政や障害当事者団体はどのような取り組みをなすべきかについても検討する必要がある．

第3に，障害者政策の評価システムの国際比較である．本書では，日本の府省の政策評価システムに焦点を当てた．しかし，本来は，諸外国の評価システムや評価実践を調査し，日本と比較したうえで諸外国の教訓を導出した方が実務的貢献は高くなると考えられる．そこで，今後は，障害者関連の法制化が進む米国および英国や，社会福祉システムが確立している北欧諸国を中心に調査して，本書の議論の整合性の検証や新たな教訓の発見を行う必要がある．

第8章　障害者政策の評価の展望と課題　　195

　第4に，障害者政策において主要な役割を担う内閣府に関する研究である．内閣府は，障害者基本計画の立案および監視や障害者政策委員会の運営の役割を担う．障害者政策において統括的かつ枢要な役割を担う府省であるはずである．しかし，障害者政策の評価においては，他省庁の評価結果をまとめる評価のみを実施しており，障害者権利条約や障害者基本計画の理念の達成度を検証する評価を実施できていない．つまり，内閣府は単なる組織業務の調整の役割は果たせていても，主体的に政策作成に関与する計画調整や企画調整の役割を果たせていないのである［西尾 1990：205-209］．なぜ，内閣府は，障害者政策の評価において，主体的な役割を果たしていないのであろうか．1つの推測としては，府省間の力関係をみてみると，内閣府は弱い立場に置かれていることが原因であると考えられる．他方で，とくに，厚生労働省は，障害者政策においては強い影響力を有している．厚生労働省は，保健・医療，雇用，障害福祉サービス（生活支援）といった主要な分野別施策の実施の役割を担い，第2章で述べた障害者政策の歴史をふりかえると旧厚生省の時代から障害者政策においては中心的な役割を果たしていた．また，障害当事者団体への委託調査の事業を有しているのも，厚生労働省である．いずれにしても，今後は，なぜ，障害者政策の評価において，内閣府はニーズ調査や障害当事者団体と連携する調査を実施するなどの積極的な試みを実施しないのかについて明らかにする必要がある．そして，内閣府が，障害者政策におけるネットワーク型シンクタンクの幹事役を担うなどの方策によって，府省間関係において優位な立場に立つ余地を創出できるか否かについても検討する必要がある．

あ と が き

　本書は，2018年3月に筆者が博士学位の授与を受けた博士学位論文「障害者政策の評価の現状と課題――ニーズの多様性への対応――」に加筆修正を施したものである．

　ここでは，まず，本書の執筆の個人的な背景について説明しておきたい．筆者は，先天性多発性関節拘縮症という病を患っており，生まれつき上下肢に障害を有している．完全に歩行が不可能であるわけではないが，自力歩行はほぼ困難なため，大学入学後は電動車いすを使用している．また，手や肘にも変形があり，パソコンの操作や筆記は可能であるが，服のボタンを留めたり，ネクタイを締めたり，爪を切ったりといった行為が困難である．筆者自身の障害の程度は，寝たきりであったり必ずしも移動介助を必要としたりしないため，重度というよりは中程度の障害であるといえるかもしれない．しかし，中程度であっても細かな支援ニーズや困難は存在するし，軽度の上下肢の障害者であっても偏見や差別に苦しんだり，体調が悪化すれば一気に日常生活を自力に営んだりすることが困難になる．そして，そのようなニーズや困難は，重度のニーズや困難と比較すると可視化されにくく注目度も低い．このような障害によって生じるさまざまな困難やニーズを自身で感じたり他者から見聞したりするなかで，社会福祉行政がより多様なニーズを充足するためにはどのような試みが必要なのか，そしてニーズ充足機能の限界はどこにあるのかといった点に関心を持つようになった．そのような問題意識を漠然と有しているときに，筆者は行政学と政策評価論に出会った．誤解を恐れずにいえば，行政学は，制度の側面から，政策管理の実現可能性を検討するディシプリンである．また，政策評価論は，政策管理のための情報収集の手段を検討するディシプリンである．これらのディシプリンは，筆者の問題意識を具体化し，解決の方策を検討するの

に適するものであった．そこで，本書では，行政が政策評価というツールを使って，多様なニーズ充足のための前提条件となるニーズ調査をどのように実施しているのかを明らかにすることにしたのである．

　博士学位論文の完成に至るまでには，多くの方々のご指導やご支援を賜ってきた．この場を借りて，感謝を申し上げたい．以下，僭越ながら，とくにお世話になった方々への謝意を記したい．

　山谷清志先生には，筆者の指導教員として学部と大学院を通じて長年の間ご指導を賜ってきた．山谷先生に出会うことがなければ，筆者は研究者を目指そうとはしていなかったであろう．山谷先生の研究する姿を間近で拝見して，研究者という職業のすばらしさを身に染みて感じた．山谷先生は，学部のゼミに加入したばかりの時は一見繊細で厳しい先生のように感じたが，弟子として長年接してみると非常に人情に厚い先生であるとわかった．それゆえに，いつもご厚情に甘えてばかりいた．そして，山谷先生は日本の政策評価研究の第一人者であり，研究テーマに関する内容について時間をかけてご指導いただいた．また，研究生活の面でも，筆者に適する研究環境を作るために支えていただいたりご助言をいただいたりした．山谷先生の多大な学恩に報いるために，今後も研鑽に努めていきたい．そして何よりも，厚く感謝を申し上げたい．

　京都大学地球環境学堂教授の佐野亘先生は，筆者にとってもう1人の「指導教員」である．佐野先生との出会いは，修士課程に入学する前の2013年春頃に指導教員の山谷先生にご紹介いただいた時である．筆者は，その当時，障害者政策をめぐる健常者―障害当事者間あるいは障害当事者同士の価値観の対立に関心を有し，その関心をもとに卒業論文を執筆していた．そのような経緯から，山谷先生のご厚意によって，その専門家である佐野先生を紹介していただいた．そのときに，佐野先生のご厚意で，先生の大学院のゼミ等への聴講生としての参加を認めていただいた．それ以来，博士号を取得する今日に至るまで，長年にわたってゼミ等に参加させていただき，公共政策学や政治哲学に関する文献を幅広く講読したり，ゼミ生の方々の研究報告を聞いたりして公共政策学に関

する幅広い知見を理解する機会に恵まれた．また，筆者自身の研究報告の機会も多く設けていただき，指導教員とは異なる視点からさまざまなご指導をいただいた．本書の内容にどれほど佐野先生のご指導を反映できているかは自信がないが，少しでも先生の学恩に報いているのであれば幸いである．ここであらためて，聴講生としての指導を引き受けてくださったこと，そして長年の間温かいまなざしでご指導をいただいていることに感謝を申し上げたい．また，佐野研究室の大学院生のみなさんにも大変お世話になった．恐縮ながら個別のお名前を挙げることは差し控えるが，長年ゼミに参加している外部の大学からの聴講生という奇異な存在であるにもかかわらず，研究室の一員のように親身に接していただけていることは大変うれしく思う．

　博士学位論文審査では，副査である風間規男先生と真山達志先生から，多くのご助言を賜った．風間規男先生は，以前から筆者が障害者政策の評価に関する研究に専念するようご助言いただいており，常に研究の方向性は正しいと背中を押していただいた．真山達志先生には，ご専門である政策実施研究の観点から，意図しない負の政策効果の分析の重要性を指摘していただいた．本書の内容にもそのご助言を反映させた．前年に行われた博士資格論文審査では，お二方に加えて，久保真人先生にも副査としてご助言を賜った．久保先生のご専門は組織論や産業心理学であり，筆者の研究とは縁遠く恐縮ではあったが，論文の内容を精査していただき有益なコメントをいただけた．なお，2015年の修士論文審査では，2016年9月に逝去された今川晃先生にも副査としてご助言いただいた．今川先生は，常に温かく筆者を見守ってくださった．修士論文は本書の内容にもつながる内容であり，今川先生には博士学位論文についても引き続きご指導いただきたかった．それゆえに，残念であった．

　神戸学院大学法学部講師の橋本圭多先生は，同じ山谷研究室の先輩であり，橋本先生が大学院生の間から大変お世話になった．筆者にとっては常にお手本となる存在であり，研究や今後の進路についても親身にご助言いただいた．互いに大学院生であった時代，橋本先生には時折生意気な口をきいてしまった記

憶があり今でも反省しているが，それでも寛容に接していただいていることにこの場を借りて御礼を申し上げたい．また，浜松学院大学現代コミュニケーション学部講師の山谷清秀先生にも，同志社大学大学院総合政策科学研究科に在籍していた先輩として，研究上の悩みなどについて親身に相談にのっていただき，感謝している．

そのほかにも，多くの先生方にお世話になった．名古屋商科大学経済学部専任講師の北村貴先生には，2013年に同志社大学政策学部／大学院総合政策研究科助教に着任されて以来，講義を通じて研究の方法論や文章の作法を厳しく指導していただいた．また，私的な文章添削会を定期的に開催していただくなど，厳しくも愛のある指導を行っていただいた．筆者は，そのおかげで，博士号を取得できたと確信している．当時と比べて，筆者の悪文にそれほど改善はみられないかもしれないが，少しでも北村先生の学恩に報いているのであれば幸いである．新潟大学法学部教授の南島和久先生には，研究会などでお会いする際に，同じ政策評価の研究者として，研究テーマに関する指導や資料の提供をいただいた．南島先生とお会いする時間は長くはなかったが，短くも的確な助言を常に行う姿に感銘を受けた．柿本昭人先生には，同志社大学大学院総合政策科学研究科の講義において，1つの書物（その当時読んでいたのはエルンスト・カッシーラーの『人間』であった）を丁寧に読む重要性を教えていただいた．月村太郎先生には，同志社大学政策学部時代の外書講読において，英語の逐語訳の指導を丁寧に，そして厳しく行っていただき筆者の英語の読解能力はすこぶる向上した．中川清先生には，同志社大学大学院総合政策科学研究科の講義での指導を通じて，障害を有して生活してきた筆者の経験を研究に内在化する大切さを教えていただいた．

本書の内容は，学会や研究会での活動を通して得られた知見もふまえている．日本公共政策学会関西支部においては，本書の一部内容についての多くの報告の機会と研究者や実務者の方からご助言をいただいた．関西公共政策研究会では，第一級の研究者や実務家の研究報告を通じて最新の知見と政策学に関わる

幅広い知見を提供していただく機会を多く得られた．運営に携わっていらっしゃる先生方を含めて，この場を借りて御礼を申し上げたい．くわえて，2018年3月23日には，2017年度第2回人権指標研究会（於同志社大学）において本書の内容に関する報告の機会をいただいた．恐縮ながら参加された全員のお名前をあげることは差し控えるが，さまざまなご助言をいただいたことに感謝したい．とりわけ，研究会の運営を担っておられる金沢大学人間社会研究域法学系教授の棟居徳子先生ならびに，同じ会で障害者権利条約と障害者政策委員会についてご報告された岡山理科大学経営学部准教授の川島聡先生には今後の研究の方向性について懇切丁寧に助言いただいた．この場で改めて感謝を申し上げたい．

　本書は，筆者にとってはじめての単著であり，不慣れな点も多かった．そのようななかでも，出版の機会をいただき，内容について具体的助言をしてくださった晃洋書房編集部の丸井清泰氏ならびに校正作業を行ってくださった石風呂春香氏に心より御礼申し上げたい．

　また，同志社大学政策学部時代の友人や同志社大学障がい学生支援室の活動に携わった友人には定期的に旅行や食事に付き合っていただき，いつも励ましてもらっている．同志社大学大学院総合政策科学研究科の修士課程時代の同期の友人にも，会うたびにおいしいご飯を食べながら研究の悩みを聞いてもらったり，筆者の学位取得などの節目のたびに祝っていただいたりしている．学部時代から博士課程に至るまで同期であり同じ山谷研究室に所属している鏡圭佑氏にも大変お世話になった．同じ境遇に属する者として，研究の話や行政に関わる時事的話題からプライベートな話まで筆者の長話を嫌な顔もせず聞いてくれる貴重な存在である．このような友人に恵まれたことも，少なからず筆者の研究へのモチベーション維持につながった．この場で感謝を申し上げたい．

　筆者は2009年から同志社大学政策学部と総合政策科学研究科に在籍してきた．このようななか，同志社大学政策学部・同大学院総合政策科学研究科の先生方，事務室の方々，障がい学生支援室の方々には長年にわたり大変お世話になった．快適な環境で研究生活を送ることができたことに感謝したい．2018年4月から

は，同志社大学研究開発推進機構特別任用助手に着任した．引き続き，同志社大学で研究に専念できる環境を提供していただけたことに，心より謝意を示したい．

　最後に，筆者を常に温かく見守り支え続けてくれた家族，とりわけ父・北川忠弘と母・北川結花に感謝を伝えたい．

　2018年4月

北 川 雄 也

初出一覧

【第 1 章　障害者政策における「評価」の困難】
書き下ろし

【第 2 章　障害者政策の体系とその形成過程】
書き下ろし

【第 3 章　障害者政策における負の政策効果の把握】
「負の政策効果の把握に関する理論的検討──障害者政策に適する政策評価システム──」『同志社政策科学研究』19(1)，2017年.

【第 4 章　障害者政策における日本の府省の事前評価】
「日本の府省における政策評価の実践とアカウンタビリティ──事前評価の機能──」『同志社政策科学院生論集』6，2017年.

【第 5 章　障害者政策における日本の府省の事後評価】
「日本の府省における政策効果把握と政策評価──もう一つの評価システム──」『同志社政策科学研究』18(2)，2017年.

【第 6 章　障害者政策における政策効果把握と行政責任】
「行政の責務としての政策効果の把握──責任主体の多様化による変化とその課題──」『同志社政策科学院生論集』5，2016年.

【第 7 章　障害者政策の評価における調査活動の補完的機能】
書き下ろし

【第 8 章　障害者政策の評価の展望と課題】
書き下ろし

参 考 文 献

【邦文献】

秋吉貴雄［2017］『入門　公共政策学──社会問題を解決する「新しい知」──』中央公論新社（中公新書）.

東信男［2015］「政策評価と会計検査──政策評価が有効性の検査に与えた影響──」『会計検査研究』51.

足立幸男［2005］「構想力としての政策デザイン」, 足立幸男編『政策学的思考とは何か──公共政策学原論の試み──』ミネルヴァ書房.

飯塚俊太郎・堤麻衣［2015］「シンクタンクの役割と影響──国政における事業仕分けの採用過程──」『公共政策研究』15.

五十嵐吉郎［2013］「内閣官房，内閣府の現在──中央省庁等改革から13年目を迎えて──」『立法と調査』347.

石川准［2014］「障害者政策への当事者参画の意義と課題」『障害学研究』10, 26-31.

伊藤修一郎［2015］「政策実施の理論」, 秋吉貴雄・伊藤修一郎・北山俊哉『新版　公共政策学の基礎』有斐閣.

伊藤正次・出雲明子・手塚洋輔［2016］『はじめての行政学』有斐閣.

伊藤恭彦［2013］「政策過程と規範的思考──政策過程における『道徳の羅針盤』──」『公共政策研究』13.

茨木尚子［2014］「障がい者制度改革推進会議総合福祉部会における当事者参画とその課題」『障害学研究』10.

茨木尚子［2017］「市町村による障害者支援──ポスト障害者総合支援法の課題──」『社会保障研究』1(4).

茨木尚子・大熊由紀子・尾上浩二・北野誠一・竹端寛編［2009］『障害者総合福祉サービス法の展望』ミネルヴァ書房.

茨木尚子・尾上浩二［2009］「支給決定の仕組み」, 茨木尚子・大熊由紀子・尾上浩二・北野誠一・竹端寛編『障害者総合福祉サービス法の展望』ミネルヴァ書房.

今川晃［2011］『個人の人格の尊重と行政苦情救済』敬文堂.

岩田一彦［2010］「政策評価の『目的』と『情報』」『季刊評価クォータリー』13.

岩渕公二［2008］「非営利セクターと自治体の政策評価」『日本評価研究』8(1).

海野道郎・長谷川計二［1989］「『意図せざる結果』素描」『理論と方法』4(1).

大島巌［2016］『マクロ実践ソーシャルワークの新パラダイム──エビデンスに基づく支援環境開発アプローチ～精神保健福祉への適用例から～』有斐閣.

大西淳也・福元渉［2016］「PDCAについての論点の整理」『PRI Discussion Paper Series』

No. 16A-09.
岡村美保子［2015］「わが国の障害者施策──障害者権利条約批准のための国内法整備を中心に──」『レファレンス』65(10).
尾形健［2015］「障害と憲法」，菊池馨実・中川純・川島聡編『障害法』成文堂.
小澤温［2016a］「障害者福祉制度の流れを理解する──歴史とその展開──」，佐藤久夫・小澤温『第5版　障害者福祉の世界』有斐閣.
小澤温［2016b］「障害者福祉に影響を与えた思想──5つの代表的な思想──」，佐藤久夫・小澤温『第5版　障害者福祉の世界』有斐閣.
小澤温［2016c］「生活支援と自立支援──障害者福祉の方法──」，佐藤久夫・小澤温『第5版　障害者福祉の世界』有斐閣.
小澤温［2016d］「障害者と社会──障害者差別の温床とその克服──」，佐藤久夫・小澤温『第5版　障害者福祉の世界』有斐閣.
小野達也［2013］「政策評価と実績測定──府省の実績測定における計量・計数の現状──」『日本評価研究』13(2).
尾上浩二［2009a］「措置制度」，茨木尚子・大熊由紀子・尾上浩二・北野誠一・竹端寛編『障害者総合福祉サービス法の展望』ミネルヴァ書房.
尾上浩二［2009b］「支援費制度と障害者自立支援法」，茨木尚子・大熊由紀子・尾上浩二・北野誠一・竹端寛編『障害者総合福祉サービス法の展望』ミネルヴァ書房.
尾上浩二［2014］「政策形成における『当事者参画』の経験と課題」『障害学研究』10.
風間規男［2011］「公的ガバナンスと政策ネットワーク──複雑系理論を手がかりとして──」，新川達郎編『公的ガバナンスの動態研究──政府の作動様式の変容』ミネルヴァ書房.
風間規男［2017］「ローカル・ガバナンスと市民参加──二元論的理解とネットワーク的理解──」『同志社政策科学研究』19(1).
角谷快彦［2016］『介護市場の経済学──ヒューマン・サービス市場とは何か──』名古屋大学出版会.
鎌田英幸［2008］「政策評価の本来的機能の発揮に向けて」『季刊行政管理研究』124.
川島聡［2013］「権利条約時代の障害学──社会モデルを活かし，越える──」，川越敏司・川島聡・星加良司編『障害学のリハビリテーション──障害の社会モデルその射程と限界──』生活書院.
川島聡・星加良司［2016］「合理的配慮が開く問い」，川島聡・飯野由里子・西倉実季・星加良司『合理的配慮──対話を開く，対話が拓く──』有斐閣.
河野正輝・大熊由紀子・北野誠一編［2000］『講座　障害をもつ人の人権3　福祉サービスと自立支援』有斐閣.
紀伊雅敦［2016］「政策分析研究の最前線──都市交通政策を例として──」『季刊評価クォ

ータリー』37.
菊池馨実・中川純・川島聡編［2015］『障害法』成文堂.
岸本充生［2016］「規制影響評価（RIA）の現状と課題——エビデンスに基づく政策形成に資するには——」『季刊評価クォータリー』37.
北野誠一［2009］「ソーシャルインクルージョンとは何か」，茨木尚子・大熊由紀子・尾上浩二・北野誠一・竹端寛編『障害者総合福祉サービス法の展望』ミネルヴァ書房.
楠木建［2001］「価値分化と制約共存——コンセプト創造の組織論——」，一橋大学イノベーション研究センター編『知識とイノベーション』東洋経済新報社.
楠敏雄［2009］「戦後の障害者運動から見た障害者福祉法のあるべき方向」，茨木尚子・大熊由紀子・尾上浩二・北野誠一・竹端寛編『障害者総合福祉サービス法の展望』ミネルヴァ書房.
坂本洋一［2017］『第2版　図説　よくわかる障害者総合支援法』中央法規.
佐藤久夫［2015］『共生社会を切り開く——障碍者福祉改革の羅針盤——』有斐閣.
佐藤久夫［2016a］「地域生活を支える——障害者福祉の制度と体系——」，佐藤久夫・小澤温『第5版　障害者福祉の世界』有斐閣.
佐藤久夫［2016b］「『障害』と『障害者』をどう理解するか——障害者観とICF（国際生活機能分類）——」，佐藤久夫・小澤温『第5版　障害者福祉の世界』有斐閣.
佐藤久夫［2016c］「障害者福祉の国際的動向——『みんなのための一つの社会』をめざして——」，佐藤久夫・小澤温『第5版　障害者福祉の世界』有斐閣.
佐藤久夫・小澤温［2016］『第5版　障害者福祉の世界』有斐閣.
佐野亘［2013］「規範的政策分析の確立に向けて」『公共政策研究』13.
柴田悠［2016］『子育て支援が日本を救う——政策効果の統計分析——』勁草書房.
障害者欠格条項をなくす会［2000］『欠格条項にレッドカードを！——障害者欠格条項の見直しに関する提言——』関西障害者定期刊行物協会.
城山英明［2013］『国際行政論』有斐閣.
新藤宗幸［1996］『福祉行政と官僚制』岩波書店.
杉野昭博［2011a］「『障害』観の転換と福祉」，平岡公一・杉野昭博・所道彦・鎮目真人『社会福祉学』有斐閣.
杉野昭博［2011b］「ソーシャルワーク理論の展開」，平岡公一・杉野昭博・所道彦・鎮目真人『社会福祉学』有斐閣.
杉野昭博［2011c］「社会福祉学とは何か」，平岡公一・杉野昭博・所道彦・鎮目真人『社会福祉学』有斐閣.
杉本章［2000］「施設における人権侵害問題」，河野正輝・大熊由紀子・北野誠一編『講座　障害をもつ人の人権3　福祉サービスと自立支援』有斐閣.
杉本章［2008］『障害者はどう生きてきたか——戦前・戦後障害者運動史（増補改訂版）

――』現代書館.
高阪悌雄［2015］「ある行政官僚の当事者運動への向き合い方――障害基礎年金の成立に板山賢治が果たした役割――」『Core Ethics』11.
武智秀之［2001］『福祉行政学』中央大学出版部.
田中秀明［2017］「租税透明化法等の意義と限界――租税特別措置の透明性はどこまで高まったのか――」『会計検査研究』55.
田中啓［2013］「府省における政策評価の所見――現状の課題と解決の方向性――」『季刊評価クォータリー』25.
田中啓［2014］『自治体評価の戦略――有効に機能させるための16の戦略――』東洋経済新報社.
田辺国昭［2006］「政策評価制度の運用実態とその影響」『レヴァイアサン』38.
田辺智子［2014］「業績測定を補完するプログラム評価の役割――米国の GPRAMA の事例をもとに――」『日本評価研究』14(2).
内閣府［2017］『平成29年版　障害者白書』.
内藤和美・山谷清志編［2015］『男女共同参画政策――行政評価と施設評価――』晃洋書房.
中川純・新田秀樹［2015］「日本の障害者法」，菊池磐実・中川純・川島聡編『障害法』成文堂.
中島隆信［2011］『障害者の経済学』東洋経済新報社.
中西正司［2000］「DPI 日本会議」，河野正輝・大熊由紀子・北野誠一編『講座　障害をもつ人の人権 3　福祉サービスと自立支援』有斐閣.
中西正司・上野千鶴子［2003］『当事者主権』岩波書店（岩波新書）.
中野円佳［2014］『「育休世代」のジレンマ――女性活用はなぜ失敗するのか――』光文社（光文社新書）.
長瀬修［2011］「障害者制度改革の取組み――日本の障害者制度の課題――」，松井彰彦・川島聡・長瀬修編『障害を問い直す』東洋経済新報社.
長峯純一［2014］『費用対効果』ミネルヴァ書房.
長峯純一［2015］「ソーシャル・インパクトの評価可能性とガバナンス―― SIB への期待と懸念も含めて――」『公共政策研究』15.
南島和久［2011］「府省における政策評価と行政事業レビュー――政策管理・評価基準・評価階層――」『会計検査研究』43.
南島和久［2013］「政策評価とアカウンタビリティ――法施行後10年の経験から――」『日本評価研究』13(2).
南島和久［2015］「政策評価の概念とそのアポリア――分析・評価・測定をめぐる混乱――」『季刊評価クォータリー』33.
南島和久［2017a］「行政管理と政策評価の交錯――プログラムの観念とその意義――」『公共政策研究』17.

南島和久［2017b］「行政におけるエビデンスとアウトカム──自殺対策の評価からの考察──」『季刊行政管理研究』158.
西尾隆［1995］「行政統制と行政責任」,西尾勝・村松岐夫編『講座 行政学 第6巻 市民と行政』有斐閣.
西尾勝［1976］「政策評価と管理評価」『行政管理研究』2.
西尾勝［1990］『行政学の基礎概念』東京大学出版会.
西岡晋［2012］「福祉国家再編政治のミクロ解釈学──厚生官僚制による『少子化アジェンダ』フレーミング──」『金沢法学』55(1).
西出順郎［2005］「行政評価の再構築──理論着眼型評価思考の確立に向けて──」『日本評価研究』5(1).
西出順郎［2016］「政策評価制度の実効性に関する実証的考察──法科大学院制度の実績評価を事例に──」『年報行政研究』51.
沼上幹［2000］『行為の経営学──経営学における意図せざる結果の探究──』白桃書房.
白智立［2001］『日本の行政監察・監査』法政大学出版局.
橋本圭多［2017］『公共部門における評価と統制』晃洋書房.
原田久［2011］「各府省における実績評価──『政治主導』は10年の制度運用を乗り越えうるか？──」『季刊評価クォータリー』18.
原田久［2012］「中央省庁における情報調達資源活動の実証研究──委託調査を中心として──」『立教法学』86.
原田久［2016］『行政学』法律文化社.
平岡公一［2011］「社会福祉制度改革の展開」,平岡公一・杉野昭博・所道彦・鎮目真人『社会福祉学』有斐閣.
深谷健［2018］「目標管理型政策評価に資するロジックモデル構築の可能性──各府省庁による『政策評価の事前分析表』の比較分析──」『季刊評価クォータリー』44.
藤井敦史［2010］「NPOとは何か」,原田晃樹・藤井敦史・松井真理子『NPO再構築への道──パートナーシップを支える仕組み──』勁草書房.
藤島薫［2016］「福祉サービスを利用する当事者の主体性促進と事業改善──精神に障害を有する人々が利用する地域活動支援センターにおける参加型評価──」,源由理子編『参加型評価──改善と変革のための評価の実践──』晃洋書房.
星加良司［2013］「社会モデルの分岐点──実践性は諸刃の剣？──」,川越敏司・川島聡・星加良司編『障害学のリハビリテーション──障害の社会モデルその射程と限界──』生活書院.
前田健太郎［2013］「事例研究の発見的作用」『法学会雑誌』54(1).
牧原出［2009］『行政改革と調整のシステム』東京大学出版会.
増島俊之［1981］『行政管理の視点』良書普及会.

松井彰彦［2011］「『ふつう』の人の国の障害者就労」，松井彰彦・川島聡・長瀬修編『障害を問い直す』東洋経済新報社.
松田憲忠［2016］「多様性のなかの政策分析と政策過程——社会選択・論理性・活用性——」，縣公一郎・藤井浩司編『ダイバーシティ時代の行政学——多様化社会における政策・制度研究——』早稲田大学出版部.
松波晴人［2013］『「行動観察」の基本』ダイヤモンド社.
真山達志［1994］「実施過程の政策変容」，西尾勝・村松岐夫編『講座行政学第5巻　業務の執行』有斐閣.
真山達志［2017］「ポピュリズムの時代における自治体職員の行政責任」『年報行政研究』52.
源由理子編［2016］『参加型評価——改善と変革のための評価の実践——』晃洋書房.
牟田博光［2015］「開発プロジェクトにおけるソーシャルインパクトの可視化の意義」『公共政策研究』15.
村上祐介［2017］「行政における専門職の責任と統制——教育行政を事例として——」『年報行政研究』52.
村上芳夫［2003］「政策実施（執行）論——ガヴァナンス化に向かう政策の実施——」，足立幸男・森脇俊雅編『公共政策学』ミネルヴァ書房.
山田治徳［2013］「政策評価書とは何か，どうあるべきなのか——政策の意味，評価の本質，あり方を踏まえて——」『季刊評価クォータリー』25.
山本清［2013］『アカウンタビリティを考える——どうして「説明責任」になったのか——』NTT出版.
山本創・茨木尚子［2009］「障害の定義と法の対象」，茨木尚子・大熊由紀子・尾上浩二・北野誠一・竹端寛編『障害者総合福祉サービス法の展望』ミネルヴァ書房.
山谷清志［1991］「行政責任論における統制と倫理——学説史的考察として——」『修道法学』13(1).
山谷清志［1997］『政策評価の理論とその展開』晃洋書房.
山谷清志［2002］「政策評価とNPO——もう一つの実験——」『公共政策研究』2.
山谷清志［2005］「外務省大臣官房の政策管理機能——総合外交政策局とのデマケーション——」『年報行政研究』40.
山谷清志［2006］『政策評価の実践とその課題——アカウンタビリティのジレンマ——』萌書房.
山谷清志［2012a］『政策評価』ミネルヴァ書房.
山谷清志［2012b］「政策評価の制度化をふまえた理論の再構成——政策評価『学』にむけて——」『季刊評価クォータリー』22.
山谷清志［2016］「巻頭言　自治体改革と評価」『日本評価研究』16(1).
山谷清志［2017］「地方自治体の行政評価の本質と課題——組織文化と評価文化の交錯——」

『季刊評価クォータリー』43.
横山文野［2002］『戦後日本の女性政策』勁草書房.
渡辺達朗［2014］『商業まちづくり政策――日本における展開と政策評価――』有斐閣.

【欧文献】

Barriet-Solliec, M., Labarthe, P. and Laurent, C. [2014] "Goals of Evaluation and Types of Evidence," *Evaluation*, 20(2).

Boudon, R. [1982] *The Unintended Consequences of Social Action*, New York: St. Martins Press.

Bovens, M. [2005] "Public Acoountability," in Ferlie, F., Lynn Jr, L., and C. Pollitt eds., *The Oxford Handbook of Public Management*, 182-209, Oxford: Oxford University Press.

Bovens, M. and Hart, P.'t [1996] *Understanding Policy Fiascoes*, New York: Transaction Publishers.

Cheetham, J., Fuller, R., McIvor, G. and Petch, A. [1992] *Evaluating Social Work Effectiveness*, Buckingham: Open University Press.

Chen, H. [1990] *Theory-driven Evaluation*, Newbury Park: Sage Publications.

Claes, C., Ferket, N., Vandevelde, S., Verlet, D. and De Maeyer, J. [2017] "Disability Policy Evaluation: Logic Models and System Thinking," *Intellectual and Developmental Disabilities*, 55(4).

Cooper, T. [2012] *The Responsible Administrator: An Approach to Ethics for the Administrative Role*, Sixth Edition, San Francisco: Jossey-Bass.

De Francesco, F., Radaelli, C., and Troeger, V. [2012] "Implementing Regulatory Innovations in Europe: the Case of Impact Assessment," *Journal of European Public Policy*, 19(4).

de Zwart, F. [2015] "Unintended But Not Unanticipated Consequence," *Theory and Sociology*, 44.

Dunn, W. [2008] *Public Policy Analysis: An Introduction*, Fourth Edition, Upper Suddle River: Prentice Hall.

Epstain, M. J. and Yuthas, K. [2014] *Measuring and Improving Social Impacts: A Guide for Nonprofits, Companies, and Impact Investors*, Sheffield: Greenleaf Publishing（鵜尾雅隆・鴨崎貴泰監訳, 松本裕訳『社会的インパクトとは何か――社会変革のための投資・評価・事業戦略ガイド――』英治出版, 2015年).

Esping-Andersen, G. [1990] *The Three Worlds of Welfare Capitalism*, Cambridge: Polity Press.（岡沢憲芙・宮本太郎監訳『福祉資本主義の三つの世界――比較福祉国家の理論

と動態——』ミネルヴァ書房, 2001年).

Etzioni, A. [1971] "Policy Research," *The American Sociologist*, 6.

Haas, P. J. and Springer, J. F. [1998] *Applied Policy Research: Concepts and Cases*, New York: Routledge.

Hall, P. [1982] *Great Planning Disasters*, Barkeley: University of California Press.

Hatry, H. [1999] *Performance Measurement: Getting Results*, Washington, D. C.: The Urban Institute Press. (上野宏・上野真城子訳『政策評価入門——結果重視の業績測定——』東洋経済新報社, 2004年).

Head, B. W. [2016] "Toward More 'Evidence-Informed' Policy Making?" *Public Administration Review*, 76(3).

Head, B. W. and Alford, J. [2015] "Wicked Problems: Implications for Public Policy and Management," *Administration & Society*, 47(6).

Hill, M. and Hupe, P. [2014] *Implementing Public Policy: An Introduction to the Study of Operational Governance*, Third Edition, Los Angeles: Sage Publications.

Hood, C. and Peters, G. [2004] "The Middle Aging of New Public Management: Into the Age of Paradox," *Journal of Public Administration Research and Theory*, 14(3).

Hunter, D. and Nielsen, S. [2013] "Performance Management and Evaluation: Exploring Complementarities," *New Directions for Evaluation*, 137.

Jabeen, S. [2016] "Do We Really Care about Unintended Outcomes?: An Analysis of Evaluation Theory and Practice," *Evaluation and Program Planning*, 55.

Langbein, L. [2012] *Public Program Evaluation: A Statistical Guide*, Second Edition, Armonk: M. E. Sharpe.

Lipsky, M. [2010] *Street-Level Bureaucracy: Dilemmas of the Individual in Public Services*, 30th Anniversary Expand Edition, New York: Russell Sage Foundation.

Maddison, S. and Denniss, R. [2013] *An Introduction to Australian Public Policy: Theory and Practice*, Second Edition, Cambridge: Cambridge University Press.

Majchrzak, A. and Markus, L. M. [2014] *Methods for Policy Research: Taking Socially Responsible Action*, Second Edition, Thousand Oaks: Sage Publications.

McConnell, A. [2010] *Understanding Policy Success: Rethinking Public Policy*, New York: Routledge.

McDavid, J., Huse, I. and Hawthorn, L. [2013] *Program Evaluation and Performance Measurement: An Introduction to Practice*, Thousand Oaks: Sage Publications.

Merton, R. K. [1936] "The Unanticipated Consequences of Purposive Social Action," *American Sociological Review*, 6(1).

Merton, R. K. [1968] *Social Theory and Social Structure*, New York: Free Press.

Morell, J. A. [2005] "Why are there Unintended Consequences of Program Action, and What are the Implications for Doing Evaluation," *American Journal of Evaluation*, 26(4).

Nussbaum, M. C. [2000] *Women and Human Development: The Capabilities Approach*, New York: Cambridge University Press. (池本幸生・田口さつき・坪井ひろみ訳『女性と人間開発――潜在能力アプローチ――』岩波書店, 2005年).

OECD [1997] *Regulatory Impact Analysis: Best Practices in OECD Countries*, Paris: OECD.

Pawson, R. [2006] *Evidence-based Policy: A Realist Perspective*, Thousand Oaks: Sage Publications.

Perri, 6 [2014] "Explaining Unintended and Unexpected Consequences of Policy Decisions: Comparing Three British Governments, 1959-74," *Public Administration*, 92(3).

Perrin, B. [2007] "Towards a New View of Accountability," in Bemelmans-Videc, M. , Lonsdale, J. and B. Perrin eds., *Making Accountability Work: Dilemmas for Evaluation and for Audit*, 41-59, New Brunswick: Transaction Publishers.

Peters, G. [2015] *Advanced Introduction to Public Policy*, Cheltenham: Edward Elgar.

Pressman, J. L. and Wildavsky, A. [1973] *Implementation: How Great Expectations in Washington are Dashed in Oakland: Or, Why It's Amazing that Federal Programs Work at All, This being a Saga of the Economic Development Administration as Told by Two Sympathetic Observers Who Seek to Build Morals on a Foundation of Ruined Hopes*, Third Edition, Barkeley: University of California Press.

Racino, J. A. [1999] *Policy, Program Evaluation, and Research in Disability: Community Support for All*, New York: The Haworth Press.

Radaelli, C. [2004] "The Diffusion of Regulatory Impact Analysis ― Best practice or Lesson-drawing?" *European Journal of Political Research*, 43.

Radin, B. [2006] *Challenging the Performance Movement: Accountability, Complexity, and Democratic Values*, Washington, D. C.: Georgetown University Press.

Reamer, F. G. [1998] *Social Work Research and Evaluation Skills: A Case-Based, User-Friendly Approach*, New York: Columbia University Press.

Richardson, H. [2002] *Democratic Autonomy: Public Reasoning about the Ends of Policy*, New York: Oxford University Press.

Robinson, S., Fisher, R. K. and Strike, R. [2014] "Participatory and Inclusive Approaches to Disability Program Evaluation," *Australian Social Work*, 67(4).

Roots, R. I. [2004] "When Laws Backfire: Unintended Consequences of Public Policy,"

American Behavioral Scientist, 47(11).

Rossi, P. H. and Freeman, H. E. [1993] *Evaluation: A Systematic Approach*, Fifth Edition, Newbury Park: Sage Publications.

Ruijer, E. [2012] "Social Equity, Policy Intentions and Unanticipated Outcomes: A Comparative Analysis of Work-Life Balance Policies," *Journal of Comparative Policy Analysis*, 14(4).

Salamon, L. M. [1979] "The Time Dimension in Policy Evaluation: the Case of New Deal Land Reform," *Public Policy*, 27.

Schick, A. [1971] "From Analysis to Evaluation," *Annals of the American Academy of Political and Social Science*, 394.

Scriven, M. [1991] *Evaluation Thesaurus*, Fourth Edition, Newburk Park: Sage Publications.

Sen, A. K. [1999] *Commodities and Capabilities*, New Delhi: Oxford University Press.

Shaw, I. [2000] *Evaluating Public Programmes: Contexts and Issues*, Aldershot: Ashgate Publishing.

Shulock, N. [1999] "The Paradox of Policy Analysis: If It is Not Used, Why Do We Produce so Much of It?" *Journal of Policy Analysis and Management*, 18(2).

Sherrill, S. [1984] "Identifying and Measuring Unintended Outcomes," *Theory and Program Planning*, 7.

Spicker, P. [2006] *Policy Analysis for Practice: Applying Social Policy*, Bristol: The Policy Press.

Sridharan, S. and Nakaima, A. [2012] "Towards an Evidence Base of Theory-driven Evaluations: Some Questions for Proponents of Theory-driven Evaluation," *Evaluation*, 18(3).

Strassheim, H. [2017] "Trends towards Evidence-based Policy Formulation," in Howlett, M. and I. Mukherjee eds., *Handbook of Policy Formulation*, Cheltenham: Edward Elgar.

Thompson, D. [1999] "Democratic Secrecy," *Political Science Quarterly*, 114(2).

Titmuss, R. M [1974] *Social Policy: An Introduction*, London: George Allen & Unwin (三友雅夫監訳『社会福祉政策』恒星社厚生閣, 1981年).

Turnpenny, J., Radaelli, C., Jordan, A., and Jacob, K. [2009] "The Policy and Politics of Policy Appraisal: Emerging Trends and New Directions," *Journal of European Public Policy*, 16(4).

van Thiel, S. and Leeuw, F. [2002] "The Performance Paradox in the Public Sector," *Public Performance and Management Review*, 25(3).

Vedung, E. [1997] *Public Policy and Program Evaluation*, New Brunswick: Transaction Publishers.

Vedung, E. [2010] "Four Waves of Evaluation Diffusion," *Evaluation*, 16(3).

Weiss, C. H. [1997] *Evaluation: Methods for Studying Programs and Policies*, Second Edition, Upper Suddle River: Prentice Hall（佐々木亮監訳，前川美湖・池田満訳『入門　評価学——政策・プログラム研究の方法——』日本評論社，2014年）．

Welch, D. [2014] *A Guide to Ethics and Public Policy: Finding Our Way*, New York: Routledge.

【ウェブページ】（本文中では，引用順に URL 1, 2, 3…と示す）

1. 内閣府［2013a］「障害者基本計画（第3次）本文」内閣府ホームページ（http://www8.cao.go.jp/shougai/suishin/pdf/kihonkeikaku25..pdf，2017年11月15日閲覧）．
2. 民主党［2009］「Manifesto マニフェスト　2009」民主党アーカイブホームページ（http://archive.dpj.or.jp/special/manifesto2009/pdf/manifesto_2009..pdf，2017年11月15日閲覧）．
3. 厚生労働省［2004］「精神保健医療福祉の改革ビジョン（概要）」厚生労働省ホームページ（http://www.mhlw.go.jp/topics/2004/09/dl/tp0902-1a..pdf，2017年11月15日閲覧）．
4. 総務省［2012］「目標管理型の政策評価の改善方策の概要」総務省ホームページ（http://www.soumu.go.jp/main_content/000152602..pdf，2017年11月15日閲覧）．
5. 会計検査院［2017］「地域活性化・地域住民生活等緊急支援交付金（地域消費喚起・生活支援型）による事業の実施状況について」会計検査院ホームページ（http://www.jbaudit.go.jp/pr/kensa/result/29/pdf/zenbun_h290315..pdf，2017年11月15日閲覧）．
6. 総務省［2007a］「規制の事前評価の実施に関するガイドライン」総務省ホームページ（http://www.soumu.go.jp/main_sosiki/hyouka/seisaku_n/pdf/070824_2..pdf，2017年11月15日閲覧）．
7. 総務省［2013］「租税特別措置等に係る政策評価の実施に関するガイドライン」総務省ホームページ（http://www.soumu.go.jp/main_content/000067742..pdf，2017年11月15日閲覧）．
8. 総務省［2015a］「政策評価に関する基本方針」総務省ホームページ（http://www.soumu.go.jp/main_content/000067739..pdf，2017年11月15日閲覧）．
9. 内閣府男女共同参画局［2003］「影響調査事例研究ワーキングチーム中間報告書——男女共同参画の視点に立った施策の策定・実施のための調査手法の試み——」内閣府男女共同参画局ホームページ（http://www.gender.go.jp/kaigi/senmon/eikyou/houkoku/pdf/hei1511-honmon..pdf，2017年11月15日閲覧）．
10. 内閣府男女共同参画局［2007］「多様な選択を可能にする能力開発・生涯学習施策に関

する監視・影響調査報告書」内閣府男女共同参画局ホームページ（http://www.gender.go.jp/kaigi/senmon/kansieikyo/pdf/ka-h-2..pdf，2017年11月15日閲覧）．

11. 内閣府男女共同参画局［2008］「高齢者の自立した生活に対する支援に関する監視・影響調査報告書」内閣府男女共同参画局ホームページ（http://www.gender.go.jp/kaigi/senmon/kansieikyo/senmon/pdf/koureihoukoku.pdf，2017年11月15日閲覧）．

12. 内閣府男女共同参画局［2009］「新たな経済社会の潮流の中で生活困難を抱える男女に関する監視・影響調査報告書」内閣府男女共同参画局ホームページ（http://www.gender.go.jp/kaigi/senmon/kansieikyo/seikatsukonnan/pdf/honbun.pdf，2017年11月15日閲覧）．

13. 総務省［2016a］「規制に係る政策評価の改善方策（平成27年度中間取りまとめ）」総務省ホームページ（http://www.soumu.go.jp/main_content/000403635..pdf，2017年11月15日閲覧）．

14. 総務省［2015b］「租税特別措置等に係る政策評価の点検結果──説明責任の向上に向けて──」総務省ホームページ（http://www.soumu.go.jp/main_content/000382873..pdf，2017年11月15日閲覧）．

15. 総務省［2017a］「行政評価局調査」総務省ホームページ（http://www.soumu.go.jp/main_sosiki/hyouka/hyouka_kansi_n/，2017年11月15日閲覧）．

16. 厚生労働省［2013a］「平成23年生活のしづらさなどに関する調査（全国在宅障害児・者等実態調査）結果」厚生労働省ホームページ（http://www.mhlw.go.jp/toukei/list/dl/seikatsu_chousa_c_h23..pdf，2017年11月15日閲覧）．

17. 岩手県［2016］「精神障がい者の地域移行支援の取組について」岩手県ホームページ（http://www.pref.iwate.jp/dbps_data/_material_/_files/000/000/053/060/28houkoku-seisaku21..pdf，2017年11月15日閲覧）．

18. 岩手県［2015］「県民協働型評価の概要」岩手県ホームページ（http://www.pref.iwate.jp/seisaku/hyouka/kenmin/006196.html，2017年11月15日閲覧）．

19. 内閣府共助社会づくり懇談会［2016］「社会的インパクト評価に関する調査研究　最終報告書」内閣府NPOホームページ（http://www.npo-homepage.go.jp/uploads/social-impact-hyouka-chousa-all..pdf，2017年11月15日閲覧）．

20. 総務省［2007b］「規制の政策評価に関する研究会──最終報告──」総務省ホームページ（http://www.soumu.go.jp/main_content/000154093..pdf，2017年11月15日閲覧）．

21. 総務省［2017b］「規制の事前評価の点検結果」総務省ホームページ（http://www.soumu.go.jp/main_sosiki/hyouka/seisaku_n/kisei.html，2017年11月15日閲覧）．

22. 民主党［2008］「民主党税制抜本改革アクションプログラム──納税者の立場で『公平・透明・納得』の改革プロセスを築く──」民主党アーカイブホームページ（http://archive.dpj.or.jp/news/?num=14851，2017年11月15日閲覧）．

23. 首相官邸［2009］「平成22年度税制改正大綱――納税者主権の確立へ向けて――」首相官邸ホームページ（http://www.kantei.go.jp/jp/kakugikettei/2009/1222zeiseitaikou..pdf，2017年11月15日閲覧）．
24. 総務省［2013b］「租税特別措置等に係る政策評価に関する政策効果等の分析手法等に関する調査研究――報告書――」総務省ホームページ（http://www.soumu.go.jp/main_content/000119225..pdf，2017年11月15日閲覧）．
25. 会計検査院［2015］「各府省等における政策評価の実施状況等について」会計検査院ホームページ（http://www.jbaudit.go.jp/pr/kensa/result/27/pdf/271210_zenbun_01..pdf，2017年11月15日閲覧）．
26. 総務省［2015c］「平成26年度政策評価に関する統一研修（中央研修）の概要 規制の事前評価の質の向上について 田辺国昭教授講演資料」総務省ホームページ（http://www.soumu.go.jp/main_content/000341506..pdf，2017年11月15日閲覧）．
27. 総務省［2014］「租税特別措置等に係る政策評価の点検結果――説明責任の向上に向けて――」総務省ホームページ（http://www.soumu.go.jp/main_content/000319127..pdf，2017年11月15日閲覧）．
28. 内閣府［2013b］「障害を理由とする差別の解消に関し，主務大臣の事業者に対する対応指針に定める事項についての報告徴収，助言，指導及び勧告の権限の新設並びに報告の徴収に対する担保としての罰則の新設に係る規制の事前評価（平成25年4月）」内閣府ホームページ（http://www8.cao.go.jp/hyouka/h25hyouka/h25jizen/sabetsukaisyoubassoku/hontai..pdf，2017年11月15日閲覧）．
29. 厚生労働省［2013b］「規制の事前評価書 法定雇用率の算定基礎の見直し」厚生労働省ホームページ（http://www.mhlw.go.jp/wp/seisaku/ria/25/dl/ria25_04_05..pdf，2017年11月15日閲覧）．
30. 国土交通省［2015a］「規制の事前評価書 旅客鉄道株式会社及び日本貨物鉄道株式会社に関する法律の一部を改正する法律案」国土交通省ホームページ（http://www.mlit.go.jp/common/001080656..pdf，2017年11月15日閲覧）．
31. 国土交通省［2014］「規制の事前評価書 地域公共交通の活性化及び再生に関する法律の一部を改正する法律案」国土交通省ホームページ（http://www.mlit.go.jp/common/001027182..pdf，2017年11月15日閲覧）．
32. 厚生労働省［2015a］「租税特別措置等に係る政策の事前評価書 障害者を多数雇用する場合の機械等の割増償却制度の適用期限の延長」厚生労働省ホームページ（http://www.mhlw.go.jp/wp/seisaku/jigyou/15sozei01/dl/jizen_05..pdf，2017年11月15日閲覧）．
33. 厚生労働省［2014a］「租税特別措置等に係る政策の事前評価書 障害者の『働く場』に対する発注促進税制の延長」厚生労働省ホームページ（http://www.mhlw.go.jp/wp/seisaku/jigyou/14sozei01/dl/jizen_03..pdf，2017年11月15日閲覧）．

34. 国土交通省［2015b］「租税特別措置等に係る政策評価書（平成27年8月27日）」国土交通省ホームページ（http://www.mlit.go.jp/common/001101516..pdf, 2017年11月15日閲覧）．
35. 国土交通省［2013］「租税特別措置等に係る政策評価書（平成25年8月30日）」国土交通省ホームページ（http://www.mlit.go.jp/common/001009704..pdf, 2017年11月15日閲覧）．
36. 総務省［2013c］「租税特別措置等に係る政策評価の点検結果――説明責任の向上に向けて――（2分冊の2）」総務省ホームページ（http://www.soumu.go.jp/main_content/000255524..pdf, 2017年11月15日閲覧）．
37. 総務省［2017c］「規制に係る政策評価の改善方策」総務省ホームページ（http://www.soumu.go.jp/main_content/000471068..pdf, 2017年11月15日閲覧）．
38. 文部科学省［2013］「障害のある児童生徒等の就学手続に係る規制の事前評価書（要旨）」文部科学省ホームページ（http://www.mext.go.jp/a_menu/hyouka/kekka/__icsFiles/afieldfile/2013/07/17/1337809_1..pdf, 2017年11月15日閲覧）．
39. 内閣府［2008］「障害者施策の総合的推進（障害者基本計画）の事後評価」内閣府ホームページ（http://www8.cao.go.jp/hyouka/h19hyouka/syougaisya/hontai..pdf, 2017年11月15日閲覧）．
40. 総務省［2013d］「目標管理型の政策評価の実施に関するガイドライン」総務省ホームページ（http://www.soumu.go.jp/main_content/000266288..pdf, 2017年11月15日閲覧）．
41. 国土交通省［2015c］「施策目標個票　総合的なバリアフリー化を推進する」国土交通省ホームページ（http://www.mlit.go.jp/common/001101441..pdf, 2017年11月15日閲覧）．
42. 内閣府［2014a］「平成25年度実施施策に係る政策評価書　共生社会実現のための施策の推進」内閣府ホームページ（http://www8.cao.go.jp/hyouka/h25hyouka/h25jigo/h25jigo-12..pdf, 2017年11月15日閲覧）．
43. 内閣府［2016］「内閣府本府政策評価有識者懇談会（第24回）議事録」内閣府ホームページ（http://www8.cao.go.jp/hyouka/yuushikisha-24/24-gijiroku..pdf, 2017年11月15日閲覧）．
44. 内閣府［2017a］「総合評価方式により政策評価を実施する平成29年度実施施策の概要」内閣府ホームページ（http://www8.cao.go.jp/hyouka/yuushikisha-26/26-sankou5..pdf, 2017年11月15日閲覧）．
45. 総務省［2016b］「目標管理型の政策評価の改善方策（平成27年度）」総務省ホームページ（http://www.soumu.go.jp/main_content/000400451..pdf, 2017年11月15日閲覧）．
46. 内閣府障害者政策委員会［2015a］「障害者基本計画（第3次）の実施状況【平成25年度】」内閣府ホームページ（http://www8.cao.go.jp/shougai/suishin/seisaku_iinkai/k_26/txt/s1-3.txt, 2017年11月15日閲覧）．

47. 内閣府障害者政策委員会［2015b］「議論の整理——第3次障害者基本計画の実施状況を踏まえた課題——」内閣府ホームページ（http://www8.cao.go.jp/shougai/suishin/seisaku_iinkai/k_26/pdf/s1-4..pdf，2017年11月15日閲覧）．
48. 内閣府［2017b］「障害者施策に関する調査等」内閣府ホームページ（http://www8.cao.go.jp/shougai/suishin/tyosa.html，2017年11月15日閲覧）．
49. 厚生労働省［2014b］「平成26年度　実績評価書　福祉から自立へ向けた職業キャリア形成の支援等をすること」厚生労働省ホームページ（http://www.mhlw.go.jp/wp/seisaku/jigyou/14jisseki/dl/V-2-2..pdf，2017年11月15日閲覧）．
50. 厚生労働省［2016a］「平成28年度　実績評価書　障害者の地域における生活を支援するため，障害者の生活の場，働く場や地域における支援体制を整備すること」厚生労働省ホームページ（http://www.mhlw.go.jp/wp/seisaku/jigyou/16jisseki/dl/VIII-1-1..pdf，2017年11月15日閲覧）．
51. 文部科学省［2015］「平成26年度実施施策に係る事後評価書　一人一人のニーズに応じた特別支援教育の推進」文部科学省ホームページ（http://www.mext.go.jp/component/b_menu/other/__icsFiles/afieldfile/2015/10/09/1361411_4..pdf，2017年11月15日閲覧）．
52. 総務省［2017d］「発達障害者支援に関する行政評価・監視——結果報告書（全文）」総務省ホームページ（http://www.soumu.go.jp/main_content/000458776..pdf，2017年11月15日閲覧）．
53. 総務省中国四国管区行政評価局［2017］「国立大学等における障害のある学生の修学支援に関する調査　結果報告書」総務省ホームページ（http://www.soumu.go.jp/main_content/000472382..pdf，2017年11月15日閲覧）．
54. 日本学生支援機構［2017］「平成28年度（2016年度）大学，短期大学及び高等専門学校における障害のある学生の修学支援に関する実態調査結果報告書」独立行政法人日本学生支援機構ホームページ（http://www.jasso.go.jp/gakusei/tokubetsu_shien/chosa_kenkyu/chosa/__icsFiles/afieldfile/2017/11/09/2016report3..pdf，2017年11月15日閲覧）．
55. 総務省近畿管区行政評価局［2017］「障がいのある学生等に対する大学の支援に関する調査　結果報告書」総務省ホームページ（http://www.soumu.go.jp/main_content/000519202..pdf，2018年1月29日閲覧）．
56. 内閣府障害者政策委員会［2017a］「障害者政策委員会（第33回）議事録」内閣府ホームページ（http://www8.cao.go.jp/shougai/suishin/seisaku_iinkai/k_33/pdf/gijiroku..pdf，2017年11月15日閲覧）．
57. 総務省統計委員会［2017］「障害者統計の充実について」総務省ホームページ（http://www.soumu.go.jp/main_content/000501462..pdf，2017年11月15日閲覧）．
58. 厚生労働省［2017a］「厚生労働統計一覧」厚生労働省ホームページ（http://www.mhlw.go.jp/toukei/itiran/，2017年11月15日閲覧）．

59. 文部科学省［2017a］「平成29年度事業の障害者支援の観点からの総点検について——平成30年度に向けた事業の見直しへ——」文部科学省ホームページ（http://www.mext.go.jp/b_menu/houdou/29/06/__icsFiles/afieldfile/2017/06/20/1387000_1_1..pdf，2017年11月15日閲覧）．
60. 文部科学省［2017b］「特別支援教育資料（平成28年度）」文部科学省ホームページ（http://www.mext.go.jp/a_menu/shotou/tokubetu/material/1386910.htm，2017年11月15日閲覧）．
61. 文部科学省［2017c］「平成28年度特別支援教育に関する調査の結果について」文部科学省ホームページ（http://www.mext.go.jp/a_menu/shotou/tokubetu/material/1383567.htm，2017年11月15日閲覧）．
62. 文部科学省［2017d］「平成28年度特別支援教育体制整備状況調査結果について」文部科学省ホームページ（http://www.mext.go.jp/a_menu/shotou/tokubetu/material/__icsFiles/afieldfile/2017/04/07/1383567_02..pdf，2017年11月15日閲覧）．
63. 文部科学省［2017e］「平成28年度通級による指導実施状況調査結果について」文部科学省ホームページ（http://www.mext.go.jp/a_menu/shotou/tokubetu/material/__icsFiles/afieldfile/2017/04/07/1383567_03..pdf，2017年11月15日閲覧）．
64. 文部科学省［2017f］「平成28年度特別支援学校等の医療的ケアに関する調査結果について」文部科学省ホームページ（http://www.mext.go.jp/a_menu/shotou/tokubetu/material/__icsFiles/afieldfile/2017/04/07/1383567_04..pdf，2017年11月15日閲覧）．
65. 文部科学省［2012］「通常の学級に在籍する発達障害の可能性のある特別な教育的支援を必要とする児童生徒に関する調査結果について」文部科学省ホームページ（http://www.mext.go.jp/a_menu/shotou/tokubetu/material/__icsFiles/afieldfile/2012/12/10/1328729_01..pdf，2017年11月15日閲覧）．
66. 法務省［2013］「知的障害を有する犯罪者の実態と処遇」法務省ホームページ（http://www.moj.go.jp/housouken/housouken03_00072.html，2017年11月15日閲覧）．
67. 法務省［2017］「高齢者及び精神障害のある者の犯罪と処遇に関する研究」法務省ホームページ（http://www.moj.go.jp/housouken/housouken03_00091.html，2017年11月15日閲覧）．
68. 厚生労働省［2016b］「平成29年度　厚生労働科学研究費補助金　公募要項」厚生労働省ホームページ（http://www.mhlw.go.jp/file/06-Seisakujouhou-10600000-Daijinkanboukouseikagakuka/0000146670..pdf，2017年11月15日閲覧）．
69. 厚生労働省［2017b］「平成29年度　障害者政策総合研究事業」厚生労働省ホームページ（http://www.mhlw.go.jp/seisakunitsuite/bunya/hokabunya/kenkyujigyou/hojokin-koubo-h29/gaiyo/12.html，2017年11月15日閲覧）．
70. 厚生労働省［2009］「障害者保健福祉推進事業（障害者自立支援調査研究プロジェクト）」

厚生労働省ホームページ（http://www.mhlw.go.jp/bunya/shougaihoken/other/jiritsu01. html，2017年11月15日閲覧）．

71. 厚生労働省［2013c］「障害者総合福祉推進事業実施要綱」厚生労働省ホームページ（http://www.mhlw.go.jp/file/06-Seisakujouhou-12200000-Shakaiengokyokushougaihokenfukushibu/0000156347..pdf，2017年11月15日閲覧）．
72. 厚生労働省［2017c］「平成29年度　障害者総合福祉推進事業指定課題個票」厚生労働省ホームページ（http://www.mhlw.go.jp/file/06-Seisakujouhou-12200000-Shakaiengokyokushougaihokenfukushibu/0000156349..pdf，2017年11月15日閲覧）．
73. 厚生労働省［2014c］「意思疎通支援を図ることに支障がある障害者及び障害児に対する支援の在り方に関する調査」厚生労働省ホームページ（http://www.mhlw.go.jp/file/06-Seisakujouhou-12200000-Shakaiengokyokushougaihokenfukushibu/0000069179..pdf, 2017年11月15日閲覧）．
74. 厚生労働省［2015b］「視覚障害者の移動支援の在り方に関する実態調査」厚生労働省ホームページ（http://www.mhlw.go.jp/file/06-Seisakujouhou-12200000-Shakaiengokyokushougaihokenfukushibu/0000099353..pdf，2017年11月15日閲覧）．
75. 厚生労働省［2015c］「障害者総合支援法施行3年後の見直しについて——社会保障審議会　障害者部会　報告書——」厚生労働省ホームページ（http://www.mhlw.go.jp/file/05-Shingikai-12601000-Seisakutoukatsukan-Sanjikanshitsu_Shakaihoshoutantou/0000107988..pdf，2017年11月15日閲覧）．
76. 厚生労働省［2011d］「地域生活支援事業（コミュニケーション支援事業）の実施における地域間の差異に関する調査」厚生労働省ホームページ（http://www.mhlw.go.jp/bunya/shougaihoken/cyousajigyou/dl/seikabutsu3-1..pdf，2017年11月15日閲覧）．
77. 厚生労働省［2011a］「筋ジストロフィー患者のための日常実態及び福祉サービスの調査」厚生労働省ホームページ（http://www.mhlw.go.jp/bunya/shougaihoken/cyousajigyou/dl/seikabutsu1-1..pdf，2017年11月15日閲覧）．
78. 厚生労働省［2011b］「稀少神経難病患者の生活実態調査」厚生労働省ホームページ（http://www.mhlw.go.jp/bunya/shougaihoken/cyousajigyou/dl/seikabutsu1-2-01..pdf，2017年11月15日閲覧）．
79. 厚生労働省［2011c］「難病患者等の日常生活状況と福祉ニーズに関する調査」厚生労働省ホームページ（http://www.mhlw.go.jp/bunya/shougaihoken/cyousajigyou/dl/seikabutsu1-3..pdf，2017年11月15日閲覧）．
80. DPI女性障害者ネットワーク［2012］「『障害者差別禁止法』に障害女性の条項明記を求めて——『障害のある女性の生きにくさに関する調査』から」DPI女性障害者ネットワークホームページ（http://dwnj.chobi.net/pdf/japanese..pdf，2017年11月15日閲覧）．
81. DPI日本会議［2017a］「私たちについて」認定NPO法人DPI日本会議ホームページ

(http://dpi-japan.org/about/，2017年11月15日閲覧)．

82. DPI日本会議［2017b］「DPI日本会議のあゆみ」認定NPO法人DPI日本会議ホームページ（http://dpi-japan.org/about/organization/ayumi/，2017年11月15日閲覧)．
83. 介護労働安定センター［2017］「平成28年度　介護労働実態調査　平成28年度介護労働者調査の統計表」公益財団法人介護労働安定センターホームページ（http://www.kaigo-center.or.jp/report/pdf/h28_chousa_roudousha_toukeihyou.pdf，2017年11月15日閲覧)．
84. 内閣府［2015］「障害を理由とする差別の解消の推進に関する基本方針」内閣府ホームページ（http://www8.cao.go.jp/shougai/suishin/sabekai/kihonhoushin/pdf/honbun..pdf，2017年11月15日閲覧)．
85. DPI日本会議［2017c］「女性障害者」認定NPO法人DPI日本会議ホームページ（http://dpi-japan.org/activity/woman/，2017年11月15日閲覧)．
86. DPI女性障害者ネットワーク［2016］「資料」DPI女性障害者ネットワークホームページ（http://dwnj.chobi.net/siryou.html，2017年11月15日閲覧)．
87. 統計改革推進会議［2017］「統計改革推進会議　最終取りまとめ」首相官邸ホームページ（http://www.kantei.go.jp/jp/singi/toukeikaikaku/pdf/saishu_honbun..pdf，2017年11月15日閲覧)．
88. 内閣府障害者政策委員会［2017b］「障害者基本計画（第4次）骨格案（新旧対照表）」内閣府ホームページ（http://www8.cao.go.jp/shougai/suishin/seisaku_iinkai/k_32/pdf/s2-3..pdf，2017年11月15日閲覧)．

索引

〈アルファベット〉

DPI女性障害者ネットワーク　178
DPI日本会議　181
evaluation (evaluative) research　4, 12
GAO (Government Accountability Office)　147
Lipsky, M.　154
Merton, R. K.　56, 57, 78
NPM (New Public Management)　110, 138, 144
NPO団体　68, 70, 73, 76
OECD（経済協力開発機構）　85
PDCA　72
policy accountability　2
PPBS (Planning, Programming, and Budgeting System)　82
professional accountability　2
TQM (Total Quality Management)　72

〈ア 行〉

アウトカム　113
アウトプット　113
青い芝の会　30
アカウンタビリティ　19, 52, 65, 81, 82, 142, 144, 155
　財務的――　145, 153
　――のジレンマ　146
　プログラム・――　145, 153
　法的――　144, 153
　マネジメント・――　145, 153
アドボカシー　75, 181
石川准　1, 184
意思疎通実態調査　169
偉大な社会　12
委託調査　69, 166
板山賢治　31, 154
意図しない結果　57
意図しない政策効果　48, 49, 57, 65, 69, 71
意図しない負の政策効果　48, 55, 73

意図する政策効果　51, 52, 63-65
意図する正の政策効果　54
医療的ケア　162
医療モデル　6
岩手県民協働型評価　73
因果メカニズム解明アプローチ　80
インクルーシブ教育　35
インパクト評価　64
エビデンス　76, 192
応益負担　35, 36, 60
応能負担　35, 38
大阪青い芝の会　177
オンブズマン　68

〈カ 行〉

会計検査　66
　　――院　66, 147
家族主義レジーム　50
ガバナンス　1, 11
川崎バス闘争　30
官房系統組織　15
規制影響分析　85
規制の事前評価　84, 93
機能障害　6, 52
規範的政策分析　130
基本的人権の尊重　22, 153
逆機能　78
客観性担保評価活動　87, 89
キャパシティ・ビルディング　150
教育を受ける権利　22
行政改革　85, 155
行政学　10, 12, 13
行政監察　66
行政管理型政策評価　143, 148
共生社会　23, 43, 121, 123, 129, 182
行政責任　82, 142
行政統制　142
行政の下請け化　176
行政費用　86
行政評価　16, 111

行政評価局調査　66, 136
行政不信　151
業績測定　63, 138
協働　137, 158
居住・移転の自由　22
経済学　20
形成的評価　3
結果志向　144
原課　15, 102
顕在的機能　57
憲法　22, 28, 52, 153
抗議運動　29, 37, 179
公共交通政策　83
厚生労働省　8, 29, 38, 39, 42, 54, 56, 118, 132, 160, 166, 195
交通アクセス全国行動　179
公的介助保障運動　29
行動観察　72
幸福追求権　37
公平性　182
効率　62, 108, 149, 153
合理的配慮　7
ゴールフリー型評価　63, 69
国際障害者年　31
子育て支援政策　6
個別対応　155, 182
コンサルテーション　103

〈サ 行〉

裁量　62, 149, 150, 155
参加型評価　13, 72
参政権保障　22
ジェネラリスト　15
支援費制度　34, 45
視覚障害者の移動支援の在り方に関する実態調査　174
自己評価　8, 111, 147
事後評価　107
事前評価　81
実験　4, 12, 64, 108, 148
実績評価方式　109, 111, 138
自発的調査　70, 75, 177
自民党税制調査会　88

社会運動　14, 44
社会科学　4, 12, 79, 108, 124
社会学　20, 58
社会規範　51, 182, 183, 194
社会行政　13
社会計画　56
社会参加　31, 43, 118, 130
社会政策　13
社会調査　4, 20, 108
社会的インパクト投資　77
社会的費用　86
社会福祉研究　13
社会保障審議会障害福祉部会　39
社会モデル　6
重回帰分析　108
遵守費用　86
障害学　11
障害者運動　30, 177, 180, 185
障害者基本計画　8, 23, 25, 33
障害者基本法　23, 33, 41, 153
障害者権利条約　23
障害者雇用　9, 94, 97
障害者差別解消法　6
障害者自立支援法　35, 36
　　──違憲訴訟　37, 38
障害者政策　1, 6, 7, 22, 27
障害者政策委員会　39, 44, 125
障害者政策研究　11
障害者政策研究全国集会　179, 181
障がい者制度改革　37
　　──推進会議　38-40
障害者総合支援法　41, 42, 167
障害者総合福祉推進事業　167
障害者対策に関する長期計画　31
障害者統計　161
障害当事者団体　70, 167, 177
障害者の人権白書　178
情報アクセシビリティ　25
女性の複合差別　179
自律性　149, 155
自立生活運動　31
事例研究　80
審議会　39, 103

索　引

シンクタンク　69, 80
人権法　11, 20
新自由主義　85
心身障害者対策基本法　30
身体障害　29
　——者福祉法　28
心理学　20
ストリートレベルの官僚　154
生活のしづらさなどに関する調査　130, 177
制裁　144
政策学　10, 13
政策形成　3, 38, 60, 62, 103, 105, 183
政策実施　60
　——研究　57, 61, 63
政策体系　114, 115
政策提唱型評価　75
政策21　73
政策評価　2
　——研究　12, 13, 51, 82
　——制度　81, 82, 87, 108, 111, 138, 142, 151, 155, 156, 158
　——法　8, 84, 87, 103, 104, 108, 111, 142
政策領域横断性　8
政治学　12, 20
精神障害　27, 28, 32, 33, 36, 41, 53, 94, 164
精神薄弱者福祉法　28
税制当局　87
税制抜本改革アクションプログラム　88
生存権　22, 37
制度の谷間　40
税負担の公平原則　82, 87
全国障害者解放運動連絡会議　30
全国療養施設生活調査　178
潜在的機能　57
全日本ろうあ連盟　167
専門職　2, 15
総括的評価　3
総合調整　118
総合評価方式　124, 138
総合福祉部会　38, 40
総務省　87, 102, 108, 111
ソーシャルワーカー　12, 13, 154
租税特別措置等に係る事前評価　87, 97

租特透明化法　88

〈タ　行〉

脱家族主義　50
脱施設化　10, 31, 33, 50
谷間の障害者　53
男女共同参画影響調査　79
地域移行　42, 53, 73
知的障害　29, 39, 163, 179
地方自治体　13, 14, 16, 50, 61, 111, 151, 155
調査　3, 68
　——依頼書　69
手続　144
統計　125, 160
　——分析　4
当事者参画　38, 137
透明性　90, 145, 152
独善的支配　151
特別支援教育　134, 161
独立性　76
トップダウンアプローチ　57, 61

〈ナ　行〉

内閣府　8, 10, 20, 32, 118, 120, 195
内部管理　15
難病　7, 30
ニーズ　4
　——調査　5, 63, 130
　——の多様性　5
　——の把握の失敗　59
日本型福祉社会論　50
日本盲人会連合　168
ネットワーク型シンクタンク　184, 195
脳性マヒ者等全身性障害者問題研究会　31
ノーマライゼーション　31, 33, 34, 50

〈ハ　行〉

パターナリズム　155
発達障害　9, 56, 59, 60, 134, 136, 162
　——者支援法　7, 35
バリアフリー　33, 34, 117, 137, 163
評価疲れ　124
評価デザイン　114

費用効果分析　62, 86, 90
費用便益分析　62, 86
貧困との戦い　12
フォーカスグループディスカッション　72
不確実性　56, 61, 62
福祉行政学　11
副次効果　49
福祉国家　146
福祉政策研究　13, 182
福祉多元主義　11
府省横断　119
負の政策効果　9, 47, 48
プログラム評価　12, 62, 79, 108, 124, 139, 148
プロセス評価　3, 69
ベースライン　86, 90
法則定立アプローチ　80
法の下の平等　22, 37, 153
法務省　163

ボトムアップアプローチ　57, 61

〈マ　行〉

マーケティング　71, 72
マルチディシプリン　10, 20
民主党　37, 38, 88
メタ評価　102
目標管理型の政策評価　54, 55, 108, 111
問題探索型調査　69, 71, 73
文部科学省　8, 56, 118, 134, 161

〈ヤ・ラ・ワ行〉

優生主義　50
優生保護　30, 185
予期しない結果　56
レスポンシビリティ　70, 142, 149, 154, 156
ロジックモデル　115, 116
ワークショップ　72

《著者紹介》

北川 雄也（きたがわ ゆうや）

　1990年　京都府京田辺市生まれ
　2013年　同志社大学政策学部政策学科卒業
　2018年　同志社大学大学院総合政策科学研究科博士後期課程修了，博士（政策科学）
　現　在　同志社大学研究開発推進機構特別任用助手（有期研究員）

主要業績

「予期しない政策効果を把握するための方策——政策評価の限界と政策リサーチへの展望——」『同志社政策科学研究』17(1)，2015年.

「日本の府省における政策効果把握と政策評価——もう一つの評価システム——」『同志社政策科学研究』18(2)，2017年.

「負の政策効果の把握に関する理論的検討——障害者政策に適する政策評価システム——」『同志社政策科学研究』19(1)，2017年.

ガバナンスと評価 3

障害者福祉の政策学
——評価とマネジメント——

2018年6月10日　初版第1刷発行	＊定価はカバーに表示してあります

| 著者の了解により検印省略 | 著　者　北　川　雄　也Ⓒ
発行者　植　田　　　実
印刷者　江　戸　孝　典 |

発行所　株式会社　晃　洋　書　房

〒615-0026　京都市右京区西院北矢掛町7番地
　　　　　　電話　075(312)0788番（代）
　　　　　　振替口座　01040-6-32280

装丁　クリエイティブ・コンセプト　　印刷・製本　㈱エーシーティー

ISBN978-4-7710-3072-5

JCOPY 〈(社)出版者著作権管理機構 委託出版物〉

本書の無断複写は著作権法上での例外を除き禁じられています．複写される場合は，そのつど事前に，(社)出版者著作権管理機構（電話 03-3513-6969，FAX 03-3513-6979，e-mail: info@jcopy.or.jp）の許諾を得てください．